# アウトロー
## 近世遊侠列伝

高橋 敏 編

［もくじ］　アウトロー――近世遊侠列伝

**凡例**

- 年号は和暦を基本とし、適宜（　）で西暦を補った。
- 年齢は、数え年で示した。
- 引用史料は、原文を尊重して掲載したが、読みやすさを考慮して句読点を補った。また適宜ルビを付した。
- 本書のなかには、現代の人権意識からみて不適切と思われる史料を用いた場合もあるが、歴史的事実を伝えるため、当時の表記をそのまま用いたところもある。
- 写真使用につきましては十分に注意を払いましたが、なにかお気づきの点などございましたら、編集部までご連絡ください。

# はじめに

高橋　敏

近世の博徒や侠客の類《たぐい》をアウトローと総称するのが一般化され、定着した感があるが、本来は、往時の「遊侠」の名称がふさわしい。また、彼らを叙述するには、本家中国の史書『史記』の「游侠列伝」にならい、列伝体にしてその時代と社会に生きた実像を明らかにするのがふさわしいのではないか、と考えた。本書を「近世遊侠列伝」と題した由縁である。

遊侠といっても、無宿から身分制度内に留まる有宿もいるが、多くが博奕《ばくち》を生業とする博徒であり、非合法な裏社会に棲息《せいそく》し、犯罪者かその予備軍として、支配体制からは排除される存在であった。本書では「遊侠」にこだわらず、博徒、無宿、侠客など、実態に応じて表現していることをお断りしておく。アウトローが看過できない存在であったことは、為政者が頻繁に発した数多の取締り法令から明白である。

にもかかわらず、歴史学が遊侠を取り上げることは、ごくごく稀《まれ》であった。もっぱら講談・浪曲・歌舞伎・実録本といった、大衆が支持したいわば稗《はい》史《し》の独壇場であった。換言するならば、国家支配を正当化する正史が、非合法の世界に暗躍する遊侠を排除したのである。事実、遊侠の徒は隠れる存在であり、みずから文字史料を残すことはなく、文献史料の収集が困難であった。

しかし、近年、広汎な史料収集と緻密な調査・分析が積み重ねられるにしたがい、関連史料の発掘が行われるようになった。ようやく彼らに歴史学の光が照射されるときがきたのである。稗史に閉じ込められた侠客・博徒の実像に迫ると同時に、稗史からも埋もれていた未知の者たちを掘り起こすことが可能になってきたのである。

長く博徒の喧嘩《けんか》史として語られ、伝承されてきた遊侠、アウトローの歴史を、どのように叙述したらよいのか、なかなかの難問である。

一世を風靡《ふうび》した講談・浪曲・大衆小説・芝居・スクリーンのヒーローの「侠客伝」として生き長らえた側面を無視することはできないが、今や、侠客を生み育てた大衆芸能は衰退の一途をたどり、侠客なる者を知る人はごく稀になっている。風前の灯になった稗史のなかの遊侠を拾い上げる必要にも迫られているのである。

本書は、博徒喧嘩史の「侠客伝」を生かしながら、新たに発掘した文献史料を駆使して、新たな博徒の歴史に取り組むことになる。

ところで、侠客伝だけでも拾えば一〇〇に余るであろう。なかには虚構されたものも少なくない。当然、旧知の国定忠治《くにさだちゅうじ》、清水次郎長《しみずのじろちょう》といった著名な侠客を除けば、目下の歴史学研究の実力で、「人物伝」として実証しうる者は限定されてくる。初編の出発点として、次の一一人を選んでみた。とりたてての理由はない。小伝が執筆可能であることが唯一の選択基準であった。なお、原田常吉は故水谷藤博氏の遺稿をご遺族の許可を得て収録させていただいた。

まず、数奇に富む波乱万丈の生涯を縦糸でつないでみる。西保周太郎《にしぶのしゅうたろう》の生年寛政九年（一七九七）から

■本書に登場する博徒11名の生涯

| 侠客名 | 享年 | 生没年 | 出生地 | 出自 | 最期 |
|---|---|---|---|---|---|
| 西保周太郎 | 25 | 1797～1821 | 甲州西保中村 | 武田氏末裔？ | 喧嘩死 |
| 佐原喜三郎 | 40 | 1806～1845 | 総州佐原村 | 豪農 | 追放後病死 |
| 国定忠治 | 41 | 1810～1850 | 上州国定村 | 本百姓 | 磔刑 |
| 竹居安五郎 | 52 | 1811～1862 | 甲州竹居村 | 名主 | 獄死 |
| 小金井小次郎 | 64 | 1818～1881 | 武州下小金井村 | 名主 | 畳上死 |
| 勢力富五郎 | 28 | 1822～1849 | 総州万歳村 | 本百姓 | 自決 |
| 石原村幸次郎 | 28 | 1822～1849 | 武州石原村 | ？ | 獄門 |
| 小川幸蔵 | 54 | 1831～1884 | 武州小川村 | 本百姓 | 獄死 |
| 原田常吉 | 85 | 1831～1915 | 三州平井村 | 本百姓 | 畳上死 |
| 黒駒勝蔵 | 40 | 1832～1871 | 甲州上黒駒村 | 名主 | 斬首 |
| 吉良仁吉 | 28 | 1839～1866 | 三州上横須賀村 | 小作農 | 喧嘩死 |

本書に登場する11名の享年・生没年・出生地・出自・最期を一覧にした。所在地は左ページにある。

原田常吉の没年大正四年（一九一五）の一一八年にわたる。一九世紀まるまる一〇〇年を疾走することになる。

一九世紀は、強固な徳川幕藩体制が緩みはじめ、ついに崩壊、近代国家が誕生する激動の時代であった。彼らアウトローは、徳川支配体制の弱点の隙間に棲息《せいそく》しては屋台骨を食い荒らして悪党とされ、取り締まりの対象になった。明治維新後も基本は変わらず、長命の原田常吉《はらだつねきち》は明治一七年（一八八四）、博徒大刈込で服役している。

彼らの出生地、縄張りとした地域の分布は、武州（武蔵国）が三人、甲州（甲斐国）三人、総州（下総国）二人、三州（三河国）二人、上州（上野国）一人となる。

武州の小金井小次郎《こがねいこじろう》・小川幸蔵《おがわのこうぞう》は江戸近郊の甲州街道・青梅街道周辺、一方の石原村幸次郎《いしはらむらのこうじろう》は東山道熊谷宿周辺を勢力圏にして、蚕種・生糸などの流通の結節点となった街道沿いの宿村に巣食う博徒であった。

西保周太郎・竹居安五郎《たけいのやすごろう》・黒駒勝蔵《くろこまのかつぞう》は、甲州街道・そのほか脇往還、これらに富士川舟運が交叉して大動脈を形成する

■近世遊侠列伝関連地図

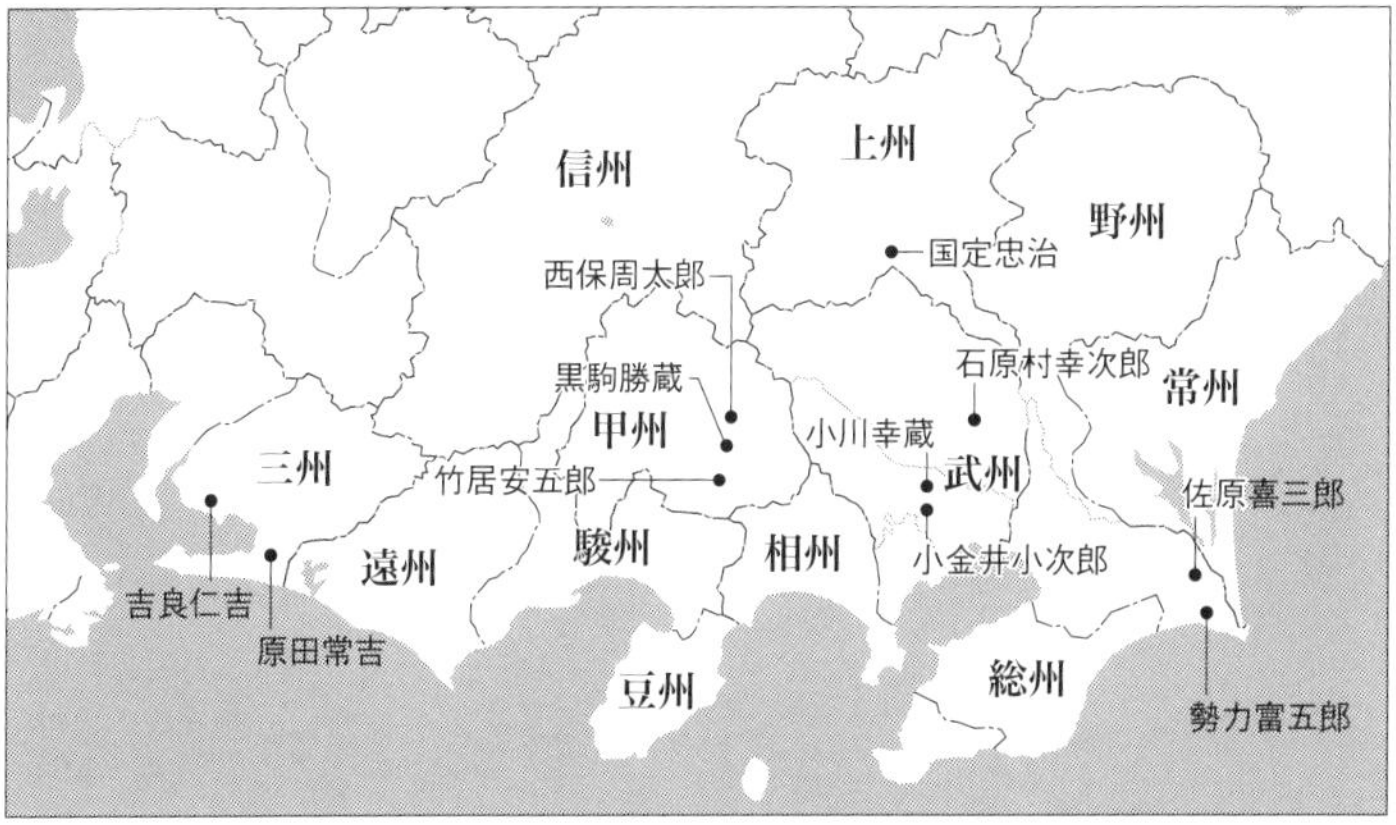


甲州が生んだ典型的博徒である。

総州は、江戸と直結する利根川舟運の繁栄が博徒を簇生《そうせい》させた。佐原喜三郎《さわらのきさぶろう》は、醤油の水郷佐原、勢力富五郎《せいりきとみごろう》は笹川河岸と干鰯《ほしか》の九十九里の流通域に棲息する。

三州の原田常吉・吉良仁吉《きらのにきち》は、三河湾流通拠点の平井、寺津、吉良を縄張りにする。伊勢湾に広がる海運は、西は上方・瀬戸内、東は江戸と直接つながっていた。

国定忠治はいうまでもなく、博徒簇生の地上州、利根川舟運と東山道・日光例幣使街道など、脇往還で錯綜する流通の真っ只中に生まれた。

このように、一一人は徳川幕府を内面から崩壊させていった民間流通の陰の部分で躍動していたことになる。

彼らの出自について、ひと言触れておきたい。偶然ではあるが、彼らのうち三人は、村の名主か村役人を務める、指導的立場にある家に生まれた。

彼らの一生が波乱万丈であったことは、四人が流罪となり、うち二人が島抜けをやってのけていることで明らかである。喜三郎は八丈島から、安五郎は新島から見事に島抜けに成功し、小次郎は三宅島、常吉は新島からともに赦免となって帰郷、復帰した。

なんといっても、凄惨な生涯を物語るのは、短命者の多いことと、とりわけ無惨な最期に顕著である。平均寿命四四歳、二〇代で異常死した四人に対し、六〇代一人、八〇代一人の長命者もいる。しかし、その最期は磔刑一人、獄門一人、斬首一人、自決（生きていれば獄門）一人、獄死二人、喧嘩死二人、追放後病死一人の九人が非業の死を遂げている。畳の上で往生したのは、わずか二人である。遊侠の末路がいかに凄まじいものであったかを示している。

もとより、この一一人で「近世遊侠」を明らかにしたとはとうてい考えていない。ひとまずは遊侠の生き方、死に様にとくと触れていただけたらと思うのである。

# 【序章】近世社会秩序と博徒――二足草鞋論

公的に厳禁された博奕《ばくち》を生業とする博徒は、本来、取り締まりの対象となる反社会的存在である。しかも博奕は重犯であった。彼らが徒党となって、なかば公然と賭場を開帳し、非合法の裏社会を形成してハードな幕藩体制下に隠れて盤踞《ばんきょ》した歴史的事実を、どのように理解したらよいのか。博徒はいかにして生まれ、簇生《そうせい》し、一大闇勢力たり得たのか。博徒即無宿では決してないが、博徒を生み出す母体となったのは、無宿の存在にある。したがって、まずは無宿の発生に遡《さかのぼ》らなければならない。

江戸幕府は、武士や公家などの一部支配層は例外として、全人民を身分制度によって包括し、居住の村や町の仏教寺院の檀家として家族単位で登録・記帳した宗門人別改帳（以降、人別帳と略記）を作成させた。人別帳といえば、その意図が仏教寺院の檀徒に組織化し、切支丹を禁制することにあったといわれるが、人別帳は名主が作成・管理し、年貢や夫役《ぶやく》の賦課の戸籍台帳となっているため、人民を掌握・支配するシステムにとって不可欠の公文書であった。

また、人別帳は人口動態を克明に示している。自然災害や飢饉、産業・交通の発展という社会変動によって、居村を離脱、人別帳から除帳されて「帳外れ」とされた「無宿者」が発生し、多くが都市に流入する社会現象が起きてくる。これら支配の網からこぼれ落ちた無宿者が、社会不安を起こす基盤となった。

幕府にとって、年貢などの諸役の負担者が流出することは痛手であり、行き先について期限を切って尋ねさせるが、不明となれば除帳してその者は無宿とせざるを得なかった。無宿者は宿場・河岸・在郷町などの流通の結節点に棲息《せいそく》し、膨張する巨大都市江戸に活路を求める者も少なくなかった。それらのなかから博奕を生業とする反社会集団が生まれ、治安を脅かす存在に膨張する事態が起こってくる。

## 幕府法令の無宿

### 無宿の黙認

幕府当局が公式に無宿を取り上げたのは、宝永六年（一七〇九）二月一五日に出された法令「無宿片付之事」（『徳川禁令考前集』五―三四〇九）が嚆矢《こうし》であるとされている。

無宿片付之事

覚

一、最前より捕置候無罪の宿なし共免之《これをゆるす》、在所片付所も有之《これあり》、可罷越《まかりこすべき》と申ものハ、可為心次第《こころしだいたるべき》候事

一、片付所無之《これなく》と申ものハ、非人手下ニ可被申付《もうしつかるべく》候事

一、宿なしもの之儀、科《とが》有之ハ格別、左も無之、無宿一通り之ものハ、向後捕候ニ不及《およばず》候事

おそらく江戸に流入・滞留する無宿者の対応に迫られ、刈り込みを断行したものの、捕らえた無宿者の処置に困惑し、やむを得ず決断、はじめて成文化した処理規程である。無宿でも帰る在所がある者は放免、ない者は浅草弾左衛門支配下の非人に組み入れる。今回捕らえた無宿者は二か条のように無宿者を選別して処置するが、今後については犯罪歴のない者は捕らえることなく取り締まり対象とはせず、いわば放任

することにした。

幕府のこの路線はその後も引き継がれ、公事方御定書《くじかたおさだめがき》の「無宿片付之事」（『徳川禁令考別巻』）で定着する。また、幕府の無宿対策が、主として江戸の治安と直結する関八州で展開する。

**八十九　無宿片付之事**

従前々之例

一、可相渡《あいわたすべき》筋有之者　　引取人呼出シ、可相渡

享保九年極

一、引取人無之者　　門前払

従前々之例

　但、病人ハ、快気迄溜預ケ

享保九年極

一、遠国もの行倒之類　　溜預、病気快気之上
　万石以上ハ、領主江可相渡、御料幷万石以上ハ、其所之親類呼
　出可相渡

従前々之例

　但、在所にて科有之、又ハ欠落幷村方親類久離いたし、好身之もの無之におゐてハ、門前払い

享保六年
元文三年極
一、入墨敲《たたき》にいたし候無宿遠国ものに候ハ、　領主江科之様子申聞、態《わざ》と領主江遣候にハ不及旨申達、
領主江可引渡、
従前々之例
但、右同断

引き取り人のある者は引き渡し、ない者は門前払い、病人の保護など、宝永六年（一七〇九）の規程とほぼ同じであるが、問題は本籍の在所で罪を犯し、欠落《かけおち》して引き取り手のいない者までも門前払いとすることにある。これでは過去の犯罪歴を問わず、無宿者一般を黙認して娑婆《しゃば》に戻し、実社会に放り出して犯罪者予備軍にしてしまう、一面危険な処置といわざるを得ない。また、入墨・敲《たた》きの軽罪に処した遠国《おんごく》の無宿に対しては、一方的に領主に引き渡して、幕府からすれば門前払いに近い処置を講じている。

裏面に放置された無宿は徐々に表面に姿を現し、台頭してくる。

## 「無宿体」から「通り者」へ

延享二年（一七四五）六月二九日には、「道中宿々」の「往来者」に紛れる「無宿体之者」が、「盗賊火付等之悪党者」を構成していると、取り締まりを喚起している（『牧民金鑑』下巻）。

安永七年（一七七八）四月には、「近年御当地並近国共、無宿数多致徘徊候《はいかいいたし》故、火付盗賊も多、騒敷《さわがしき》儀共世上一統之難儀ニ相成候」と、「無宿体」から「無宿」となって、幕府はその存在を認知せざるを得なくなった。対策に苦慮したのか、「こらしめのため此度無宿共厳敷召捕《きびしくめしとり》、佐州江差遣」す、捕縛して佐渡金山の水替え人足の懲役に課すことを決めている（『牧民金鑑』下巻）。

寛政一〇年（一七九八）四月になると、「通り者」とみずからを名乗り、武装・異形《いぎょう》した反社会集団に変貌を遂げる（『徳川禁令考前集』五—二八一九）。

> 関東在方ニおゐて同類を集め、通り者と唱へ、身持不埒《ふらち》之者共を子分なと〻号し抱置、或ハ長脇差《ながどす》を帯し、目立候衣類を着し、不届之仕業ニ及ひ候者有之由相聞へ（後略）

関東においては、親分・子分の縦秩序で構成され、長脇差で武装、異色の出で立ちの「通り者」集団が横行し、代官の警察力を脅かす事態が発生していた。おそらく「通り者」は無宿者、多くは博奕《ばくち》にかかわるところに屯《たむろ》し、博徒となる予備軍である。

もう幕府は無宿、「通り者」を放置することは許されない。将軍お膝元である江戸の後背地、関八州の支配に抜かりがあってはならず、本腰を入れざるを得なくなった。

## 関東取締出役制と道案内

### 関東取締出役の設置

幕府が打ち出した無宿・博徒の取り締まりの本格的対策は、関東取締出役《かんとうとりしまりしゅつやく》を新置したことにはじまる。関八州の地方支配の頂点にあった勘定奉行は、文化二年（一八〇五）、関東代官の手付《てつけ》・手代のなかから関東取締出役を選任し、関東一円の天領・私領を問わず立ち入り捜査・逮捕する権限を付与し、治安警察活動に従事させた。

しかし、勘定奉行支配の代官より下位で身分は低く、手当も薄く、配下は足軽・小者数人のため警察力は弱体、そのわりに関八州（水戸藩領は除く）という広大なエリアをわずか八人、二人一組で廻村するため、当初から無力であった。幕府が直接手を下し、自前の警察力で取り締まることは困難になっていた。

文政一〇年（一八二七）、業を煮やした幕府は、御料・私領の区別なく錯綜する領主支配の壁を取り払い、関八州すべての宿村を改革（寄場）組合村に編成し、関東取締出役に付属させるといった、みずからの手を痛めない一面巧妙な改革に踏み切った。中核となる宿村を寄場とし、その下に数十か村を一組合とし、内部に五、六か村ごとに小惣代、全体を束ねる大惣代を置いた。大小惣代には、組合村々を統轄可能な名主クラスの有力者を任命した。無宿や博徒に手を焼く関八州の宿村住民の資力・人力を利用する策に出たともいえよう。

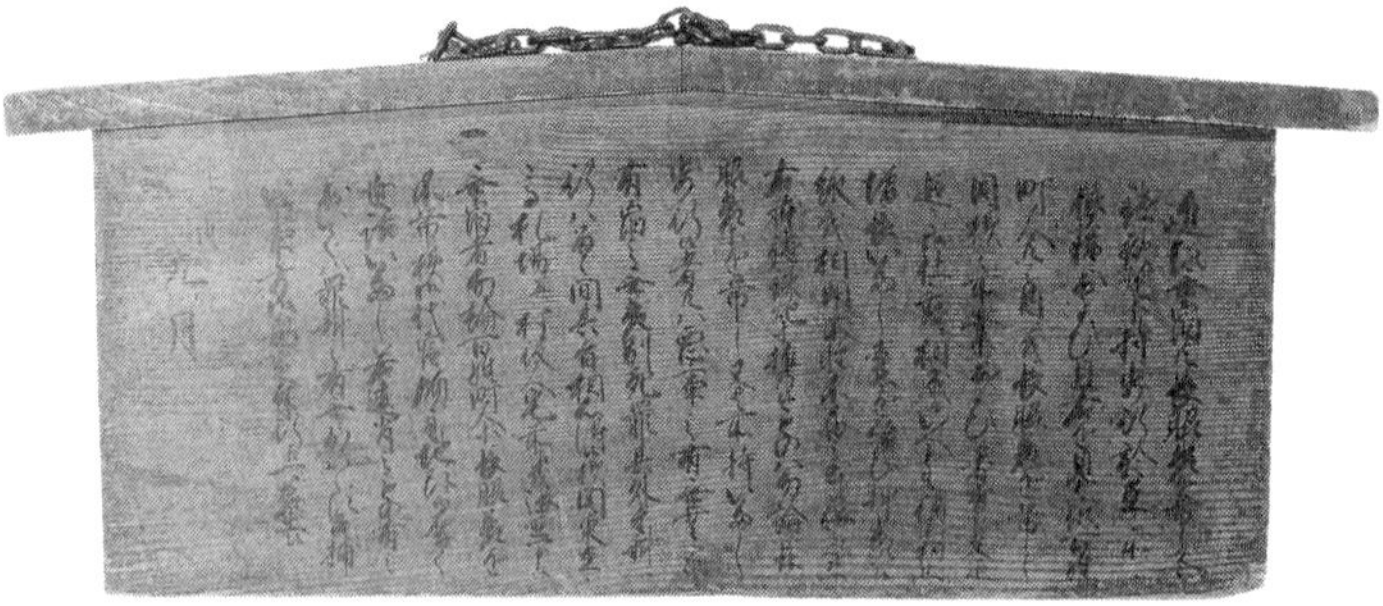

**無宿長脇差取締の高札**　文政９年（1826）、幕府は長脇差を帯びているだけで無宿者を死罪その他重罪に処すという高札を関東各地に立てた。

弱体化する関東の入り組み支配体制を改革組合村に編成しなおし、自衛組織に仕立てあげようと企図したのである。ここから本格的に、幕府は博徒のアウトロー対策に取り組むことになる。

当初から改革組合村に依存する関東取締出役の関東支配は、二重構造の側面をもたざるを得ない。大惣代・小惣代を支配下におくとはいえ、実務と費用の大半を組合村に負っている以上、彼らの助力を仰がねばならなかった。関東取締出役の力量は、改革組合をいかに関八州の治安維持のために利用できるかにかかっていたといっても過言ではない。

このことを如実に示しているのが「二足草鞋《にそくのわらじ》」であり、道案内、なかには手先・岡っ引きなどと呼ばれた存在である。博徒、アウトローの実態に迫るためには避けては通れない、さらに幕藩制社会の支配構造を映し出すキーワードともなる。

アウトローの存在形態を明らかにするためには、博徒と関東取締出役とのあいだで繰り広げられた対決・癒着などの関係史のなかで活躍・暗躍した実在の道案内、またそれらに近い大物博徒からアプローチすることが近道となる。

## 道案内の任用

道案内は、どのようにして任用されたのか。江戸時代も後期に、勘定奉行付属の下部組織として設置された関東取締出役は、確固とした法制化がなされず、まして道案内の任命は改革組合の任意で行われていたきらいがある。道案内は、組合惣代が人選した者に対して、関東取締出役が審査・許可することに決まった。

人選にあたっての基準は、『関東向御取締御出役手控』（稲城市、芦川家文書）に収められた「関八州取締出役之もの勤方幷吟味書振合」中の一か条が手がかりとなる。

一、道案内之者ハ其所役人共申談、慥《たしか》なる人物をゑらみ都而《すべて》賄等ハ此方ニ而相賄、一日限壱匁《いちもんめ》ツ、之積りニ差出し、格別永くハ召連不申事《めしつれもうさざること》

関東取締出役は改革組合の大小惣代と相談のうえ、身元・人品の慥《たし》かな人物を選んで道案内に任命し、必要経費は一日当たり一匁の積算で関東取締出役の公費で支払い、かくべつ長期にわたって使用しない。しかし、これは建前であって、実態は多くが有宿ではあるが裏稼業は博徒という身元・人品ともに怪しい二足草鞋が任用され、公費による支払いも一部分に過ぎず、改革組合が負担した。

これでは関東取締出役の道案内任免権は強くはない。改革組合の意向は無視できない。一方で札付きの悪評の博徒でも表向き有宿であれば、任用せざるを得なかった。彼らのもつ裏情報ネットワークが必要不

可欠であったからである。みずからの保身のためにもアウトローの力関係を掌握して、その上に乗ることを最善の策とした。当然アウトロー社会では、賭場の上がりをめぐって血で血を洗う喧嘩《けんか》・出入りが絶えず、警察力の弱体な関東取締出役は、そのたびに動揺し、対応に苦慮した。

関東取締出役が直接取り締まるというよりは、アウトローとの共存・棲《す》み分けをしているような状況もあったと思われる。関東宿村で展開した、正史では無視され、稗史《はいし》の世界で大仰に語られた幕府とアウトローとの戦いを、個性的な二人の道案内像から明らかにしてみたい。

まずは、人望・財力とも申し分のない稀有《けう》な大物から紹介しよう。

**常州土浦町内田佐左衛門**（一八〇六〜五八年）

内田佐左衛門は、弘化元年（一八四四）、常州新治《にいはり》・筑波両郡にわたる小田村・藤沢村・中村宿ほか七六か村組合（五万五〇八石）余の改革組合の大惣代四名から、関東取締出役駒崎静助・園部弾次郎に推挙され、道案内に任命された。佐左衛門は二足草鞋の博徒ではない。

内田家は、土浦町本町にあって歴代本陣・年寄役・問屋などの要職を務める家柄で、佐左衛門は一二代当主で問屋の職にあった。土浦は、譜代大名土屋氏（九万五〇〇〇石）の城下町であるが、水戸街道の宿場町でもあり、さらに霞ヶ浦から利根川に通ずる舟運を利用した醤油醸造地としても栄えていた。

道案内といえば、博徒の親分という裏の顔をもつ二足草鞋と相場が決まっているのに、何故に佐左衛門は引き受けたのか。それには、前科ともいうべき土浦藩政とのトラブルの過去があった。

天保八年（一八三七）、飢饉のために米価が高騰し、窮乏に苦しむ小前《こまえ》町民を目の当たりにした佐左衛門は、町民が非常時に備えて細々ながら積み立てた持合金の借用を先頭に立って町役人に要求する。持合金の運用に不正のあった町役人と、佐左衛門・小前町民が対立、町奉行に訴え、町方騒動にまで発展した。奉行の介入により、六六四両の積立金総額のうち、不当に貸し付け回収不能になった四四二両を切り捨て、残額二二二両から一〇〇両を小前町民六六人が借用することで落着した。

再三の町奉行の説得に耳を貸さず、町役人の不正を糾弾、騒動を勝利に導いたのが、町行政の一翼を担うはずの問屋佐左衛門であった。町奉行は佐左衛門に対し、「其方儀宿勤非分等も有之候身分ニ候得共《そうらえども》御役ニも相立候者ニも被思召《おぼしめさるる》ニ付去年中先奉行所ニおゐて問屋役も被仰付候者」（其方は宿勤には不相当の身分にもかかわらず役に立ちそうであったから去年奉行所で問屋役にしてやった者であるから）、「差押方申含可然」（小前共を説得、鎮静させて然るべき）と、町奉行・町役人の意向に協力するよう圧力をかけていた。藩政に逆らった佐左衛門は問屋役を罷免され、家業を息子久兵衛に譲り、三〇代の若さで隠居とされてしまう。

「捨てる神あれば拾う神あり」、不正を見過ごさず、貧者に同情する、義侠心に富み、弁も立ち、文筆にも長《た》けた佐左衛門に関東取締出役が目をつけ、関東の治安対策の担い手に任用した。

道案内就任から五年後の嘉永二年（一八四九）、かの『天保水滸伝《てんぽうすいこでん》』の地、利根川下流域を横行し、関東取締出役に堂々と武力で敵対する博徒勢力富五郎《せいりきとみごろう》一味鎮圧の陣頭指揮に駆り出されている。同一エリア内の大物飯岡助五郎《いいおかのすけごろう》を使わずに、あえて隣国常州土浦町の佐左衛門を起用するところに、佐左衛門の実力のほどがうかがわれる。

五名の関東取締出役以下、配下の道案内・岡っ引き五〇〇人余を動員して、ようよう五二日を要して鎮静させたが、地元改革組合村を協力させて潜伏する一味をあぶり出し、結着させたのは、佐左衛門の指導力であった。

そのまた二年後の嘉永四年（一八五一）、この地域村々に土着し、復興運動に住民を組織、一大教団に発展させようとしていた浪人大原幽学《おおはらゆうがく》の摘発に、佐左衛門は助力を求められた。探索を命じられた佐左衛門は、幽学に直接面談して人物を確かめ、断っている。それでも執拗に迫る関東取締出役に対し、剃髪して諱を「義制」、号を「悔庵」と改めて、役目を辞退した。幽学をそれなりに理解した佐左衛門の良識であったろう。

佐左衛門は俳諧を嗜《たしな》み、勢力騒動鎮圧の功により頂戴した褒美金五両を元手に、内田文庫を創設した文化人でもあった。佐左衛門こと文人義制は財力に任せ、高野長英《たかのちょうえい》門下の洋学者内田弥太郎の著作『蘭暦経』や、佐原の醤油醸造家伊能忠敬《いのうただたか》が幕命により測量した「伊能図」まで手に入れている。

次に、典型的二足草鞋の大物を取り上げる。大多数はこの部類である。

**飯岡助五郎**（一七九二〜一八五九年）

『天保水滸伝』の悪役で親しまれた飯岡助五郎は、正統派の二足草鞋である。履歴が文書でたどれる珍しい二足草鞋の道案内でもある。

助五郎は飯岡生まれではない。出自は相模国三浦郡公郷村《くごうむら》（現、神奈川県横須賀市）百姓身分の石渡助五郎である。若い日に草相撲で頭角を現し、江戸大相撲年寄友綱良助《ともつなりようすけ》に入門、四股名《しこな》綱ケ崎の力士となったが、師匠が急死したため廃業に追い込まれるという不運に見舞われる。

『近世侠客伝』（慶応元年）の飯岳捨五郎（飯岡助五郎）　助五郎が若き日、狼藉者の浪人を力ずくで取り押さえたという武勇譚。大蘇芳年画。

助五郎が向かったのは、大漁景気に沸く外房九十九里、上総国作田浜を経て下総国海上郡飯岡村（現、千葉県旭市）に移住して根を下ろす。

文政五年（一八二二）、助五郎は氏神玉崎神社の社地を借り、人別帳に登録された「漁業商売」を渡世とする歴《れっき》とした有宿の良民であった。その後、地引網主三浦屋助五郎に変身、干鰯《ほしか》漁で潤う飯岡浜で、なくてはならぬ重き公人にまで上り詰めた。

当然、そこには裏稼業があった。干鰯漁には水主《かこ》はじめ大勢の働き手が不可欠である。飯岡浜は命知らずの流れ者であふれ、喧嘩沙汰が絶えることはない。領主は御家人の組与力と小給旗本の相給《あいきゅう》とあって無力である。

そこで力士上がりの腕力に自信満々の助五郎の出

番となる。喧嘩の果ての刃傷《にんじよう》沙汰から些細《ささい》なトラブルまで、仲裁役の扱人を頼まれ、双方を押さえ、示談に持ち込み、多額の礼金をせしめている。その一方で、流入する無宿・博徒を子分に抱え込んで一家を構え、賭場を開帳する大親分に君臨する。

かくして助五郎は公私ともに必要悪の顔役となって、荒くれ者の水主を組織する有力な地引網主三浦屋助五郎と、博徒親分飯岡助五郎の二つの顔を使い分けることになる。

利根川下流域から外房にかけて治安に苦しむ関東取締出役は、飯岡助五郎を道案内に登用せざるを得ない。助五郎にしても御上《おかみ》の十手は咽から手が出るぐらいほしい。ここに、太田村ほか三五か村改革組合から推挙された二足草鞋の道案内が見事に誕生した。

関東、なかでも下総東部地域の社会状況と道案内との関連について、御小人目付《おこびとめつけ》高松彦七郎の探索書から紹介する。高松は、大原幽学一件の勘定奉行取り調べに関して、幽学を擁護する立場から関東取締出役の属する勘定方に対抗し、目付方の視点から探索しているので、両者の癒着・腐敗する関東の二層構造の治安警察の実態を告発することになった。

関東在々之儀近年追々風儀悪敷《あしく》、奢侈《しやし》増長いたし、身分不相応之儀数多《あまた》有之、中ニも八州取締出役手先又は道案内と唱候者共之邪智利勘より風俗を破、良民を難渋為致《いたさせ》候儀当時甚敷事《はなはだしきこと》ニ御座候

元凶は手先、道案内にある。その筆頭が飯岡助五郎であった。

一、下総国海上郡飯岡村助五郎と申者は、八州取締手先頭取ニ而、関東ニ而は名も聞える悪徒ニ而、
近頃御仕置相成候国定村忠次よりも悪事勝れ候而も劣り候者ニは無之趣ニも相聞、驕奢《きょうしゃ》は言語ニ
絶し候事ニ有之、手下之岡引・目明シ共数百人有之、当時六拾才位ニも相成候由、所々博奕場よ
り多分之上ケ銭取之候而も、奢侈甚敷猶も金銭差支候而は近村ニは勿論、夫々手下有之、村々江
合力申入抔《など》、数年来右様之渡世いたし罷在候

助五郎は、手下の岡っ引き、目明し数百人を抱え、自村のみならず他村にまで賭場を開き、上ケ銭を取り、贅沢三昧《ぜいたくざんまい》に耽《ふけ》り、不足とあらば縄張りの村々から合力を強要する、そんな驕奢な渡世で暮らしている。これが、御小人目付が探った助五郎の裏の顔であり、子分数百人を従える博徒の親分である。関東取締出役は治安維持のため、御上に従順であるかぎり、助五郎の裏稼業に目をつぶったのである。

道案内の魅力は「御用」にある。関東取締出役、その背後の御公儀がついているという、権威を嵩《かさ》に職権を乱用する構図である。

道案内ではないが、以下に大物侠客を二人、紹介しておく。

**清水次郎長**（一八二〇〜九三年）

関八州外でも「御用手先」などと称し、主として支配代官に癒着して二足草鞋を履く博徒は少なくなかった。清水次郎長《しみずのじろちょう》は曖昧模糊《あいまいもこ》としているが、二足草鞋に近い状態であった。

次郎長は、二六歳の弘化二年（一八四五）、東海道御油宿《ごゆじゆく》で賭博を密告され、中泉代官赤坂陣屋に入牢、百敲《ひやくたた》きの刑に処せられている。いわば無宿無頼の博徒であった。

ところが後年、故郷清水湊に一家を構える大親分にのし上がって、甲州の黒駒勝蔵《くろこまのかつぞう》と対決するに及んで御上に急接近、御上の「手先」に近い動きをしている。

甲州では、嘉永六年（一八五三）に新島《にいじま》を抜けて堂々復活した竹居安五郎《たけいのやすごろう》（吃安《どもやす》）と、是が非でもメンツを賭けて召し捕ろうとする関東取締出役とその手先の博徒との熾烈《しれつ》な闘いが繰り広げられていく。

文久元年（一八六一）、安五郎が奸計《かんけい》に嵌《はま》って捕らえられ、翌年石和《いさわ》代官所牢内で獄死、一件落着とみえたが、子分の勝蔵が安五郎謀殺の怨みを晴らすべく反撃に出て、東海地方の博徒を巻き込んだ大喧嘩に発展する。

次郎長と勝蔵の対決は、御上に指名手配された勝蔵を追捕する次郎長の作戦に染め上げられていく。元治元年（一八六四）、勝蔵が倒幕を掲げて甲府城攻略をねらう尊王攘夷の浪士と結託したことから、幕府の追及は手先の博徒を動員して大がかりに行われた。

勝蔵を追う次郎長が掛川藩役人に見咎《みとが》められ、「汝等我レヲ怪ム乎《か》、我レ中泉ノ庁ノ命ヲ奉ジ以テ大盗ヲ捕フルナリ」（『東海遊侠伝』）と、若年時に百敲きにあった中泉代官を後ろ盾に、御用風を吹かしている。勝蔵は指名手配の「大盗」、次郎長は中泉代官の命令を承る手先ということになる。

ところが、慶応四年（一八六八）、幕府は滅び、尊王攘夷の新政権が樹立される。勝蔵は徴兵七番隊の官軍兵士池田数馬に変貌し、両者は逆転したかにみえたが、そこは幕末維新の歴史の闇、次郎長は、駿府に進駐した総督府判事伏谷如水《ふせやじよすい》に旧幕時の罪科をすべて不問にふすという破格な条件で、清水警固役に取り立てられ、新政府への鞍替えに見事に成功する。

他方、勝蔵は明治四年（一八七一）、戊辰戦争従軍の戦功むなしく、旧幕時の罪状を糺《ただ》され斬首となった。

**新門辰五郎**（一八〇〇～七五年）

最後は大物も大物、一五代将軍徳川慶喜の用心棒にまで出世した江戸の侠客、新門辰五郎《しんもんたつごろう》である。

慶応四年（一八六八）正月、慶喜は鳥羽伏見の戦いで薩長軍に敗れ、側近まで欺いて幕府軍将兵を大坂城に置いてきぼりにし、大坂湾の海軍旗艦開陽丸に無理矢理乗船して江戸に向かった。敵前逃亡である。このとき慌てた慶喜一行は、徳川軍の戦のシンボル、神君家康ゆかりの馬標《うまじるし》を大坂城内に置き忘れるという大失態を演じていた。

最高指揮官を失って大混乱に陥り、自焼する大坂城から馬標を無事江戸に持ち帰り、慶喜のピンチを救ったのが新門辰五郎であった。野口武彦は『慶喜のカリスマ』のなかで、辰五郎の働きを次のように紹介している。

　大破局のさなか、徳川家伝来の重宝が誰にもかえりみられず置き忘れられていた。大金扇の将軍馬標である。「金の七本骨に日の丸」という軍扇をパッと開いた威勢のよい形のものであった。日光が当たると金色に輝いて偉容を放った。そんな大切なものが置きっぱなしにされていたのである。

義憤に駆られてこれを江戸に運んで帰ったのは、慶喜の供で上京していた侠客の新門ノ辰五郎であった。江戸火消し「を」組の頭《かしら》で、人望のあった男である。船はもう出てしまっていたので、二十何人もの子分にこの馬標を押し立てさせ、「下にー、下に」と呼ばわりながら東海道を勢いよく駆け下ったという。

新門辰五郎は本名町田辰次郎、下谷の錺《かざり》職人の家に生まれた。上野輪王寺の寺僧町田仁右衛門の女婿に迎えられ、鳶《とび》人足から町火消「を組」の頭となり、男伊達の統率力を買われて十番組の人足頭取に就き、一躍江戸町火消の顔役となった。

江戸の男伊達、新門辰五郎（『新門辰五郎遊侠譚』）　町火消のシンボルの纏をかざし大見栄をきっている。

売り出しの契機となったのは、大名火消との因縁の対立と喧嘩にあった。筑後有馬藩抱えの火消と喧嘩し、相手に多数の死傷者を出したため、その責を負って自首し、石川島人足寄場に送られた。弘化三年（一八四六）、本郷円山の火事が石川島まで襲ってきた。辰五郎は囚人たちを鼓舞して火を消し止め、その功により赦免となり、いちだんと男を上げ復活した。

このとき、ともに消火を指揮した囚人仲間に小金井小次郎《こがねいこじろう》がいた。

辰五郎の縄張りは「を組」を拠点とする浅草寺界隈にあり、奥山の芸能興行・見世物を保護するのがもっぱらの役割であった。辰五郎が江戸の民間秩序の頂点にまで上り詰めたのには、江戸市中に頻発する町火消、大名火消、各町の若者組、駕籠《がご》屋人足、寺院・大名屋敷の中間《ちゆうげん》層、「角力《すもう》」、大工、本芝雑魚《ざこ》場などの地域と下働きの日用層それぞれが集団となって入り交じり、頻繁に暴発し、手打ちが難渋する派手な喧嘩の仲裁に立って丸く治めたことによる。火事と喧嘩は江戸の華、積もり積もった民衆のエネルギーの発散に町奉行は手を焼いていた。

「新門」の異名は、日光輪王寺の門跡「舜仁准后」の隠居寺となった浅草寺伝法院のために建てられた新門を守り、防火の任にあたったことに由来するといわれ、最盛期には子分三〇〇〇と豪語された。

慶喜に登用されたのは、一橋慶喜の時期、好色家慶喜のところへ娘お芳が妾奉公に上がったのが縁ともいわれる。元治元年（一八六四）、慶喜が将軍後見職から禁裏守護総督に任ぜられたため、子分三〇〇人を引き連れ随行して上洛、皇居・二条城の警備を務めた。慶喜の愛妾となったお芳は、敵前逃亡の開陽丸にもひそかに乗船し、艦内士官の顰蹙《ひんしゆく》を買っている。

辰五郎は、慶喜のその後の上野寛永寺蟄居、静岡退隠に際しても随従して、明治八年（一八七五）に亡くなるまで、主一筋の用心棒に徹した。

アウトローと社会秩序の関係性に関して、支配権力との癒着、共存、棲み分けの視点から略述した。

無宿の発生から博徒の誕生、そして取り締まる関東取締出役制、その社会状況の構造的特色を二足草鞋の道案内を通してみてきた。関東取締出役が道案内に癒着、悪行を見過ごしてまで治安維持にあたらざるを得ないのは、彼らを介して統治せざるを得ないからである。これは、幕府の支配が根源的に抱える矛盾であると同時に弱点でもあった。

換言するならば、直接武力をもって掌握せずに、自治・自衛する共同体を基盤にして、無宿の博徒と有宿の二足草鞋をグレーとブラックの二層に泳がせ、共棲、棲み分けの状態を許容して支配する。あえて毒をもって毒を制する巧妙な治安対策であったともいえよう。

幕末維新ともなれば、侠客・博徒は支配権力との癒着を強め、これを補完する意味で重宝がられた。

（高橋　敏）

# 【列伝一】国定忠治——遊侠の北極星

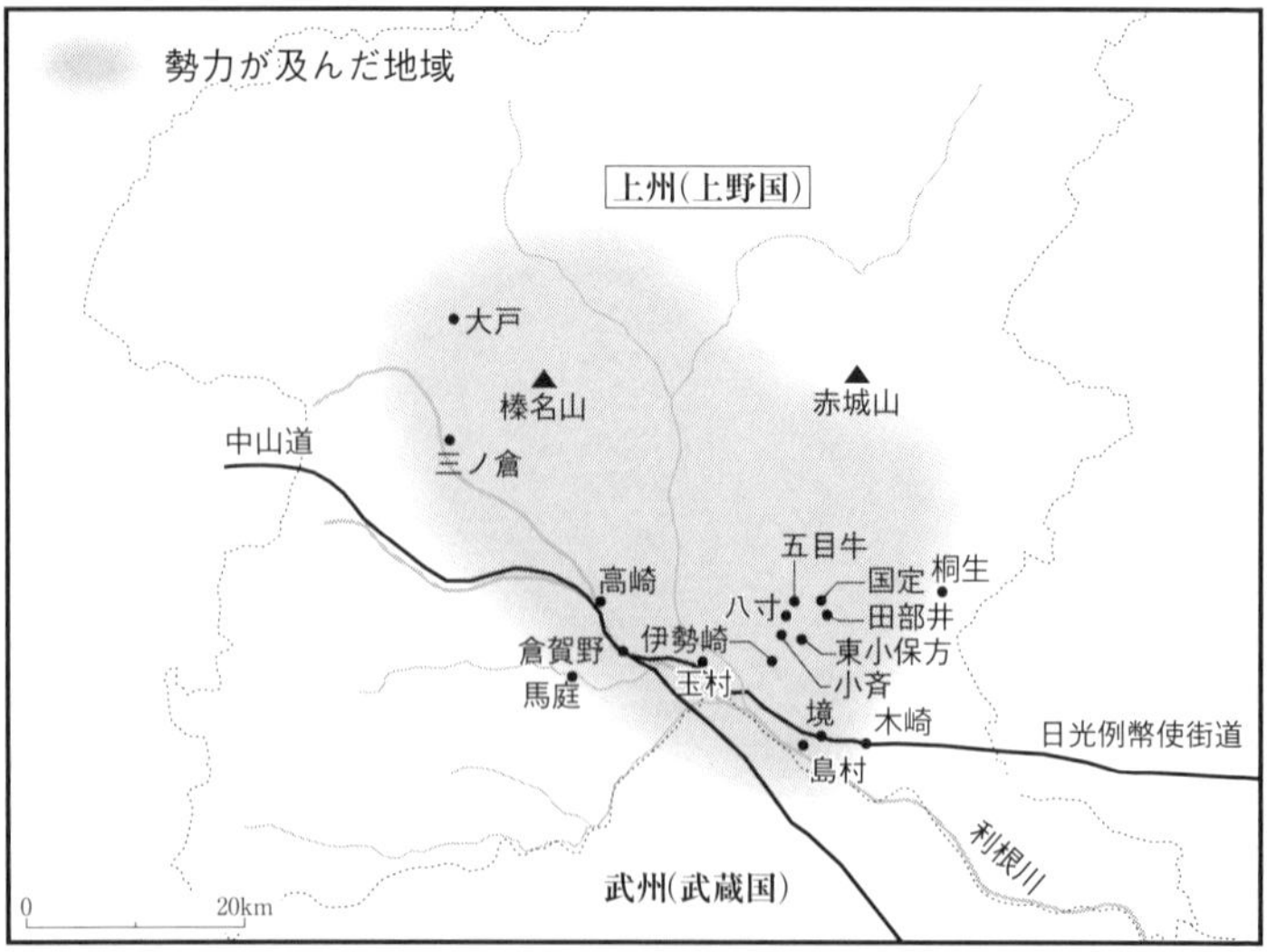


「**国定忠治**」**調書**

・博徒名　国定忠治《くにさだちゅうじ》
・姓名　長岡忠次郎
・生没年　文化七年（一八一〇）〜
嘉永三年（一八五〇）
・享年　四一歳
・出生地　上州（上野国《こうずけ》）佐位郡国定村
（群馬県伊勢崎市国定町）
・出自　新田氏家臣に連なる由緒ある本百姓
・最期　上州大戸《おおど》関所において磔刑《たっけい》
・交流　友好：大前田《おおまえだ》英五郎《えいごろう》
敵対：島村伊三郎《しまむらのいさぶろう》、玉村京蔵《たまむらのきょうぞう》・主馬《かずま》

# 劇盗国定忠治の誕生

## 今も蠢く忠治の亡霊

平成二二年（二〇一〇）は、国定忠治《くにさだちゅうじ》生誕二〇〇年の節目であった。忠治の村、国定村を合併した群馬県伊勢崎市では、観光協会と市が一体となって一大イベントを開催すべく大々的に準備中であった。ところが直前の市長選で、替わった新人市長の鶴のひと声で、じつにあっけなくすべてが取り止めになった。「やくざ者のために市の税金を使うのは罷《まか》り成らぬ」。

学者代官羽倉外記《はぐらげき》をして「劇盗」と言わしめた博徒のシンボル国定忠治は、二世紀経っても成仏できず、亡霊は今どきの御代官様を脅かしている。忠治の何がそうさせるのか。そのためには、侠客とか博徒と呼ばれる遊侠列伝のなかで、忠治がどのような存在であるのかを、あらためて明らかにしなければならない。

江戸時代初期を彩るのは侠客である。侠客は歌舞伎・講談・実録本などの稗史《はいし》で語られることが多く、『史記』の「游侠列伝」になぞられ、つくられた人物である。その典型といえば、旗本奴の首領水野十郎左衛門（?〜一六六四年）と、町奴の頭取幡随院長兵衛《ばんずいいんちょうべえ》（?〜一六五七年）であろう。

水野は、譜代大名水野宗家の備後福山藩主勝成《かつなり》の三男で、分家した三〇〇〇石の旗本であった。一方、長兵衛は、旗本ら武家に仕える奉公人仲間の元締めであった。両者とその集団は、戦国乱世のかぶく風俗を忘れがたく、派手な異装で喧嘩《けんか》しては大江戸の泰平の秩序を騒がすが、じつは歴《れっき》とした旗本、足軽の身分持ちであって、いうなれば体制内のアウトローであった。しかも、舞台は創成期の政治都市江戸の武家社会であり、博奕《ばくち》は手慰みで生業ではない。

## 博徒の時代――忠治の村と家

忠治は、おおよそ二世紀後の博奕を稼業とする生粋博徒の典型である。取り締まる職責にあった幕府代官羽倉外記が著した伝記まで残る稀有《けう》な博徒であった。北関東赤城山麓の上州国定村の百姓の生まれで、人別帳からはずされて無宿の博徒となり、一家を構える親分に成り上がった。忠治の時代と社会には、忠治と同じような無数の無宿者の博徒が群生していた。産業・交通の発展は、既存の村社会を激変させ、支配体制の隙間にはみ出したアウトローが棲息《せいそく》するグレーゾーンが形成されていた。

忠治の村国定は、畑が九八・六パーセント、田はわずか一・四パーセントの、養蚕・生糸を主たる生業とする「蚕繁昌の国」上州にふさわしい村であった。通常の米づくり、米納年貢の石高制の桎梏《しっこく》を脱して、現金収入に活路を求める村である。村内を貫く脇往還日光例幣使《れいへいし》街道は、東山道、北国・信濃道に通ずる。江戸に向かう利根川舟運からもさほど遠くない。モノと人の流通の拠点である宿場・河岸には賭場が開かれ、博徒が蝟集《いしゅう》していた。

忠治の家は、鎌倉時代にこの地から出た武家の棟梁新田義貞に連なる新田氏の家臣であった国定氏に付属した一六苗のひとつ、長岡氏の末裔《まつえい》といわれる。かつては苗字帯刀した武士であったという由緒がどこか見え隠れする。忠治の本名は忠次郎、菩提寺養寿寺の墓碑から推定して、文化七年（一八一〇）の生まれである。一〇歳のときに父弥五左衛門が亡くなり、母に育てられた。一七歳にして放蕩《ほうとう》に三昧、挙げ句人を殺《あや》めて無宿となり、お決まりのコースで博徒の世界に身を投じた。

長岡家は三歳年少の弟友蔵が継ぎ、糸繭商い渡世を手広く営業して、同業の仲間株を有するまで大きくした。帳外《ちょうはず》れとなった忠治ともつながっており、陰に陽に助け合っている。賢弟愚兄には得てして「賢弟が出て家を継ぐ」の図である。

## 忠治の読み書きと剣術

忠治を「凡盗にあらずして劇盗なり」と言わしめたのには、往時盛り上がりをみせていた文字文化と在村剣術が深くかかわっているように考えられる。

忠治の読み書きの師匠は、養寿寺の二二世住職貞然であった。貞然は、後述する窮民の救済など、忠治の人格形成に大きく影響を与えており、磔刑《たっけい》後の忠治の首を隠して供養した。また、この地域は伊勢崎藩の郷学を通して、『孝経』が百姓・町人のあいだで熱心に学習される文化的風土の地であった。

武闘派忠治の背後には、武士の正統剣術に拮抗《きっこう》・凌駕《りょうが》しつつあった百姓剣術の流行があった。隣村赤堀市場村には、隆盛を極める在村剣術馬庭念流宗家の多胡《たご》郡馬庭村（現、群馬県高崎市）郷士樋口家から永代免許を許されて道場を開き、多くの農民門人を抱える本間家があった。馬庭念流は、江戸の三大道場と唱《うた》われた北辰一刀流玄武館・神道無念流練兵館・鏡新明智流《きょうしんめいちりゅう》士学館と並び称された一大流派であった。忠治は、伊香保で北辰一刀流千葉周作と対決した本間仙五郎応吉に、念流を学んだといわれる。

## 国定一家の形成——忠治の縄張りと子分

忠治が数多《あまた》の博徒のなかで武闘派として名を挙げたのは、二五歳の天保五年（一八三四）、蚕種《さんしゅ》で潤う島村（現、伊勢崎市）を地盤に行く手を拒む親分、伊三郎《いさぶろう》を闇討ちにして、縄張りを奪い取ったことにはじまる。つぎつぎと宿・河岸、神社仏閣の賭場を手中に収め、「赤城四周盗区たり」といわれた縄張りを拡大し、多くの子分を抱える一家の親分にのし上がった。

しかし一方で、関東取締出役《かんとうとりしまりしゅつやく》と暗黙に誼《よしみ》を通じていた島村伊三郎を力ずくで抹殺したことから、関東取締出役を敵に回し、追われる凶状持ちになった。以後、関東取締出役との闘いが続くことになる。それだけ国定一家は、緊張した戦闘体制をとらざるを得なくなった。

忠治は「乾児《こぶん》五、六百」といわれ、動員力は多数にのぼった。劇盗忠治と生死を共にした股肱《ここう》の子分像が、次のように伝えられている。

「軍師」と呼ばれ、忠治も一目おいた日光円蔵は、中山道板橋宿の生まれで、子どものころに出家、僧となって晃円《こうえん》と名乗った。一五歳のとき、寺の山門に消し炭で「法華経を念ずるは俺には似合わない、虱《しらみ》をひねりながら御時世を慨嘆、何をしようかと思案していたのを誰がしろうか」と落書きして、寺を捨て真逆の博徒群に身を投じ、忠治の異色の子分となった。出家名晃円を分解して「日光円蔵」と名乗るが、寺で身につけた学殖がものをいうインテリの参謀である。

叔父である関東取締出役道案内の三室勘助とその子の殺害に絡む板割浅太郎は、長槍の使い手。「一日四〇〇里を走る」武闘派を代表する子分で、忠治に随身する。

代官羽倉が「盗区」と呼んだ忠治の縄張りは、忠治のコンミューンといっても過言ではない自治区の様相を呈していた。博徒と堅気の村人を峻別《しゅんべつ》し、子分には鉄の規律を強制、民間秩序を確立した。忠治がいるだけでコソ泥や空き巣ねらいが姿を消す治安のよさ、無宿の博徒が仕切る「盗区」のほうが御上《おかみ》の支配より安全であった。住民は忠治を父のごとく畏敬し、赤城山に足を向けては眠れないとまで言ったという。

忠治は、縄張りの盗区内の賭場を荒らす者を断じて容赦しなかった。一家を挙げて武力で攻撃し、殲滅《せんめつ》した。武闘派国定一家のもっともよく表れているのが、玉村宿（現、群馬県佐波郡）の博徒京蔵《きょうぞう》・主馬《かずま》兄弟との血で血を洗う死闘であった。

天保六年秋、死闘は、玉村の兄弟が子分の山王堂村民五郎の賭場荒らしをしたことからはじまった。忠治は、民五郎に子分二人をつけて報復に向かわせる。だが、京蔵は他行《たぎょう》して留守、不意をつかれた主馬の死にもの狂いの抵抗にあい、主馬の生死も見届けずに引き揚げた。

忠治は渋面で、「どうして首を取ってこなかった、主馬もまたなかなかの男伊達、命あれば黙ってはいまい、復讐に出るだろう」と予言した。主馬は忠治が恐れたとおり、奇薬を手に入れて蘇生、国定一家に闘いを挑んでくる。その後、忠治が関東取締出役に追われ、盗区を留守にした隙をねらって行動を起こす。

天保一二年、主馬は民五郎をつけねらい、玉村宿近くに来ることを察知、三人の子分と四人がかりで殺害し、三段に斬って利根川に捨てた。首は油紙に包んで連取村《つなとりむら》（現、伊勢崎市）の質屋に持ち込み、質草にして三〇両を借用したいと強請《ゆす》り、一五両をせしめた。

翌年、逃亡先から帰ってこれを聞いた忠治は、怒り心頭に発し、即刻民五郎の子分に復讐を命じた。子分の多い主馬の武力は侮れないと、腕に覚えのある一八人もの精鋭をつけ、「洋制短銃」まで持たせた。あまりの用兵に、主馬の子分が逃亡したほどである。そして主馬を生け捕りにして民五郎が殺された因縁の現場に連れてゆき、斬殺して首を利根川に投げ捨てた。『水滸伝』張りの凄《すさ》まじい表現であるが、博徒だけが残酷だったわけではない。喧嘩の武力と武器に注目したい。

## 天保飢饉と忠治の義侠――劇盗をして飢凍を拯しむ

この地を支配管轄していた幕府代官羽倉が、忠治を「劇盗」とまで評価し伝記まで著作したのは、一に天保飢饉《ききん》の飢餓に苦しむ窮民の救済に、忠治が果敢に取り組んだことにある。天保八年（一八三七）、幕府に救済の資金なく、打つ手なく、関東の天領村々を廻村・巡見の道中、上州に入った羽倉は、噂を耳にする。

土人云ク、山中ニ賊有リ、忠二ト曰フ、党ヲ結ブコト数十、客冬来、屢《しばしば》孤貧ヲ賑《にぎわ》ス、嗚呼《ああ》我輩ハ民ノ父母タリ、而劇盗ヲシテ飢凍《きとう》ヲ拯《すくわ》シム、之ヲ聞キ赧汗浹背《たんかんしょうはい》シテ縫入ルベキ地無キヲ怨ムノミ

地元民が言うのには、赤城山中に籠もる博徒忠治が数十人の子分を引き連れ、昨年の冬以来たびたび山を下りては窮民を救済している。劇盗忠治に、本来自分がやるべき責務の救民をやってもらっている現実を目の当たりにし、恥ずかしくて冷や汗どころか穴に入ろうにもどうしていいかわからない。

忠治は近郷の分限者《ぶげんしゃ》から米銭をかき集め、「窮民に金一両に米一俵つゝくれ遣し」たといわれる。大盤振る舞いの救済手当であった。

忠治の義侠で見落としてならないのが、磯沼（現、伊勢崎市）の浚渫《しゅんせつ》である。羽倉は指摘している。

明年丁酉（天保八年）ノ春、大ニ博場ヲ田部井ニ開キ、博税ヲ以テ邑中《むらじゅう》ノ磯沼を浚《さら》フ、邑ハ国定ニ隣ス、国定ハ忠ノ梓里《しり》ナリ、而シテ下流ニ在り、沼ヲ浚フ国定亦旱災無キ故也

磯沼は国定・田部井《ためがい》（現、佐波郡）両村の水源の溜池であった。土砂が溜まれば機能しなくなる。浚渫には資金がいる。御上に手当てできなければ自普請でやらねばならない。忠治は田部井村で大博奕を開き、その上がりで浚渫工事を行った。公共工事を博奕の寺銭でやってのけたのである。これには忠治の盟友田部井村名主宇右衛門が加担していた。

御上が本来やらねばならない仁政を、お尋ね者の忠治にしてやられたのであるから、関東取締出役の面目は丸つぶれとなり、後年、宇右衛門まで死罪に処せられることになった。

## 関東取締出役に徹底抗戦

忠治は盗区で安閑としてはいられない。関東取締出役は忠治に敵対する博徒を手先に使って、あの手この手で追ってくる。天保九年、伊三郎から奪い取った世良田（現、群馬県太田市）の賭場に関東取締出役

の手入れがあり、不意を喰《く》らった股肱の子分三木文蔵がお縄になった。武力に自信のない関東取締出役は、忠治が文蔵を奪い返しにくることを恐れ、「御大名役場江掛合人数繰り出し、玉込鉄砲を以討果有之」と周辺大名に出兵を要請し、鉄砲で鎮圧することになっているので忠治の動きに動揺して同調しないよう、村々に触れを出している。事実忠治は文蔵を奪い返そうと動員をかけるが、護送先木崎宿（現、太田市）の警備が厳重のため引き揚げた。

天保一三年（一八四二）、もっとも安全であるはずの盗区内の田部井の賭場が関東取締出役に急襲され、忠治と円蔵は必死に長脇差《ながどす》を揮《ふる》って逃げたが、子分の多くが捕縛された。あとで子分浅太郎の叔父である道案内八寸《はちす》村小斉《むらこさい》の三室勘助の密告と判明した。たまたま浅太郎は田部井の賭場にいなかった。猜疑心《さいぎしん》にこり固まった忠治は、浅太郎に身の潔白を晴らすならばと勘助の殺害を教唆し、浅太郎は勘助のみならず幼子太郎吉まで手にかけることになった。忠治はもう盗区に留まることはむずかしくなった。

後年、忠治を売ったと悪者扱いされた勘助だが、その実像は忠治に匹敵する義侠の人であった。元はといえば、近村東小保方村《ひがしおぼかたむら》（現、伊勢崎市）の名主で、彼の村政は、不正を許さない厳格さであった。菩提寺住職の放蕩《ほうとう》・横領などの不法を見逃さずに糾弾、出訴して罷免、流罪にしている。究極は領主旗本久永源兵衛の年貢の不正摘発にまで及び、先納金の返還を求めて、江戸への上訴に発展する。勘助は名主を罷免、村を追放され、娘の嫁ぎ先八寸村名主木村家を頼って村内小斉に退居していた。忠治に翻弄されていた関東取締出役は、この地に名望があり、訳ありの勘助に目をつけ、道案内に誘ったのであろう。

# 国定忠治の磔の美学

## 凋零の忠治を支える「鷙悍の徳」

国定一家はひとまず分散して、忠治と子分は別れ別れに身を潜めざるを得なくなった。逃げる忠治を追いかけるように、人相書が要所の宿・河岸・村々に張り出された。

人相書

国定村　無宿　忠次郎
当寅三拾才余

一、中丈殊之外太り候方
一、顔丸く鼻筋通
一、色白き方
一、髪大たふさ
一、眉毛こく其外常体
角力取共相見申候

国定忠治像　旧足利藩士田崎草雲の作。草雲は忠治と面識があったといわれ、人相書とも一致する。

かつて足利藩士であったころ、忠治に遭遇したことのある田崎早雲が描いたといわれる忠治像（上の写真）そのものである。関東取締出役《かんとうとりしまりしゅつやく》の忠治情報は正確であったことになる。

弘化三年（一八四六）冬、四年ぶりに赤城の盗区に舞い戻った忠治を迎えたのは、参謀の円蔵、武闘派の浅次（太？）郎ら子分の哀れな最期のようすであった。二足を履かず徹底抗戦で恐れられた国定一家は、股肱《ここう》の子分を失い、盛時の威勢を取り戻すのは困難であった。

しかし、忠治の声望は盗区で未だ衰えていなかった。苦境の忠治に力強いパトロンが現れる。男が駄目なら女の力である。「鷙悍《しかん》の徳」と評せられた女性である。「鷙悍」とは、「他鳥を食い殺して生きる鷹・隼の類《たぐい》の猛鳥のような」女侠を言い得て妙である。

徳は、近村五目牛《ごめうし》（現、伊勢崎市）の寡婦にして一町六反余を所有し、大きな屋敷を構える地主であった。元はといえば忠治の子分であった千代松の月雇いの奉公人であったが、女房を追い出して後釜に居座り、千代松が亡くなったのち一家の当主となって経営に辣腕を揮《ふる》っていた。

忠治には以前から女房鶴と愛妾町がいたが、徳は落ち目の忠治にとって頼りになる救世主であった。

## 忠治捕縛さる

嘉永三年（一八五〇）七月二一日、忠治は田部井村《ためがいむら》の愛妾町のところで中風を発症して倒れた。病人をどこに隠すか困った弟友蔵と子分は、人手も多く屋敷も広い徳のところへ忠治を運び込もうとしたが、町に嫉妬した徳に追い返され、やむなく田部井村名主宇右衛門が引き取った。

八月二四日、宇右衛門宅を関東取締出役とその手の者が襲った。忠治はじめ宇右衛門・徳・町ら七人は、為す術もなく捕らえられた。関東取締出役は積年のお尋ね者、極悪人の国定村無宿忠次郎を掌中にして、あとは罪状を吟味のうえ、見せしめの刑にするばかりとなった。

御上《おかみ》の為されるまま弱気の忠治でおとなしく終わったら、天保飢饉救済の義侠の名は残ったにせよ、「劇盗」忠治の侠名が後世に刻まれることはなかったであろう。それを可能にしたのは、病と戦い、一転模範囚に更正し、御上の見せしめを己に引きつけて演出した、忠治の逆転の任侠にあった。

逮捕された忠治と一味の者総勢一一人は、忠治の中風もあって、日光例幣使《れいへいし》街道の玉村宿で旅籠を借り切り、関東取締出役中山誠一郎・関畝四郎の吟味を受けた。改革組合村々の寄場でもあった宿内は、警備のために動員された周辺農民でごったがえしていた。

忠治・徳・町、子分の清五郎ら三人、それに田部井村名主宇右衛門、さらに関東取締出役の情報を忠治に漏らした世良田村名主幸助の八人が江戸に送られ、忠治以下男子は伝馬町に入牢となり、徳と町は公事宿に預けられた。勘定奉行池田播磨守頼方が吟味を加え下した判決が、老中の裁可をもって決定する。

忠治は数多《あまた》の罪状のなかでも、天保七年（一八三六）大戸《おおど》の関所破りの大罪を問われ、その大戸において磔と決した。忠治の義侠に加担し、御上の怨みを買った宇右衛門は死罪、子分は中追放（御構《おかまい》場所居住国・江戸十里四方）、徳と町は押し込め（三〇日間戸〆謹慎）の軽罪ですんだ。

## 異様な道中行列

忠治は、江戸伝馬町の牢から信州との国境に近い上州大戸の関所に護送され、見せしめのため公開の磔《たつ》刑《けい》に処せられることになった。忠治は模範囚に更正して牢内の不衛生を訴え、中風から回復しようと節制に努め、ひたすら体調を整えて最高刑磔《はりつけ》に臨もうとしていた。徳は蔓金《つるがね》を工面してこれを支援し、忠治の息のかかった盗区村々からは嘆願書が出されたともいわれる。忠治の大戸への道中は、大がかりな死出の旅で演出された。道中の忠治の唐丸籠・扮装・衣装がまた特異であった。

道中囚人仕度并人相書左ニ

一、丈高く色白く　　一、鼻筋通り

一、口常体　　一、月代《さかやき》こく

一、太り候方　　一、目方廿貫余有之

但至而美男之方

其時之衣類

一、浅黄むく弐ツ　　一、白むく壱ツ
一、同襦袢壱ツ　　一、同手《て》甲脚半《こうきやはん》
一、同太き丸くけ帯を〆　　一、唐更紗《からさらさ》蒲団弐ツ
一、紅之蒲団壱ツ　　一、大キ成珠数ヲ首ニ懸ケ

〆

右仕度ニ而とふ丸籠ニ乗本縄打ほだ打ち

囚人忠治は、歌舞伎役者風の二枚目の美男につくられていた。衣装も派手で、歌舞伎衣装に近い。白を基調にした死出の旅装束で統一されている。特注の唐丸籠で、忠治が鎮座した唐更紗・紅の蒲団と、首にかけた大きな数珠が人目を引く。仕組んだのは徳であろう。

この大仰でど派手な囚人の唐丸籠の前後に、検使秋汲平・警固役秋葉竪次郎以下、関東取締出役が関東各所からかき集めた道案内、刑を執行する穢《え》多頭《たがしら》浅草弾左衛門・非人頭車善七配下の総勢およそ五〇〇人が取り囲んで護衛するという、大名行列に匹敵する異様な行列の道中となった。

## 徳・町、板橋宿の別れ

嘉永三年（一八五〇）一二月一六日、江戸を発った一行の最初の宿は板橋であった。そこに徳・町が今

生の別れと待ち構えていた。壬生通《みぶ》楡木宿《にれぎ》（現、栃木県鹿沼市）の道案内、上野惣左衛門の目撃談がある。

忠治妻（愛妾町）并妾（徳）ともに道中板橋暇乞ニ出候由、さすが悪党之女房程有て、りっぱの挨拶之由、尤女房ハ少々声くもり等も有之、別宜敷くらせる様子も有之候得共、妾ハいかにもきじょうものと見て、其節云ニ、忠治様御暇乞ニ罷出ました、かならずじんじょうニ御公儀様之御用ニ御立被成様ニと申せバ、忠治、いふに不及、最早外ニ用はなし帰レと申候由

大行列のひと時の休憩のシーンであろう。ひと目極悪人忠治を見ようと観衆がひしめき合っている。大仰に縛られた二枚目の忠治を前に、正装した曰《いわ》く付きの二人の美形が登場し、声をかける。緊張のあまり声がくぐもってしまった町に対し、徳の「必ず尋常に御公儀様の御用に立つ様に」のひと言は、見せしめの磔の極刑を見事に全うして御上の役に立ち、逆に任侠の男伊達を演じてほしいとの最後の念押しの励ましであった。忠治は観客の手前、「くどくどいうな、わかったから帰れ」と照れた。

**忠治、『孝経』を講ず**

大戸目前の信濃道三ノ倉宿（現、高崎市）、極刑二日前、忠治は警固の者に『孝経』を諳《そら》んじてみせた。

十九日三倉駅ニ抵《いた》ル、衛卒ニ謂《いい》テ曰《いわ》ク、此ノ距関三十里ニ過ギズ、然《しかれ》ドモ明日国忌ナリ、我死ハ明後

日在ランカト、凡《およそ》遺体ヲ毀傷スルコト磔死ヨリ甚シキハ莫《な》シ、然《し》カリト雖《いえど》モ人之将《まさ》ニ死セントスルヤ、其言也《や》善シ、某諸君ノ為ニ孝経ヲ講ゼン、身体髪膚ノ一章ヲ講ジテ古ヲ援《ひ》キ今ヲ証ス、詞理ハ明晰ニシテ、聴者ヲシテ暁然セシム

もっとも残酷な磔刑を前に、「身体髪膚は之を父母に受く、敢て毀傷せざるは、孝の始なり」云々と、『孝経』開宗明義章第一を諳《そら》んじて講義した。言葉も論理も明晰《めいせき》で、聴いた者はなるほどと感銘した。近くの伊勢崎藩領伊与久村（現、伊勢崎市）の郷学五惇堂《ごじゅんどう》に、忠治が生まれる二年前の文化五年（一八〇八）、村民が孝経碑を建てるぐらい『孝経』はこの地域に浸透していた。

## 磔刑の忠治——死の美学

一二月二一日早朝、大戸関所仕置き場に向かって最後の行列が組まれた。江戸から遙々《はるばる》護送してきた検使・警固役幕吏以下五〇〇人余、忠治の最期をひと目見ようと集まった見物人一五〇〇人が見守るなか、いよいよ大詰めの時がきた。磔台の忠治は執行直前、慇懃《いんぎん》に一同に向かい、そして堂々と口上を述べた。

弥《いよいよ》突時ニ相成、忠治申ニ、先待てと申て、御役方へ御礼申ニ、私儀悪党仕、国之みせしめのため、御せいばいに被仰付《おおせつけられ》、難有仕合奉存候、御牢内ニ而身持大切仕居候て、斯御法ニ被仰付候事、存念叶い、いか斗《ばか》り大慶仕候

御公儀のお役に立つよう見事な磔刑を演ずる、という板橋宿での徳との最後の約束を果たしたことを感謝する堂々とした口上である。いよいよ凄惨な刑が、車善七配下のプロの刑吏によって執行された。

既ニシテ槍ヲ執ル者、鷺歩《ろほ》斉進《せいしん》、霜鍔鏗爾《そうかくけんじ》、面前ニ叉ス、忠囅然《てんぜん》トシテ刑ヲ監スル者ニ謝シテ曰ク、此行、各位ノ費心ニ多荷ス、槍手声ヲ鈞シ、槍ヲ引キテ左肋ヲ旋刺ス、鋒右肋出ヅルコト数尺、右者モ亦斯クノ如シ、左右互ニ刺スコト凡十四ニシテ始メテ瞑ス、時ニ年四十一ナリ

忠治は、槍を左右の肋《あばら》に交互に受けながら、ひと槍ごとに目をカアアと見開き、一四度目にして瞑目した。その従容とした最期は、観衆のみならず立ち合いの役人たちをも感動させた。忠治は劇盗として最期を演じきった。

忠治の凄惨で天晴《あっぱ》れの最期は人から人へと伝わり、話題となった。後年八木節となるチョボクレが唱《うた》われ、辞世が何者かによってつくられている。

見てはらく　なして苦敷　世の中に
　　せましきものは　かけの諸勝負

見て楽ぞ　成して苦しむ　悪業の

今罪きへて　蓮台に乗る
やれうれし　壱本ならで　いく本も
かねが身にいる　年の暮かな

## 情深塚と首

忠治と離れがたき因縁で結ばれていた人びとは、曝《さら》された首と捨てられた遺体、罪状の捨て札を放置することはなかった。刑吏を買収してひそかに忠治の金城湯池《きんじょうとうち》であった盗区に持ち帰り、供養した。首は忠治の師匠養寿寺貞然が預かり隠匿して、関東取締出役の監視の目を眩《くら》ました。遺体は徳が自宅に隠し、ほとぼりが冷めるのを待って忠治追慕の墳《つか》一基を建て埋葬した。「情深墳」である。戒名「遊道花楽居士」、忠治の生涯にふさわしい。

大正元年（一九一二）、養寿寺庫裡《くり》の修理の際、法衣に包まれた忠治の頭蓋骨なるものが発見された。真偽のほどは未だ究明されていない。ちなみに貞然の墓碑に刻まれた辞世は、意味深長である。

あつかりし　ものを返して　死出の旅

凄惨極まる磔刑を演じて甦《よみがえ》った劇盗忠治は、今日まで時代と社会の変わり目のなかで、変容しながら姿を現す。大正八年、新国劇澤田正二郎一座『国定忠次』は、座付き作家行友李風《ゆきともりふう》の名脚本を得て、一世を風靡《ふうび》した。二幕目「赤城天神山不動の森」で、落ち目国定一家、盗区の赤城をあとに山を下りる場面は、映画から大衆演劇、素人芝居に焼き直されて、知らぬ人がないほど人口に膾炙《かいしゃ》した。

**忠治**　赤城の山も今夜《こよい》限り、生まれ故郷の国定の村や、縄張りを捨て、可愛い子分の手めえ達とも、別れ別れになる首途《かどで》だ。

**定八**　そう云やなんだか嫌に淋しい気がしやすぜ。

雁の声

**巌鉄**　あゝ、雁が鳴いて南の空へ飛んで往くかあ。

昭和二年（一九二七）、大衆娯楽の王座を占めつつあった映画界に、国定忠治が脚光を浴びる名作が登場した。二〇代の監督伊藤大輔と主演大河内傳次郎という若手コンビが組んだ『忠次旅日記』甲州殺陣篇・信州血笑篇・御用篇の三部作は、無声映画の傑作といわれ、なかでも信州血笑篇はキネマ旬報ベストワンとなった。

国定忠治が大衆メディアから消えて久しいが、平成二七年（二〇一五）一月、演歌歌手北島三郎の四五七八回に達した福岡市博多座での最後の座長公演で、『国定忠治』が上演されていた。忠治は忘れられていなかった。「遊侠の北極星」は、未だ不動の定点にあって微光を送りつづけている。

（高橋　敏）

# 【列伝二】竹居安五郎——新島を抜け甦った甲州博徒の武闘派吃安

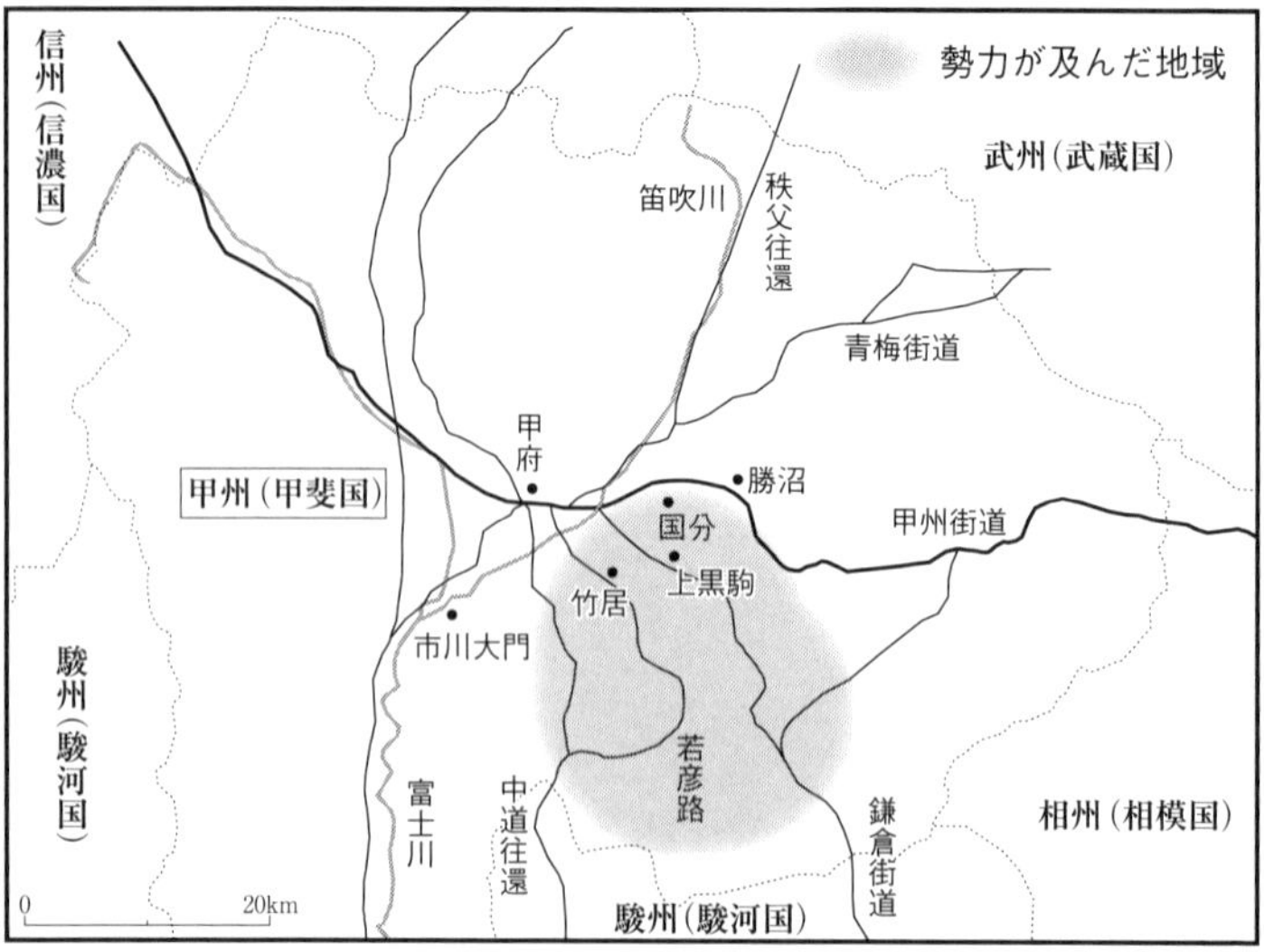


**「竹居安五郎」調書**

・博徒名　竹居安五郎《たけいのやすごろう》　俗称：吃安《どもやす》
・姓名　中村安五郎
・生没年　文化八年（一八一一）〜
　　　　文久二年（一八六二）
・享年　五二歳
・出生地　甲州（甲斐《かい》国）八代《やつしろ》郡竹居村
　　　　（山梨県笛吹市八代町竹居）
・出自　竹居村名主・郡中取締を務めた中村家
・最期　石和《いさわ》代官所牢内で獄死
・交流　友好：大場久八《だいばのきゅうはち》、黒駒勝蔵《くろこまのかつぞう》
　　　　敵対：国分三蔵《こくぶのさんぞう》、祐天仙之助《ゆうてんせんのすけ》

# 甲州竹居村中村安五郎

## 竹居村と中村家

甲州博徒竹居安五郎《たけいのやすごろう》は、文化八年（一八一一）、甲斐国八代郡《やつしろ》竹居村（現、山梨県笛吹市）の中村甚兵衛・やすの四男として誕生した。

村高九二六石余の竹居村は、田畑比五八対四二の均衡のとれた大村で、御坂《みさか》山地から笛吹川に注ぐ浅川から引水した用水による稲作と、丘陵にひらけた畑作が主たる産業であった。天保九年（一八三八）、家数一七八、人口七五九人（男三六七、女三九二）、ほかに五か寺の僧七人、熊野権現神主四人、山伏四人が加わる。一戸の持高の平均は五石二斗余となる。決して零細な村ではない。養蚕や果樹など商品作物の栽培に活路を求める畑作が、村の発展の可能性を秘めている。

中村甚兵衛家は、名主を務めることもある竹居村の草分けの長百姓《おさ》であった。同家が所蔵する中村家文書には、家関係のみならず村方文書も含まれている。最古の文書は寛文一〇年（一六七〇）の借用証文であるが、延宝八年（一六八〇）二月二六日には、家産相続を取り決めた「中村源性遺言状之事」が存在する。また、延宝二年の上芦川村（現、笛吹市）との山論の文書には、村を代表するひとりに甚兵衛の名が認められる。

安五郎存命中の中村家の家産を確定することは困難であるが、寛政九年（一七九七）、文化元年の名寄《なよせ》

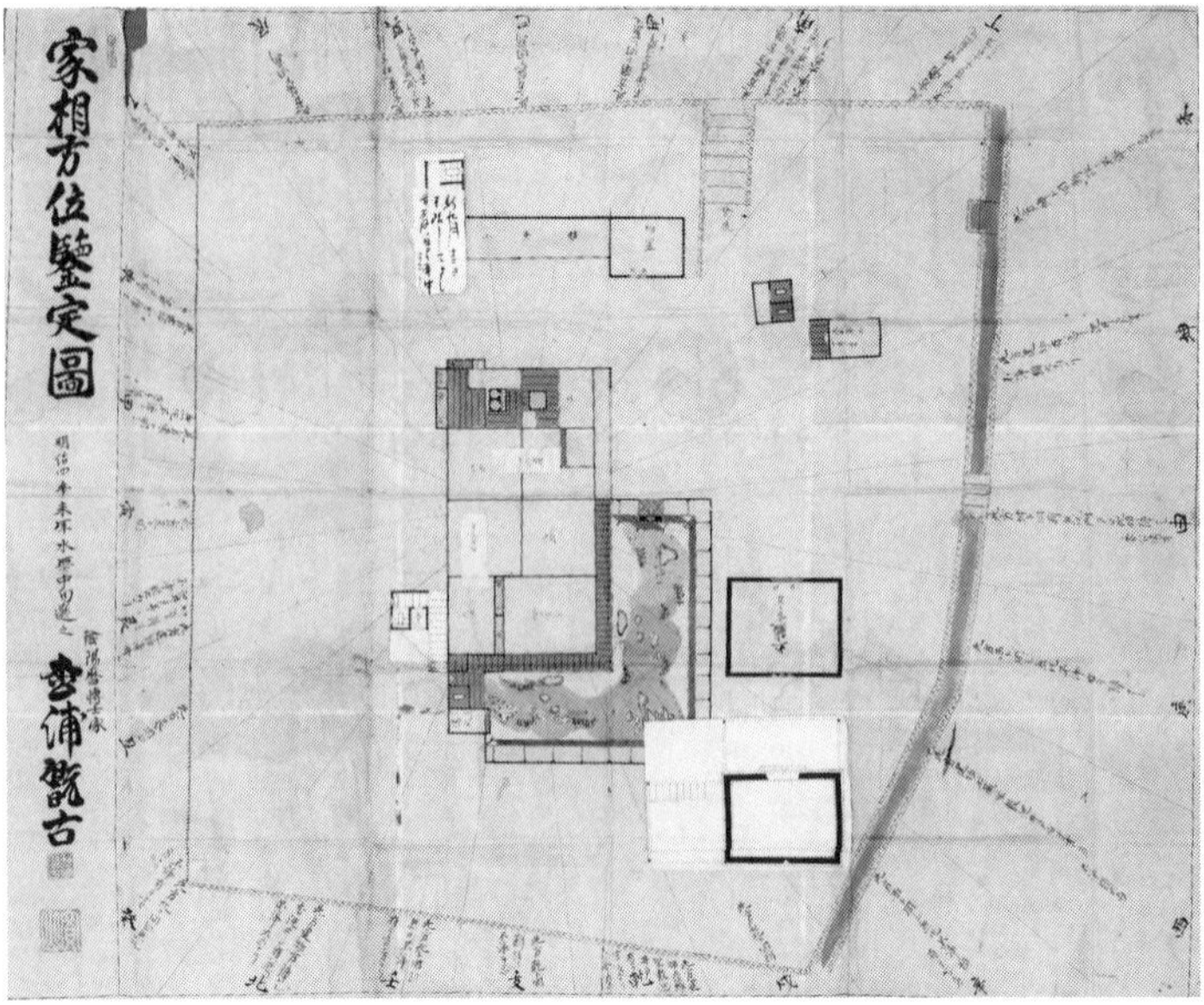

中村甚兵衛家「家相方位鑑定図」　石垣に囲まれた408坪の屋敷地に、母屋・土蔵・物置・材木置場・便所を配し、母屋には43畳の空間が用意されていた。一家の結集にも逃げ隠れにも最適の規模である。

帳《ちょう》から集計したところ、各々一一石一升六合余（田三反七畝一八歩、畑五反二畝一六歩）と七石四斗七升八合余（田三反二三歩、畑二反八畝一歩）と積算された。養蚕生糸の畑作地帯でもあるので、所有田畑の多少で経営規模を論ずるわけにはいかないが、村内上層の規模の農家ということになる。

　竹居村には飛び抜けた豪農が存在せず、複数の中農が村政を主導する、ある面むずかしい村であった。

　そのなによりの証拠は、連印議定証文の多さである。外に対しては水論・山論、内にあっては年貢・村入用などの紛議が絶えず、そのたびごとに村人総員の合意の連印議定証文を作成して、村政が運営された。名主は世襲制をとらず、長百姓のなかから選任された。中村家は長百姓のひとりであった。

ところで、同家に残る明治四年（一八七一）の屋敷図「家相方位鑑定図」によれば、石垣などで囲まれたおよそ四〇八坪の敷地に、三二坪余の母屋・土蔵・物置・材木置場・便所がしつらえられている。母屋は四三畳の畳が敷かれ、襖を取り去れば三〇畳の大広間となり、奥には八畳の床の間つきの客間が用意されている。大がかりな人寄せ・寄合を想定したつくりである。台所・湯殿・雪隠《せっちん》が完備し、灯籠や庭石が配置された築堤もなされている。安五郎死後九年の中村家の屋敷の全貌とすると、名主の家構えとしてはもちろん、幕末の甲州博徒竹居安五郎の往時の本拠地であったと見なしてよいのではないか。

## 父甚兵衛・兄甚兵衛

博徒安五郎の出自をたどると、その人間性は、父の甚兵衛に発し、兄甚兵衛によってつくられたと考えられる。父甚兵衛は、竹居村の名主であった文化七年（一八一〇）、年貢・村入用をめぐって、村政の運営に問題があるとの紛争に直面している。村内では治まらず、他村の扱人が入って会計検査まで実施され、ようやく落着した。名主甚兵衛は小うるさい小前《こまえ》百姓にていねいに対応し、年貢諸勘定の公開監査の仕組みをつくって小前を説得している。

文政六年（一八二三）二月一日、石和《いさわ》代官から四日に役所に出頭するようにとの差紙が甚兵衛に届けられた。正装、緊張して平伏する甚兵衛に、代官は郡中取締役を申し渡した。内陸甲州は、甲州街道をはじめとする陸上交通に富士川舟運が連動し、活発な経済活動を産み出していたが、一方で村の内外に紛争が頻発し、代官所は収拾に苦慮していた。甲州三分代官（甲府・石和・市川）は天明七年（一七八七）、村内外の対立・訴訟を未然に防止すべく、新たに「郡中惣代」を設け、郡中村々の有力な名主クラスから登用した。

これらに増して代官の地方支配を苦しめたのは、関東特有の無宿・通り者が国内に流れ込み、その結果起きた治安の悪化であった。甚兵衛は、村内の紛擾《ふんじょう》を収拾した名主としての手腕を認められて、新置された郡中取締役に任命されたのである。

石和代官は、①無宿・通り者の捜査・逮捕、②公私混同の禁止、③公事出入りの内済《ないさい》の督励、の三点を厳命した。公私混同を禁じたとしても、代官の警察権を一部とはいえ付与することは危険であるが、武力・警察力に関して非力な代官にとって、郡中村々を組織し自衛する力に期待するところが大きかったのであろう。

翌文政七年（一八二四）、甚兵衛は、郡中高家村《こうかむら》の若者二人を博奕《ばくち》の疑いありと廻村御用先まで呼び出し吟味のうえ、当人・親・組合・名主の嘆願書を提出させ放免している。三年目の文政八年になると、永井村の薬師如来の祭礼を巡視中、甚兵衛の手先の者が郡中取締役の権威を嵩《かさ》に、泥酔のうえたまたま出張していた石和代官所の出役《しゅつやく》と知らずに乱闘沙汰を引き起こし、甚兵衛は大目玉を喰《く》らっている。その二年後の文政一〇年四月一三日、父甚兵衛は亡くなっている。兄甚兵衛二七歳、安五郎一六歳のときである。

甚兵衛を襲名した兄も、父に劣らずやり手の長百姓であった。天保九年（一八三八）、大口山の入会権をめぐって、増利村《まさりむら》・砂原村・大間田村の山守番人を竹居村の若者が打擲《ちょうちゃく》するという事件があった。竹居村が詫びを入れ、入会権は現状維持という村役人の内済案（内済優先は支配替わりの田安家とて同様）に異を唱えたのが、長百姓甚兵衛であった。

甚兵衛は村内抗戦派の支持を取りつけて、村内を江戸訴訟実行することでまとめ、三か村相手の不法出入り訴訟の竹居村惣代となって、江戸表寺社奉行の吟味の受け答え一切を村役人から委任する旨の「頼状」を取っている。甚兵衛は紛争の現場の実況見分を求め、延宝二年（一六七四）の評定所の「裁許書絵図面其外右山ニ拘候諸書物」を証拠に、勝訴する自信があった。兄は父親譲りの弁が立ち、人心掌握に長《た》け、正義と信じたならば御上《おかみ》とて盾突く、どこか仁侠に通ずる信念の持ち主であった。

その後の経緯は不明であるが、支配石和代官を飛び越して寺社奉行に出訴するのは、御制禁の越訴《おっそ》である。甚兵衛の思惑がすんなり通る江戸訴訟ではない。審理は長引き、滞在費用は嵩み、勝ったところで得る金は一銭もなく、訴訟を主導した甚兵衛は苦境に立ち至った。天保一一年三月二〇日、村役人惣代長百姓甚兵衛は組頭弥兵衛と連名で、公事宿蓮屋喜右衛門から滞在費その他の送金が国許竹居村から未着のため、急遽《きゅうきょ》一五両を借用している。

## 博徒安五郎の誕生

安五郎は、父が竹居村名主として村方騒動の収拾に辣腕を振るっていた文化八年（一八一一）に生まれ、郡中取締役の就任、郡中村々に睨《にら》みをきかせていた時期に成育した。父亡きあとは、内済を拒否して江戸訴訟に奔走する兄の背中を見ながら成人期を迎えた。

安五郎が名主はもとより郡中取締役まで務めた中村家に生まれながら、破天荒な生涯を送ることになった背後には、父と兄の影響があった。両甚兵衛ともに上意下達《じょういかたつ》の従順な支配末端の小役人ではなかったのである。

二七歳の天保八年（一八三七）、安五郎は暴行沙汰を引き起こし、兄甚兵衛が内済で落着させている。上黒駒村（現、笛吹市）の瀧蔵と二人で村内若者と口論の末喧嘩《けんか》になり、相手に重傷を負わせ、慰謝料金二〇両と以後の治療費全額負担を条件に示談したのである。乱暴者の弟が居村竹居村の若者を痛めつけた不始末を、賢兄が高額な弁償金を支払って揉み消したという図式である。

同一一年、安五郎は博奕を摘発されて中追放、翌年には胴元になって筒取博奕《どうとりばくち》を主催し、重敲《じゅうたたき》となった。甚兵衛は、無宿となった安五郎の帰住を組合・村役人連印をもって嘆願するが、却下される。ところが九年後、甚兵衛のもうひとつの顔が支配田安家田中役所から摘発された。

嘉永二年（一八四九）、甚兵衛は突如、田安家領田中役所によって逮捕された。罪状は「無宿者数人差置、寺社縁日祭礼其外人集場所江差遣博奕為致、其上長脇差《ながどす》を帯横行ニ所々押歩行其節々甚兵衛義付添罷越風聞」（無宿者数人を抱え置き、寺社の縁日祭礼や人の集まる場所で賭場を開かせ、長脇差をちらつかせ横行する無宿者に付き添っているとの噂）であった。

まさしく甚兵衛は、無宿者の子分を抱え、所々に賭場をもって上がりを掠める博徒の親分であったことになる。そうなると、安五郎は兄甚兵衛の片腕となって、警察力の弱い田安家領地の取り締まりをかいくぐって子分を引き連れ、博奕稼業に勤《いそ》しんでいたことになる。そして追われ、捕縛され、重犯ということで江戸に送られたのではないか。

甚兵衛は、親類・組合以下長百姓・百姓代が連署、さらに郡中惣代・郡中取締役までが連印した「風聞のような疑わしいことは一切しません」との改心を訴えた嘆願書が提出され、放免された。しかし、中村家は従来の勢いを失った。父甚兵衛の余韻があるにせよ、村内のみならず郡中歴々の力を借りるにはそれなりに金がかかる。

このとき、安五郎はどうしていたのか。この年一〇月二三日、安五郎は甚兵衛に宛て、切羽つまった書簡を使いの者に持たせ、甚兵衛に届けた。文面は明確さを欠くが、捕らえられて江戸に送られ、入牢中の身ではないかと推察される。三分代官の異動の情報をキャッチし、石和代官の甲府代官転任（虚報）を気にかけている。赦免の工作と牢内出費の送金を懇願し、末尾には使者に金二分渡すようにとある。

中村甚兵衛家は、当主の長兄甚兵衛と弟安五郎のための金策に窮していた。家を守るのは母やすと嫁ふであるが、この窮地に二人の兄が助っ人となって現れる。次男で村内五味家の養子となった三郎右衛門と、三男で南八代村（現、笛吹市）の長百姓野沢家に婿入りした伴七であった。

二人に長女せんの夫平右衛門も加わって、資金調達が行われた。嘉永年間（一八四八〜五四）だけで七六両に達している。すべて三人が保証人となって金策している。博奕を稼業とする博徒と見なされれば人別帳からはずれ、無宿とならざるを得ない。嘉永四年、兄甚兵衛は放免され家に戻ったが、安五郎は甲州竹居村無宿とされ、伊豆新島に遠島となった。

## 安五郎新島に流罪

新島は、江戸から南南西に約一六〇キロ、大島から四二キロ、伊豆下田から南東四六キロの太平洋上に位置する、南北一一キロ、東西三キロの細長い島で、低地の西海岸に本村《もとむら》、北西の小さな湾に若郷村《わかごうむら》がある。流人にとって新島は、四囲の海が外界を遮断する鉄壁となった天然自然の牢獄であった。

島内での生活は許されるが、衣食住の手当はなく、すべて自活しなければならない。また、漁業と零細な畑作で暮らす三八三戸、一八八五人（一七七四年当時）にとっても、一〇〇人を超える囚人の流入は歓迎されるものではなかった。

流人は村人の生業のおこぼれの雑役にありついて、細々と命をつなぐのがやっとであった。今も残る仲間が手づくりした粗末な墓碑は、この地で寂しく飢えで息絶えた流人の島での暮らしの厳しさを伝えている。流人とて金をもっていなくては苦しい。

安五郎は流人にしてはかなりよい暮らしをしていたことが、島抜け後、役人が流人小屋を捜査、押収した所持品の一覧から明らかになる。冬場の寒さに備えて、布団・どてら・炬燵《こたつ》を手に入れ、小鍋・膳・蓋茶碗・徳利の飲食器を調《ととの》え、贅沢《ぜいたく》品の黒砂糖を舐《な》めていた。本九冊を所蔵する読書家でもあった。

注目すべきは銭箱である。博奕で稼いだとは考えられないので、実家竹居村中村家からの仕送りであろう。名主の家の威風と教養を感じさせながら、流人仲間に重きをなし、虎視《こし》眈々《たんたん》と島抜けに備えていた。

## 島を抜け甲州に帰り、復活

### 島を抜ける

いつしか島抜けに思いをめぐらす流人仲間が結集する。島抜けは至難の賭けである。未遂であっても極刑は免れない。密告が懸賞付きで奨励され、島内で捕まる事例がほとんどであった。運よく荒海を越えて本土のどこか沿岸に漂着したとしても捕らえられ、引き廻しのうえ獄門に処せられた。

流人帳を繙《ひもと》くと、宝永二年（一七〇五）から慶応三年（一八六七）の一六二年間に一九件、七八人が挑戦したが、本土まで逃走、ひとまずは島を抜けた成功例がわずか三件、島内で未遂に終われば、見せしめの「金太まわし」の絞首刑が待っていた。島抜けには、綿密な計画と未然に密告を防ぐ情報管理が不可欠であった。四方を海で囲まれた島特有の孤絶、閉鎖環境のなかで、千載一遇のチャンスを的確に見逃さないことである。

嘉永五年（一八五二）、島民の流人に対しての不当な差別に甘んじ、惨めな暮らしを強いられることに堪忍袋の緒が切れた丑五郎・貞蔵・角蔵という二〇代の無宿者が、島抜けを発起した。三人は体力・気力に自信があっても、命のかかる島抜けには、智力と経験力に富んだ指導者が不可欠と考えた。安五郎は金回りがよく、仲間の面倒見がよい反面、ここぞとなれば鬼となって睨《にら》みをきかす、しかも読書家で外界の情報に通じているらしい。三人は流人小屋に安五郎を訪ね、秘中の秘を打ち明けた。

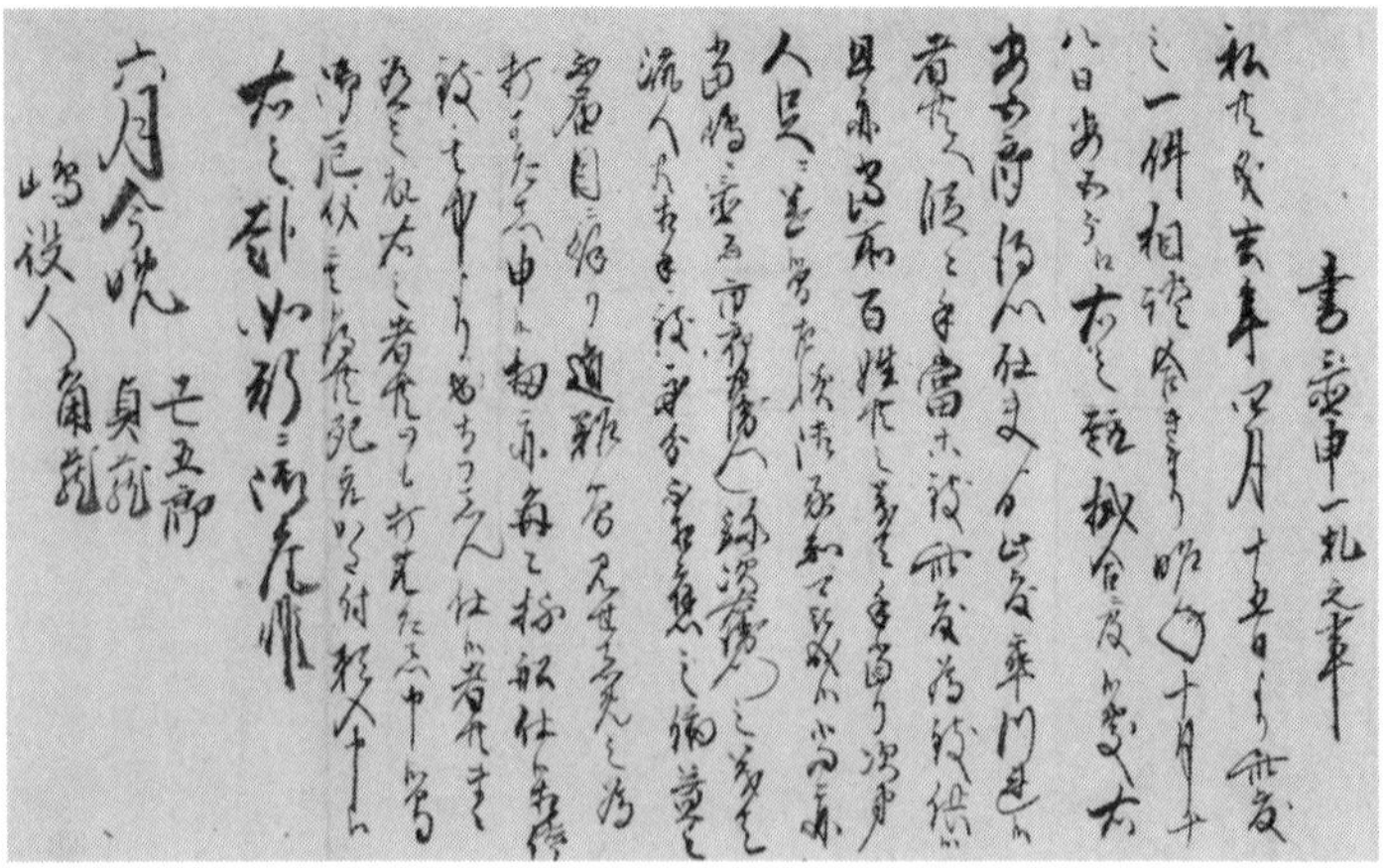

**島抜け３人の書き置き**　島役人に対して、島抜け決行を誇示し、日ごろの恨みを晴らすかのように、報復を豪語している。識字力に注目。

ことは御法度もの、かつて生きて島を抜けた者はごくわずか、抜けても生きながらえた者は皆無である。熟慮、熟議があったであろう。安五郎は三人の一途《いちず》で無鉄砲な意気に押された。止めても実行するであろう。一度相談をもちかけられた以上、若い者を見捨てるわけにはいかない。安五郎は得心して首領格に座り、準備にとりかかった。

　島を抜けるには最低限、本土に向かって海を渡る船を調達しなければならない。島民はもちろん流人とて追っ手となる。武器となるものを手に入れておく必要もある。仲間が四人では、いざ実行となると力不足である。口が堅そうで腕力もある造酒蔵《みきぞう》・源次郎に、不同意ながら従った長吉の三人が加わって総勢七人、自訴する者が出ればお仕舞いである。秘密厳守、外に漏れないよう安五郎の細心の指導力が問われるところである。

　大胆不適にも丑五郎ら三人は島役人に書き置きを残しているが、手当たり次第に島民を人足に使い、不当の扱いをした者には報復するぞと名ざしし、手段を選ばず断行すると捨て台詞を残している。

嘉永六年（一八五三）六月八日夜、決行のときがきた。四つ時（午後一〇時）、七人は二手に分かれ、名主吉兵衛宅の裏口を固め、表から侵入した。島の中枢の本村名主前田家では、当主吉兵衛は七五歳の老人、息子吉六は中風にかかり病臥していた。頼みの二四歳の孫弥吉は、女、子どもを逃すのに精一杯であった。

安五郎はこの弱点を織り込みずみで、まず所持する鉄砲を奪い取るのが目的であった。島内にある武器は、神主と名主に支配韮山代官から下げ渡された鉄砲だけである。鉄砲を渡せと脅すが、御法度《ごはっと》を盾に頑強に拒絶する。凶器は、鯵割き用の小出刃を穂先に仕立てた槍と、脇差代わりの大包丁であった。業を煮やしてついに名主吉兵衛と孫を縛り上げ、切り付け、鉄砲の隠し場所を糺《ただ》すが埒《らち》が明かず、家捜しして二挺の鉄砲を見つけた。このとき刺された名主吉兵衛はこれがもとで亡くなり、一味をたまたま見てしまった源吉は手製の槍で突かれ殺害された。

武器を手に入れた七人は、手筈どおり島内きっての腕利きの水主《かこ》市郎右衛門・喜兵衛の寝込みを急襲して拉致し、前浜に出る。船の扱いに手慣れた二人を脅かし、船小屋から源兵衛の持ち船を浜に下ろさせ、これにわざわざ惣左衛門船の帆と惣兵衛船の舵・道具箱をつけさせた。源兵衛船は島内最速を誇り、拉致した二人はその水主であった。帆・舵なども最良の付属品を物色ずみだった。最速の漁船を熟練の水主に操船させる、よく調べ上げた練りに練った脱出計画であった。

時はすでに午の刻の深夜、島抜けには絶好の南風が吹いていた。水先案内の市郎右衛門を舵取り、喜兵

## ■安五郎の逃亡ルート

新島から海路網代へ。陸路は三島から竹居までは、篭坂峠越えと、岩渕へ出て富士川を遡るコースが考えられる。

衛を二番帆網に据え、「面舵上手《おもかじかみて》」から吹く南風に帆をはらませて、一路伊豆網代《あじろ》方面めざして滑り出した。

伊豆半島東海岸を上陸地に指示したのは、明らかに安五郎である。めざすは甲州、豆州には昵懇《じっこん》の博徒がいる。系列の博徒を頼れば逃げ延びられると読んでいた。それでも七人の動きは目につきやすい。まして伊豆国は新島を支配する韮山代官の金城湯池《きんじょうとうち》であり、支配は厳重で地理に精通し、隅々まで手を回し追及してくる。虎穴に入る危険をはらんでいた。

## 黒船来たる

安五郎は、江戸時代史上はもとより日本歴史上においても、画期となる大事件を島抜けの実行の日時に読み込んでいた。新島近海で漁をする水主あたりから、相模湾から江戸湾にかけての慌ただしい官船の動きを耳にし、黒船来航の大混乱を嗅ぎつけたのではなかろうか。

嘉永六年（一八五三）六月三日未上刻（午後一時）、海の関所相模国浦賀番所沖合に、突如異国船四隻が異様な姿を現した。武力を誇示して開国通商を迫るペリー提督率いるアメリカ合衆国東インド艦隊の軍艦であった。再来を約して退去する六月一二日まで、幕藩体制は黒船の脅威を目の当たりにし、この一点に釘づけになり、ブラックホール状態に陥った。まさに天佑ともいうべき千載一遇のチャンスを引き当てたのである。幕府きっての海防のエキスパート韮山代官江川英龍は対応に忙殺されていた。

九人が乗った源兵衛船は安五郎の企みどおり、網代浦観音下屏風岩に着岸した。無事に渡海してひと安心した途端、空腹が襲ってきた。どこかの米櫃《こめびつ》から掠《かす》め、米を炊いて飯をかき込んでいるところを、たまたま黒船を追う小田原藩御用船が通りかかった。水練に長けた市郎右衛門・喜兵衛は海に飛び込み、御用船めがけ逃走、今ここで起きている島抜けの大事件を訴えた。役人はひと通り探索したが、先を急ぐので支配役所に届けるようにと言い残して、出張先の下田へ向かった。緊急事態の黒船が優先され、島抜けの大罪は二の次にされた。安五郎の読みはまんまと適中した。

七人は慌てて伊豆の山中に隠れた。韮山代官の警察組織が麻痺状態であったことが幸運であったが、七人の無宿者は目立つ。上陸地での各自別行動は手筈どおり、安五郎は仲間と別れ、中伊豆間宮村（現、静岡県田方郡）に住む博徒の親分大場久八《だいばのきゅうはち》を頼った。間宮村は韮山の代官役所に近いが、代官江川英龍が急遽《きゅう きょ》勘定吟味役に抜擢されて「海岸防禦之儀御用」を命ぜられるという大出世に、右往左往状態であった。

甲州竹居村に向かうにあたって通過する東海道沼津藩も黒船騒ぎに翻弄され、島抜けに関心を寄せる余裕がなかった。おそらく安五郎は商人か町人になりすまし、白昼堂々と甲州に入り、ひそかに竹居村中村家にたどり着いたと考えられる。

## 竹居安五郎の復活

嘉永二年（一八四九）に甚兵衛が摘発され、安五郎が流刑されて以来、逼塞状態にあった中村家は、数年ぶりに以前の活気を取り戻した。島抜けの大罪人安五郎を公然と匿《かくま》うことは許されない。公的には安五郎は中村家とは無縁の無宿人である。

しかし、内実は甚兵衛と一体となって、一大勢力に復活していった。中村家の屋敷図（54ページ）から推して、表は甚兵衛、裏は安五郎が分業して子分を集め、武闘も辞さない組織に膨張を遂げた。

黒船騒ぎが治まるにつれ、島抜けは前代未聞の御上《おかみ》の恥として喧伝された。逃げた七人の捕縛に幕府の権威を賭して取りかかる。首謀者安五郎は最重要の指名手配者にされ、人相書が関係者にばらまかれた。

島抜け仲間の四人のその後の消息が、『藤岡屋日記』から明らかになる。逃亡先の江戸でお縄となり、二年後の安政二年（一八五五）、江戸伝馬町に入牢中、またまた大胆不敵にも牢名主を殺害して脱獄を図り、四月二一日、島抜けの大罪に加重した極刑に処せられた。丑五郎・貞蔵・造酒蔵の三人は市中引き廻しのうえ磔《はりつけ》、源次郎は獄門となって露と消えた（角蔵と長吉は不明）。

ところで、安五郎の復活に手を貸したのは、兄弟分大場久八と、今ひとり同国人である甲州都留郡境村（現、山梨県都留市）名主で廻船問屋の天野海蔵といわれる。両人は、江川英龍が幕命を受けて着工した御台場の突貫工事を下支えした裏方同士であった。久八は博奕《ばくち》その他旧罪のお目こぼしに恩義を感じて膨大な人足集めに、海蔵は後ろ盾になってくれたことに酬《むく》いようと石材を伊豆・相模に求め、廻船をかき集めて運搬した。

安五郎は江川英龍に力を貸した二人の支援を受けて、甲州の地に再び根を下ろすことになった。安政二年、伊豆のみならず武州・甲州まで影響力のあった江川英龍が急逝する。甲州三分代官に関東取締出役《かんとうとりしまりしゅつやく》まで加わっての安五郎追及が厳しくなってくる。

## 黒駒勝蔵、子分となる

安政三年、上黒駒村の名主に就いたこともある小池嘉兵衛の息子勝蔵が竹居村中村家を訪れ、甚兵衛・安五郎の子分となった。勝蔵は二五歳の若者とはいえ、中村家同様、村の名望家の生まれ、大胆かつ勇猛である反面、檜峯《ひみね》神社神主武藤外記の私塾「振鷺堂《しんじゅ》」仕込みの知力を兼備し、見るからに親分肌の博徒であった。

安五郎帰郷後の甲州は、甲府の二足草鞋《にそくのわらじ》の目明しから牢番・代官に癒着して、甲州街道を東に縄張りをひろげた二足草鞋の三井卯吉が甲州博徒の大天窓《かしら》といわれ、一大勢力を誇示していた。卯吉は、修験あがりの勝沼の祐天仙之助《ゆうてんせんのすけ》、国分村（現、笛吹市）の三蔵、上州館林藩浪人犬上郡次郎を配下に、若彦路竹居村の甚兵衛・安五郎と鎌倉街道上黒駒村の勝蔵と相対していた。

安政四年（一八五七）一月、三井卯吉が市川大門村（現、山梨県西八代郡）の小天狗《こてんぐ》亀吉《かめきち》らに斬殺され、甲州は博徒の血で血を洗う戦国時代に突入する。卯吉の跡目を継いだ祐天・三蔵・郡次郎には、安五郎を捕縛しようと焦る幕府の息がかかる。三蔵は関東取締出役の密命を帯び、国分村に定着、道案内の上州館林の江戸屋虎五郎、武州高萩（現、埼玉県日高市）の万次郎が出入りしていた。

安政七年三月一二日、兄甚兵衛がこの世を去る。中村家の当主として常に安五郎を庇護し、一家の大黒柱であった甚兵衛の死は痛手であった。安五郎捕縛の網は徐々に狭められていった。この大がかりな捕物は、ことさら安五郎の島抜けを言い立てず、隣国伊豆・駿河・武蔵の博徒も加わった広域の対立抗争に乗じて行われた。目と鼻の先の上黒駒村の勝蔵と国分三蔵の壮絶な闘いがはじまる。

文久元年（一八六一）、三蔵は勝蔵を挑発する。三月一二日、勝蔵の子分狐新居村《きつねあらいむら》無宿兼吉を斬殺して脇差《どす》を奪い、これ見よがしに誇示した。五月二九日、勝蔵は子分兼吉を殺した無宿源吉を、子分を使って報復、殺害する。翌日、三蔵が勝蔵子分二人をこれでもかと斬殺する。血で血を洗う争闘を起こして石和《いさわ》代官、関東取締出役の出番を誘い、勝蔵を甲州から追放する算段である。思惑どおり、勝蔵は国を売って東海地方に逃れざるを得なくなった。

## 安五郎の最期

前年に兄甚兵衛が急逝し、両腕とも頼む勝蔵をもぎ取られた安五郎に、幕府の追及の手が迫ってきた。上・下黒駒村を結ぶ、いわば安五郎の縄張り内にある神座山《じんざさん》檜峯神社は、徳川家康甲斐入国に際し、山領をじきじきに安堵された由緒ある神主武藤家が控えていた。

東照神君家康のお墨付きを世襲する檜峯神社神主武藤外記は、国学思想に目覚め、振鷺堂を開塾し、山領村々の子弟の育成にあたっていた。若き日の安五郎、勝蔵は、入塾して外記の薫陶を受けたといわれる。読書家安五郎の知性と、勤王の博徒勝蔵の特異性の淵源は、このあたりにあると思われる。安五郎の縄張りは、甲府勤番、三分代官が一目も二目も置く武藤家を頂点とした地域編制のガードに守られていた。石和代官とはいえ迂闊《うかつ》に手を出すことはできない。まして表向きは、関東取締出役は管轄外である。

三蔵は奸計をめぐらす。仲間の浪人犬上郡次郎を召し捕らせ、三蔵への裏切りを装って放免する。郡次郎は三蔵の報復を恐れ、安五郎に救いを求める。「窮鳥《きゅうちょう》懐に入れば猟師も殺さず」、郡次郎の泣き言に男伊達安五郎がだまされたというひと幕であろう。

一説によれば、振鷺堂の師匠武藤外記と囲碁を楽しんでの帰途、桑畑に潜んで待ち伏せしていた三蔵一味の者に、瞬時の間に取り押さえられてしまったといわれる。犬上情報をもとにした、じつに手の込んだ策略であった。安五郎一家の武力と檜峯神域の威力は間隙をぬかれ、あとの祭りであった。

親分安五郎の捕縛を逃亡先で知った勝蔵は、切歯《せつし》扼腕《やくわん》して復讐を誓い、帰国を急いだ。甲州博徒竹居村中村甚兵衛・安五郎の流れは黒駒勝蔵に引き継がれ、幕末維新の激動にのみ込まれていく。

安五郎は当座石和代官所に留置されるが、だまし討ちの逮捕に怒り心頭に発した子分が、武藤家の支持を得て安五郎を奪い返しに襲ってくることを恐れ、文久二年（一八六二）三月、急遽警備厳重な甲府境町の牢に身柄を移された。そして一〇月六日、牢内で毒殺されたという。口を封じ密殺するのが、権力者が権威を守る常套《じようとう》手段である。享年五二歳、墓碑は三基つくられるが、本墓は竹居村中村家近くの菩提寺浄源寺にある。

竹居安五郎は、稗史《はいし》の世界では「吃安《どもやす》」と呼ばれ、生来の吃音と島抜けの荒業《あらわざ》や派手な喧嘩《けんか》のイメージから、武闘派の短慮な博徒像につくられている。だが、これまで述べたように、安五郎は博奕《ばくち》を生業とし、多くの子分を擁する武闘を辞さない親分であった反面、時世を読み、権力の動向、内面を見通す知力をもって民間の秩序を構築した遊侠であったことも銘記しておきたい。

（高橋　敏）

## 【列伝三】勢力富五郎——江戸を騒がせた『嘉永水滸伝』の主役

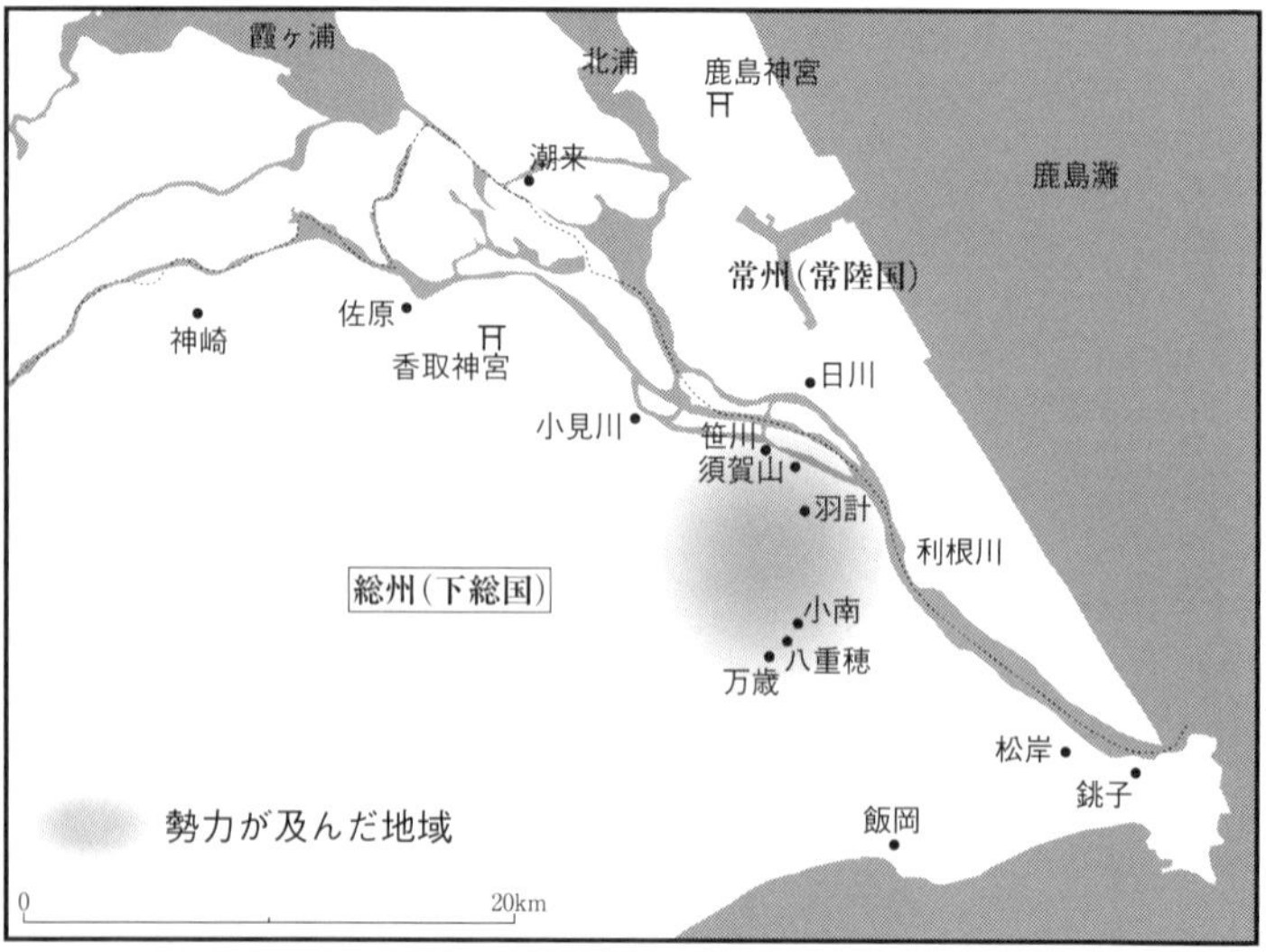


## 「勢力富五郎」調書

・博徒名　勢力富五郎《せいりきとみごろう》
・姓名　柴田佐助
・生没年　文政五年（一八二二）～
　嘉永二年（一八四九）
・享年　二八歳
・出生地　総州（下総国《しもうさ》）香取郡万歳村《まんざいむら》
　（千葉県旭市萬歳）
・出自　中農柴田佐左衛門家
・最期　小南村金毘羅山（万歳山）に籠もり、
　鉄砲で自決
・交流　友好：笹川繁蔵《ささがわのしげぞう》（子分）
　敵対：飯岡助五郎《いいおかのすけごろう》

## 『天保水滸伝』を世に出した博徒

### 真の侠客、大丈夫

文久二年（一八六二）、役者絵で一世を風靡《ふうび》した歌川豊国は、弱冠二四歳の戯作者仮名垣魯文を略伝の書き手に誘い、七六歳の老骨に鞭打って三六番続きの大錦絵『近世水滸伝』を「いせ兼」から上梓した。「水滸伝」といえば武者絵の歌川国芳と相場が決まっていたなか、あえてライバル国芳の領域に踏み込んで挑戦した。

国芳が本家本元の中国の奇書『水滸伝』の豪傑を画題にしたのに対し、豊国は本邦の侠客、アウトローに翻案し、今人気の歌舞伎役者になぞらえて、得意の役者絵のシリーズものに仕立てた。

豊国と周辺を突き動かしたのは、この年一三回忌にあたる嘉永二年（一八四九）の下総利根川下流域で繰り広げられた博徒勢力富五郎《せいりきとみごろう》の関東取締出役《かんとうとりしまりしゅつやく》相手の大立ち回りの記憶が、未だ江戸市中の風聞となって思い起こされていたからではなかろうか。

宣伝引き札には、「歌川豊国一世の揮毫《うでまえ》、笠川の侠客が一代の名誉《ほまれ》」と銘打って、筆頭に「第一、遺恨ハ深き笠河《かさが》ハに競力勢《けいりきぜい》の梁山泊」と大書され、「一競力富五郎　中村芝翫《なかむらしかん》」と勢力富五郎に六代目芝翫を配した。

『天保水滸伝』と題し、巷間《こうかん》流布する講談、浪曲の稗史《はいし》はもっぱら飯岡助五郎《いいおかのすけごろう》・笹川繁蔵《ささがわのしげぞう》を主役に語られ

### ■『近世水滸伝』の博徒

| 侠客名 | 役者名 | 備考 |
|---|---|---|
| 競力富五郎 | 中村芝翫 | 勢力富五郎 |
| ましらの源次 | 中村芝翫 | |
| 稲舟万吉 | 沢村田之助 | |
| 波形紋弥 | 沢村田之助 | |
| 成田新蔵 | 河原崎権十郎 | |
| 提緒猪之助 | 河原崎権十郎 | |
| 清瀧佐七 | 市村家橘 | 清瀧村佐吉 |
| 竹垣虎松 | 市村家橘 | |
| なだれの岩松 | 市川市蔵 | |
| 鬼神喜之助 | 市川市蔵 | 甲州博徒 |
| 井岡捨五郎 | 沢村訥升 | 飯岡助五郎 |
| 水嶌左門 | 沢村訥升 | |
| 篠（洲）崎政吉 | 坂東彦三郎 | 永井村彦四郎 |
| 桐嶋辰五郎 | 坂東彦三郎 | |
| 神楽獅子雷八 | 中村鶴蔵 | |
| 土浦皆次 | 関三十郎 | 大塚皆治 |
| 算筆徳兵衛 | 中村福助 | |
| 笠河髭蔵 | 中村福助 | 笹川繁蔵 |
| 夏目小僧新助 | 岩井粂三郎 | |
| 蟹お宅 | 岩井粂三郎 | |
| 縞仁三郎 | 市川団蔵 | 島村伊三郎（上州） |
| らかんの竹蔵 | 市川九蔵 | |
| 祐典浅吉 | 嵐雛助 | 祐天仙之助（甲州） |
| 浪切重三 | 実川延次郎 | |
| 木隠霧太郎 | 坂東三津五郎 | |
| ゆかんば小僧吉三 | 市村竹之丞 | |
| 銚子五郎蔵 | 片岡仁左衛門 | 木村勝五郎 |
| 金看板伽羅五郎 | 松本錦升 | |
| 神道奥次 | 中村歌右衛門 | |
| 女勘助 | 岩井杜若 | |
| 鬼神お松 | 坂東しうか | |
| 火の玉小僧桂助 | 坂東亀蔵 | |
| 組定重次 | 市川團十郎 | 国定忠治（上州） |
| 木鼠四郎吉 | 市川海老蔵 | |
| 平手壱岐 | 市川小団次 | 平田深喜（平手造酒） |
| 鰐甚助 | 市川小団次 | |

多くが下総の助五郎・繁蔵の身内だが、上州の忠治・伊三郎、甲州の鬼神喜之助・祐天仙之助の４人が含まれている。

るが、往時巷間の人びとが話題にしたのは、その後勢力富五郎を主役につくられた『嘉永水滸伝』から発したものであった。それは、豊国の取り上げた三六人侠客の構成から明らかになる。

戯作にせよ歌舞伎にせよ、御上《おかみ》を憚《はばか》り、時代を鎌倉、人名をそれらしく変えるのが江戸時代の常識である。読者は百も承知で隠れた真実をたちまち見抜く。それが、江戸の融通無碍《ゆうずうむげ》の世界というものである。勢力は競力、飯岡助五郎は井岡捨五郎、笹川繁蔵は笠河髭蔵、国定忠治《くにさだちゅうじ》は組定重次、島村伊三郎《しまむらのいさぶろう》は縞仁三郎と戯画化されている。

それにしても、勢力富五郎は『天保水滸伝』の主役を喰《く》って、大物の上州の国定忠治・島村伊三郎、甲州の祐天仙之助《ゆうてんせんのすけ》を従える勢いである。仮名垣魯文の略伝史には次のようにある。

> 下総国利根川辺なる干潟万歳村《まんざいむら》の出生にして、幼稚より力量つよく、一度かまくら（江戸）にいでて力士となり、競力（勢力）と名乗、大相撲にも二段目迄取あげしが、後侠客の徒《むれ》に入て笠川（笹川）なる稲瀬髭蔵（岩瀬繁蔵）が子分となりけれども、不義の財を貪らずよわきを扶《たす》け強きを折《くじ》き、妻子なき身ハ余財を欲せず、金銀をたくハふ時ハ貧しき者にめぐミ与へ、敢て自己が身に付ず、真の侠客大丈夫とミな人尊称せざるハなく、英名近国に轟けり、然に親分髭蔵井岡捨五郎（飯岡助五郎）が為に不慮の横死をとげしかハ、口惜き事かぎりなく、これより捨五郎を倶不戴天《ぐふたいてん》の仇とねらひ、官に反《そむ》きて付まとへど、井岡方防備《ようじん》厳重にして近付事不能《アタハ》ざる処に、井岡の大群逆寄しけるを間者を以て疾《とく》さつし、子分たれかれ有名の徒をしたがへ、半途に待伏して井岡方をさんざんに討とりけるとぞ

富五郎は、干潟八万石の万歳村《まんざいむら》（現、千葉県旭市）に生まれ、江戸大相撲の力士を志願、雷《いかずち》権太夫に入門、三段目まで昇進したという。あとは廃業、博奕《ばくち》、お決まりの博徒の世界へ。助五郎の飯岡に南進せ

ずに笹川河岸（現、千葉県香取郡）の繁蔵の子分になった。

魯文は、富五郎を「よわきを扶け強きを折」く、「余財を欲せず」貯えた金銀を惜しみなく貧しい者たちに恵み与え、自分の身につけようとしない「真の侠客大丈夫」と尊称しない者はいないほど、英名は近国にまで轟《とどろ》き渡っているとベタ褒《ぼ》めしている。勢力富五郎は、国定忠治ら並みいる博徒を圧倒するほどの義侠の侠客というのである。

魯文が富五郎を気に入ったのには、助五郎に謀殺された親分繁蔵の仇討ちのため助五郎をねらって、ついには「官に反きて」関東取締出役《かんとうとりしまりしゅつやく》と対決する、二足草鞋《にそくのわらじ》を履かない武闘派博徒であったことにもよる。

『藤岡屋日記』の江戸情報によると、嘉永二年（一八四九）、関東取締出役総動員の追っ手五〇〇余人を敵に回して五二日間も闘い抜き、最後は自決したことが明らかになる。事件の経緯を追ってみよう。

## 勢力富五郎の人相書

『天保水滸伝』の構図は、東総南部の漁場九十九里の飯岡村（現、旭市）を本拠とする二足草鞋の道案内で地引網主の三浦屋（飯岡）助五郎と、醤油景気で沸く利根川下流域の羽計村《はばかりむら》（現、香取郡）の名主で醤油醸造業を営む岩瀬家の三男に生まれ、ぐれて笹川河岸を縄張りに売り出し中の岩瀬（笹川）繁蔵との勢力争いにある。

弘化元年（一八四四）八月四日、道案内飯岡助五郎は、関東取締出役の召捕状を手に入れ、子分二〇余人を引き連れて、ひそかに対する笹川河岸の繁蔵を急襲したが、すでに察知していた繁蔵方の待ち伏せに

三代目豊国『近世水滸伝』競力（勢力）富五郎
武闘派富五郎の面目躍如。シリーズ中の傑作といわれる。

遭い、血で血を洗う大血戦となる。助五郎は股肱《ここう》の子分三人を殺され、負傷者が続出、這々《ほうほう》の体《てい》で野尻河岸に敗走、支配高崎藩陣屋の介入を招き、事件は幕府老中にまで達した。

目算は裏目に出て、繁蔵一味は姿をくらまし、関東取締出役の面目は丸つぶれ。助五郎は責任を問われて入牢となり、繁蔵への敵愾心《てきがいしん》を増幅させていった。

勢力富五郎はこのとき繁蔵一の子分で、助五郎撃退の立役者であった。ちなみに、繁蔵方の死者は浪人平田《ひらた》深喜《みき》（『天保水滸伝』では平手造酒）が唯一であった。

直後、事態の収拾に駆けつけた関東取締出役桑山圭助は、繁蔵と並んで富五郎の人相書まで村々に手配している。

一、年齢廿七八才位

一、中丈　太り候方

一、眉毛こき方

一、眼細く鼻高き方

一、顔丸く色黒し口大き成方

一、月代《さかやき》薄く耳常体

一、当時眉間《みけん》切疵《のきりきず》壱ケ所、其外手疵有之《これあり》

一、其節之着用不分《わからず》

同郡万歳村
元相撲
清力佐助

三年後の弘化四年（一八四七）、笹川河岸の須賀山村（現、香取郡）に舞い戻っていた繁蔵は、助五郎の息子堺屋与助らに闇討ちにされて『天保水滸伝』は決着と思われたが、万歳村を根城に盤踞《ばんきょ》する勢力富五郎が、助五郎の後ろ盾関東取締出役をも恐れず闘いを挑んでいく。『嘉永水滸伝』の幕開けである。

## 勢力富五郎を召し捕れ

嘉永二年（一八四九）、一二代将軍徳川家慶《とくがわいえよし》直々の鹿狩りが、下総小金原《こがねがはら》の牧で執り行われることになっていた。鹿狩りは、将軍の私的遊びや趣味ではない。鎌倉幕府の将軍源頼朝の富士の巻狩りの故事に明らかなように、将軍の絶大な権力の拠り所である軍事力の調練を兼ね、権威を内外に誇示する儀礼であった。

この大軍事演習の主役を務める旗本・御家人の常備軍はもとより参陣を命ぜられた諸大名まで、三年前から準備を重ね、粗相なきよう神経を尖らせていた。

幕臣だけで数千、獲物を狩り場に追い込む勢子《せこ》らに動員された周辺村々の農民を加えれば、万余の人員が繰り広げる大規模な軍事演習であった。天保改革が頓挫し、黒船の脅威が高まるなか、幕府の威厳を再確認させようという意図があった。

ところが下総東部、利根川下流域においては、無宿の博徒勢力富五郎とその子分が関東取締出役の追及を尻目に無法の限りを尽くし、跋扈《ばっこ》していた。

富五郎暗躍の地は、人口一〇〇万の大消費都市江戸の後背地として、九十九里の干鰯《ほしか》と銚子の醤油の一大地場産業に支えられて潤っていた。江戸荷を積み卸しする河岸や浜は近郷からモノや人が集まり、なかには遊女や博徒の流れ者が入り込んで、関八州有数の活性化した地域となった反面、治安警察上の問題を抱えていた。

勢力富五郎の存在は、将軍様お成りを前に、天下泰平の実を号令するにあたって些末なことであったが、遺漏なきが鉄則の建前《たてまえ》大事とあっては、まさに目の上のたんこぶであった。関八州の治安を預かる勘定奉行はもちろんのこと、配下の関東取締出役にしてみれば面子がかかっていた。以降、『海上町史史料編Ⅱ』を参照しながら事実を追っていく。

嘉永二年三月八日、下総国香取郡須賀山村諏訪明神社境内は、ものものしい緊張した空気が張り詰めていた。関東取締出役斉藤畝四郎・大熊佐助・吉岡静助・渡辺園十郎・中山誠一郎の五名が雁首《がんくび》をそろえ、関八州はもちろん東海道筋からもかき集められた道案内、岡っ引きの類《たぐい》五、六〇〇人が、前日から三々五々笹川河岸に上陸、諏訪明神に集結していた。

捕り手は、赤・白・浅黄・鬱金《うこん》などの鉢巻と襷《たすき》で色分けされた組に編成されて、勢揃いをはじめる。それにしても武闘を辞さず勇猛をもって侠名を売る博徒とはいえ、勢力富五郎一味の捕縛にこのような大がかりな布陣をとったのは、鼠一匹逃さないという決意の表れであったのか。

前日の三月七日、関東取締出役五名は連名で周辺七六か村の村役人に対し、勢力富五郎捕縛のため捕り手多数を差し向けたので、人足の徴発、不審者の摘発・差し押さえなど、捕物に対応するよう命じた。関東取締出役は、五、六〇〇人の手勢が立ち回り先の七六か村を押さえれば、勢力とはいえ袋の鼠同然と甘くみた感がある。

たしかに三日後の三月一一日、常州土浦から駆けつけた道案内内田佐左衛門組が、羽計村無宿勇吉とその子分宇兵衛を捕らえ、幸先のよいスタートを切った。ところが、その後はさっぱり一味の行方は知れず、首領勢力富五郎は杳《よう》として捜査の視界から消えてしまった。

## 勢力富五郎、関東取締出役を翻弄す

猫一匹見逃さない包囲網を布《し》いたとはいえ、捕り手は急遽《きゅうきょ》かり集められた余所者《よそもの》ばかり、地理に不案内で人脈もない。村々から勢力召し捕りの嘆願書が出されたが、これとて形式上の建前で、関東取締出役の一片の命令によって唯々諾々と従うことはない。日ごろから賄賂は取る、酒食はもちろん女まで要求する八州様と、彼の権威を嵩《かさ》に悪行を尽くす手下を前に、面従腹背《めんじゆうふくはい》で抵抗する。助五郎と関東取締出役の裏での結託を知る人びとは、勢力富五郎に同情し、贔屓《ひいき》に傾いていた。笹川河岸から万歳村にかけては、亡き繁蔵と富五郎の生まれ育った縄張りで、仮名垣魯文は義侠富五郎の貧民救済を伝えている。

おそらく勢力富五郎を匿《かくま》うシンパがいたのである。富五郎は関東取締出役直轄の改革（寄場）組合村の寄場万歳村の無宿である。万歳村の人別から除帳されたとはいえ、家族・親族の血縁、五人組・村共同体の地縁は健在であった。子分とて血縁・地縁をもつかつての村の百姓である。

万歳村名主で寄場大惣代を務めていた井上治右衛門家には、勢力富五郎を長屋門の一隅に匿《かくま》い、面桶《めんつう》に詰めた弁当を食べさせたという伝承がある。その後ずいぶん経ってから、米粒のついたままの面桶がたくさん出てきた。富五郎捕縛の地元実務の総括責任者が、張本人を屋敷内にひそかに匿っていたとするなら、情報は筒抜け、彼らの公の立場が危うくなるまで関係者間を盥回《たらい》しにして隠れていたと推察できる。

かくするうちに将軍お成りの小金原の御鹿狩りは、三月一八日に終わってしまった。大がかりの捕物はそのまま膠着状態になって、関東取締出役以下五、六〇〇人は無為に張り付けられたままであった。勢力富五郎は関東取締出役の鼻を明かした。

関東取締出役は文の人で、武闘派の勢力富五郎の鉄砲が恐くて笹川の宿所でもっぱら留守を守り、指揮は大仰にするがさっぱり一線に出張ることはない。捕物を仕切ったのは、常陸国土浦から頼まれてやってきた内田佐左衛門であった。

## 道案内内田佐左衛門の起用

このとき内田佐左衛門は、常州土浦藩（土屋氏九万五〇〇〇石）城下の本町の歴代本陣、年寄、問屋を世襲する内田家の四三歳の働き盛りの隠居であった。歴《れっき》とした名望家の主が、二足草鞋の博徒の表稼業である道案内となったのか。曰《いわ》くがありそうである。

佐左衛門が問屋役を務めていた天保八年（一八三七）、前年の飢饉の影響が関東に押し寄せていた。土浦も例外ではなかった。町民は、まさかの飢餓に備えて、長年「持合金」を積み立てていた。この基金を元手に窮民の救済が図られたが、実施した名主ら町役人に流用などの不正があった。佐左衛門はこれを見逃さず、町内下層の小前《こまえ》をたき付け、長年町政を牛耳る古参の役人と対決、藩の町奉行にまで執拗に訴え出た。要求は通ったものの、下々を扇動して城下を騒がせた罪は重いと、問屋役を罷免され、二度と公務に就けない隠居身分にされた。

弘化元年（一八四四）、関東取締出役は、土浦藩から無縁を宣告されて無聊《ぶりょう》をかこっていた佐左衛門を説得、道案内にスカウトする。幕府の警察支配の末端にあって実績抜群、押しも押されぬ顔役となった佐左衛門を、隣国下総で勃発したもっとも困難な勢力富五郎騒動の切り札として投入した。

四月に入ってもなんら進展のない捜査状況に、佐左衛門は地元住民は信用できないと、総勢を七組に分け、勢力一味が潜むと思われる一帯を村ごとにしらみ潰しに徹底的にあたることに切り換えた。四月一五日、佐左衛門は潜伏の可能性の高い小座村《おざむら》・大友村・青馬村《おうまむら》・宮本村・小南村（いずれも現、香取郡）の役人各自に急状を発した。

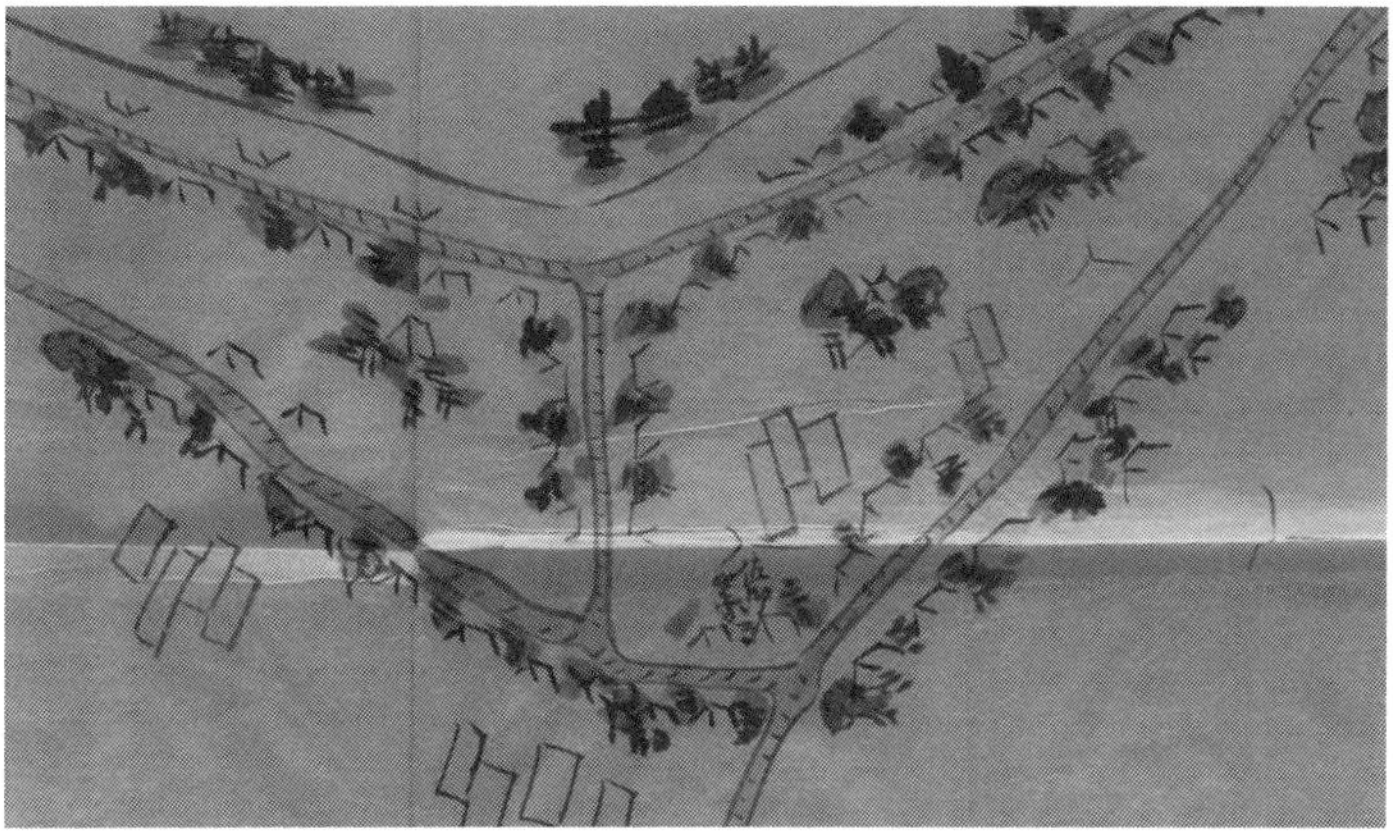

**内田佐左衛門作成の万歳村絵図**（部分）　潜伏する富五郎を包囲、しらみ潰しに探索する意図が読み取れる。

佐左衛門は緻密な捜査体制を指示した。

①小座村千手院に捜査基地を置く
②村ごとに役屋を設けて人足一両人を置く
③木戸を設けて番人を置き、夜番は二人交代制とする。

村々からの人足の徴発は、佐左衛門と配下が監視可能な少人数に絞り、勢力一味の夜間の活動を封じ込めようとしたのである。

ローラー作戦によって、じわじわと佐左衛門の包囲網が狭められてくると、さすがの万歳村の村役人、親類縁者も匿っていては自分たちが危うい。佐左衛門は、富五郎が万歳村のどこかに潜伏していると睨《にら》んでいた節がある。佐左衛門が作成した二葉の探索絵図には、図中に「佐助ノ家」と明示された民家がある（上図）。佐助とは、富五郎の本名である。

万歳村の隠れ家を出た勢力富五郎は、八重穂村《やえぼむら》から粟野村城之越を経て小南村金毘羅山に移動した。山上に鉄砲を武器に籠もる勢力富五郎と子分は、本家「水滸伝」の梁山泊になぞらえられ、江戸の評判をとった。

山上の勢力の鉄砲の威力は脅威である。命を的に追うのは、佐左衛門と配下の者たちであったが、常州小田村の源助が撃たれ、唯一の犠牲者となった。追い詰められた勢力富五郎に付き従うは、子分栄助ひとりであった。関東取締出役のお縄にかかるなんぞ真っ平と、二人は鉄砲による自決を選んだ。

豊国の『近世水滸伝』から三年後の慶応元年（一八六五）、この勢力富五郎の壮絶な死が、浮世絵師大《たい》蘇《そ》芳年《よしとし》によって図像化され、戯作者山々亭有人《さんさんていありんど》が「盛力憤死してより近世水滸の一篇著る」と取り上げられ、日本版「水滸伝」がつくられるきっかけとなった。

時に四月二八日、大捕物は五二日にも及んだのである。

## 勢力富五郎の実像

### 勢力富五郎の村と家

富五郎が生まれ育った万歳村は、村高二八三八石の大村で、上州安中藩（板倉氏三万石）の大田陣屋（下総一万石）の領分二六〇二石と、旗本吉川氏の知行二三五石の相給支配となっていた。干潟八万石といわれる椿海《つばきのうみ》を干拓した新田地帯の北端に位置し、九十九里から利根川下流域の笹川・小見川《おみがわ》（現、千葉県香取市）を陸路で結ぶ交通の拠点であった。

勢力富五郎は、本姓柴田、名は佐助といった。嘉永二年（一八四九）の裁許書には二八歳とあるので、逆算すれば文政五年（一八二二）の生まれとなる。旧名主井上家文書の人別帳調査から、天保一二年（一八四一）の佐助の生家柴田家の状況が明らかになった。

右同断（真言宗地蔵院）　　高弐石三升五勺

芝田佐左衛門㊞五十二才
妻　ち　か　四十七才
倅　佐　七　二十八才
娘　た　き　二十四才

嫁《よめ》　と　よ　二十四才
二男与　助　二十二才
娘　た　つ　十六才
同　つ　ね　十一才
孫　啓太郎　五才
馬　壱疋

〆九人内　男四人
女五人

天保一二年（一八四一）といえば佐助は二〇歳、江戸大相撲に入門、四股名《しこな》勢力を名乗って修業中か、廃業して博徒の群れにいたのか、いずれにせよ人別帳には名前はない。当主芝（柴）田佐左衛門は佐助の父、ちかが母に間違いない。九人の大家族、うち一六歳から五二歳が七人という労働生産性のたいへん高い構成である。

持高二石余はやや少ないが、馬一頭を所持しており、これから成長可能な中農と見なしてよいであろう。事実、二六年後の慶応三年（一八六七）、佐左衛門は七八歳の長寿で健在であり、持高は八石五升に上昇している。

柴田家は子々孫々に相続され、現在も旭市萬歳に居住している。勢力富五郎こと柴田佐助没後、墓碑を建てることは憚《はばか》られたが、ひそかに位牌を仏壇奥に祀り、供養を続けてきた。

（位牌表）
興善道照清居士霊位
（裏）
嘉永二酉天四月廿八日
俗名柴田佐助　行年二十八才

「善道を興し、清きを照らす」という戒名は、御上《おかみ》に唾する悪を善に真逆に正当化している。隠れてであれ、戒名をつけた菩提寺地蔵院の住持は、悪党勢力富五郎として断罪された柴田佐助に、義侠の正義を認めていたのである。おそらくこの行為は、万歳村の人びとの思いを代弁したものと見なしてなんら差し支えなかろう。

## 脱獄犯高野長英が潜伏した地域

下総のこの地域は、お尋ね者が身を隠す恰好《かっこう》の地域であった。かの津々浦々に指名手配された脱獄犯高野長英が、勢力騒動落着の翌嘉永三年（一八五〇）、なんと万歳村に潜伏していた。

高野長英といえば、天保一〇年、蛮社の獄に連座して永牢に処せられ、獄中五か年牢名主にもなり、弘化元年（一八四四）には番非人栄蔵を買収して伝馬町の獄舎に火をつけさせ、囚人解き放しに乗じて脱獄逃走した、御上にしてみれば許しがたい極悪人であった。長英はどこに匿われていたのか。万歳村で井上家と双璧をなす名主の花香《はなか》家の豪壮な屋敷内のどこかに潜んでいた。

花香家は持高一五〇石、村いちばんの豪農である。当主伝左衛門は名主を世襲する名望家で、改革組合の役人を務め、関東取締出役《かんとうとりしまりしゅつやく》とも良好な関係を保っていた。その一方、恭法《きょうほう》を名乗り、蘭学者長英の門人でもあった。顔を焼き人相を変えて江戸に舞い戻った長英は、身の危険を感じ、下総万歳の門人花香恭法を頼ったのであろう。長英はこのとき五両を借り、置き手紙を残して去っている。

下総から常陸にかけては算学が盛んで、多数の門人を擁したのが、長英の高弟内田弥太郎であった。内田は幕臣で、江戸で蘭書を読む家塾を営み、門弟数百人を抱えて、算学や数学を得意とした。長英が孤立するなか、留守家族へのつなぎ役となって援助を続けた。おそらく内田と花香は同門で親しかったと考えられる。

驚くのは、勢力騒動鎮圧の最大の功労者、土浦の内田佐左衛門が、内田弥太郎の門人であったことである。佐左衛門も恭法と同じく、義制という別の顔をもつ文人であった。佐原の豪農で隠居後日本列島を測量、「大日本沿海輿地全図」を作成した伊能忠敬《いのうただたか》の「伊能図」九舗を手に入れており、天文と蘭暦に興味を示している。内田弥太郎は五観《いつみ》、観斎と号したが、号を捺印した内田の蔵書が佐左衛門・恭法両家の蔵書中に存在する。花香恭法と内田義制は、内田弥太郎から高野長英につながっている。

下総の末端支配にあってはまさに融通無碍《ゆうずうむげ》、人相書が出回っている脱獄犯であろうと、蘭学の師高野長英を匿い、逃がすネットワークが隠されていた。

## 勢力騒動とはなんだったのか

勢力一味として捕らえられた者は、閏四月二日、小見川に送られ、関東取締出役の下吟味が行われた。取り調べられた関係者は一〇〇人余にのぼり、八日、一五人が江戸送りと決まった。翌九日朝、清瀧村無宿佐吉ら九人は折曲駕籠《おりまげかご》、今郡村百姓四郎兵衛ら六人は縄付きで小見川を出立した。九日滑川、一〇日我《あ》孫子《びこ》、一一日千住と泊りを重ね、一二日江戸勘定奉行所に到着した。護送の道中が人目を引き、勢力騒動を一躍江戸のトップニュースに押し上げた。一行の後尾には、押収した最新の武器が馬二頭で運搬されていた。

所持之雑物
一、鉄砲　十挺
一、鑓　三筋
一、長刀　弐振
一、種ケ嶋
一、刀

九人の唐丸駕籠に縄付き六人、前後を警固する役人、人足という大行列にも驚いたろうが、それにも増して奇異の念を抱かしめたのは、飛び道具の鉄砲を主体とした武器の質と量であったと思われる。兵農分離の体制下の武器感覚からすれば、長脇差《ながどす》までは大目にみられたが、鉄砲は想定外の恐るべき事態である。幕府の警察力は未だ太刀・鎗・弓が中心で、鉄砲は火縄銃の域にある。博徒の武器は長脇差から鉄砲に進化しつつあることを勢力富五郎は突き付けていた。

五月二九日、勘定奉行の裁許が下り、関係者の判決が言い渡された。佐吉・勇吉・仙蔵は、六日前に引き廻しのうえ、小塚原《こづかっぱら》で獄門に処せられていた。勇治・宇兵衛は獄門、藤右衛門・甚蔵・医師文悦は牢死している。

注目すべきは、鉄砲がらみで摘発・処罰された平七・弥惣右衛門・元吉・伊助の四人である。平七は常州鹿島郡日川村百姓五右衛門の抱え百姓で、「猥ニ鉄砲買受所持」していたと中追放となった。表向きは鉄砲不法所持であるが、おそらく勢力富五郎の鉄砲売買に関与していた。弥惣右衛門は万歳村百姓で、古鉄買を渡世としている。鉄砲の修理から製作までかかわっていたのかもしれない。元吉は万歳の隣村諸徳寺に住んで、弾薬となる火薬、焔硝《えんしょう》の売買を生業としている。伊助は、刀・脇差の研ぎ拵《こしら》えを業とする。

四人は無宿ではない。人別帳に登載された百姓である。田づくりを専業とすべき百姓が、ごく一部とはいえ、御上が厳禁する鉄砲・刀剣関連諸業に従事し、勢力富五郎を支えていたという事実は重大である。勢力富五郎が五二日間も五、六〇〇人もの追及をまんまとかわしつづけたのには、鉄砲を主力にした集団戦法の脅威が、捕り手側にトウラマとなってあったからではなかろうか。

勢力富五郎は『天保水滸伝』の脇役にあらずして、「近世水滸」の魁《さきがけ》であった。

（高橋　敏）

# 【列伝四】佐原喜三郎——鳥も通わぬ八丈からの島抜けを記録に留めたインテリ博徒

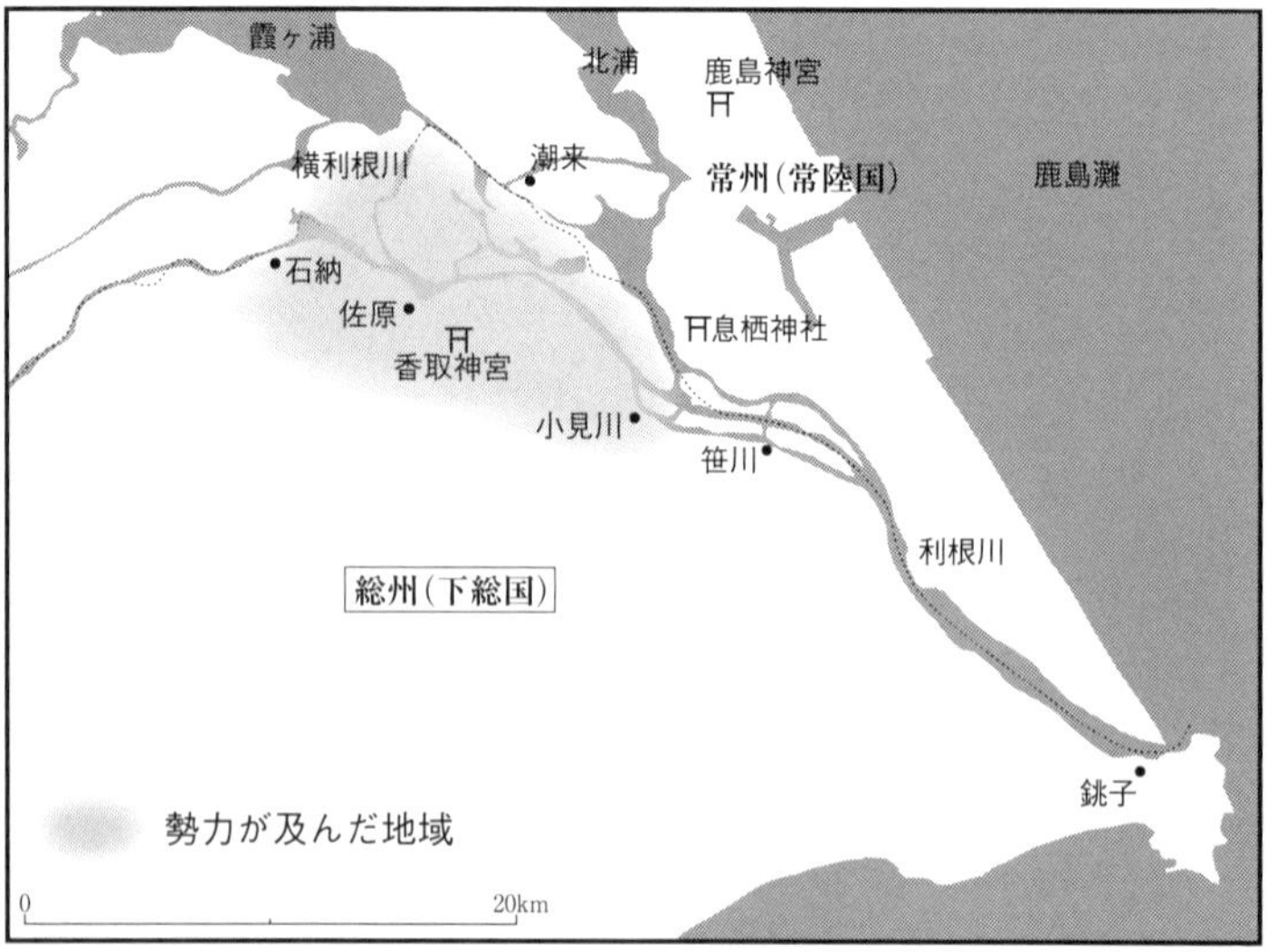


**「佐原喜三郎」調書**

・博徒名　佐原喜三郎《さわらのきさぶろう》
・姓名　本郷喜三郎
・生没年　文化三年（一八〇六）～
　弘化二年（一八四五）
・享年　四〇歳
・出生地　総州（下総国）香取郡佐原村向洲《むこうず》
　（千葉県香取市佐原ニ）
・出自　豪農
・最期　死罪を免れ、追放後病死
・交流　敵対：芝山仁三郎《しばやまのにさぶろう》

# 佐原河岸の喜三郎

## 水運で栄えた在町佐原

佐原喜三郎《さわらのきさぶろう》は、文化三年（一八〇六）、下総国香取郡佐原村向洲《むこうず》（現、千葉県香取市）の豪農本郷武右衛門家の第二子、長男として生まれた。

江戸時代の佐原は、一〇〇万都市江戸の消費市場を背景とした利根川下流域を代表する河岸であり、東北や関東各地から江戸へ運ばれた城米・年貢米の流通拠点として、活発な経済活動が営まれていた。この地域は、利根川本流が大動脈として流れ、支流の河川が小枝のように広がり、流域各地に河岸を母体とする在方の町場が発達していた。そこでは佐原・銚子の醬油醸造に顕著な商品荷物が、利根川舟運によって高瀬船などの川船に積まれ、江戸に向けて大量に送られていた。

産業や経済、文化など、生活のあらゆる面が豊かに関連するこの一帯は、利根川流域文化圏と称されるなど、支配関係を越えた生活圏が水運により形成されていた。その拠点となった河岸では、遠隔地との取り引きをする問屋によって活発な商業活動が営まれ、村の中の町場として繁華街を形成し、なかには隠れて遊所や博奕場がつくられて、流域や河岸の後背農村からも商人だけではなく、流れ者や博徒が集まってきていた。

利根川下流域で最大の物資集散地であった佐原には、多くの文化人が来訪し、中央の文化に関心を抱く富裕層の知的好奇心を強く刺激した。この地から伊能忠敬《いのうただたか》や国学者の香取魚彦《かとりなひこ》、儒者の久保木竹窓《くぼきちくそう》などの著名な文人たちが輩出されたのも、そうした地域的な特性によるものだった。

こうした好学的な雰囲気をもつ佐原において、喜三郎も幼少時より相応の教育を受け、高いレベルの教養を身につけていたと思われ、そうした教養がのちに達筆な書簡や詳細な獄中記を残させたといえる。

さらに、河岸が繁栄したもう一つの要素に、労働力が確保されていたことが挙げられる。河岸での現金収入を期待し、働き口を求めて集まる人びとのなかには、故郷を飛び出してきた若者もおり、博奕に染まり、ついには博徒として河岸周辺に住み着く者たちもいた。

多種多様な人びとが集まる河岸では、人や物資を適所に差配できる人物が重宝とされ、そうした能力に秀でた者が自然と顔を利かせるようになってゆく。彼らは、行政的に村を治める村役人とは別に、流動する村々の秩序を維持する担い手となり、親分的な存在として地域を仕切るようにもなった。浪曲や講談の『天保水滸伝』で著名な飯岡助五郎《いいおかのすけごろう》・笹川繁蔵《ささがわのしげぞう》・勢力富五郎《せいりきとみごろう》たちは、本当のところは、佐原喜三郎の後塵《こうじん》を拝した新興の博徒であった。

喜三郎は、彼らに先行して東総地域の中枢佐原を基盤に一家を構え、御用弁となって八丈島に流刑されこの地から追われたが、前人未到の島抜けを成就し、帰郷を果たして侠名を轟《とどろ》かせた博徒である。同時に喜三郎は、化政期（一八〇四〜三〇）の江戸文化を吸収し、七年余に及んだ獄中暮らしのなかで、アウトローからみた「流刑」や「獄内の実態」を記録・著述し、後世に残した稀有《けう》なインテリ博徒でもあった。

諸説紛々の喜三郎であるが、丹念なフィールドワークを重ねて喜三郎を追った子母沢寛《しもざわかん》の業績「佐原の喜三郎」に学びながら実像に迫ってみたい。

## 本郷武右衛門家と家族

本郷武右衛門家は、佐原向洲の近隣から「武右衛門屋敷」と羨望された豪壮なお屋敷を構え、田地だけでも三〇町歩を所有し、関東随一と唱《うた》われた下総十六島《じゅうろくしま》米の小作米六〇〇俵の収入があったといわれる大地主の豪農であった。ひとり息子の喜三郎を溺愛した父武右衛門は、喜三郎が弘化二年（一八四五）に江戸で没するまで、彼をいちども人別帳からはずさず百姓身分に留めたため、喜三郎の遠島とともに家屋敷のすべてを失ったといわれる。

喜三郎には、姉と妹がいた。名前は不明であるが、姉は佐原村寺宿の左官職人青柳甚兵衛家に、妹は隣村の岩ヶ崎村（現、千葉県佐原市）の百姓長田長兵衛家へ嫁いでいる。姉妹は父の思いを継いで、なにかと喜三郎に援助を惜しまなかった。

長じて喜三郎は江戸に出る。おそらく本郷家の後継者としての奉公修業のためであったろう。喜三郎の動向が、姉の嫁いだ義兄青柳伊兵衛と交わした書簡二通から垣間みられる。この二通はともに年号のない酉年四月四日付のもので、喜三郎が遠島されていた時期や没年を勘案すると、文政八年（一八二五）と推定され、このとき喜三郎は二〇歳の若者となる。

一通目では、喜三郎が江戸で、縮緬《ちりめん》の小紋染賃と『東鑑《あずまかがみ》』一五冊、『本朝通記《ほんちょうつうき》』三〇冊を伊兵衛から頼まれ、借金の返済分として立て替えて購入している。

船橋屋喜三郎を名乗るもう一通からは、江戸深川の船橋屋に行儀見習いに行っていた青柳伊兵衛の第二子の長女と思われる「おりせ」を預かり、面倒をみていたことがわかる。喜三郎は、姉夫婦から江戸の買い物を依頼されたり、行儀見習い中の娘を預けられるほど、厚い信頼を得ていたことが明らかになる。

他方、天性の美声に加え、当時流行の義太夫、小唄をよくし、美形であったといわれる若者喜三郎の江戸奉公は、遊興の魅惑の味を染み込ませることにもなった。江戸の粋を仕込んだ色男、しかも本郷家の御曹司で金回りがよいとなれば、女性のほうが放っておかない。あとは遊興から遊侠へまっしぐらである。

## 伊呂波屋喜三郎

佐原へ戻った喜三郎は、新町に伊呂波屋という料理屋を出す。伊呂波屋を舞台に、本郷家を基盤として賭場を開くなど、しだいに博徒として売り出してゆき、やがて伊呂波屋の親分として広く知られるようになっていった。

喜三郎には、茶屋の女を遊女に沈めたとか、後年水戸天狗党事件に関連して襲撃を受けた佐原の善左衛門家の取り調べのなかで、かつて喜三郎と密通した女性との一件が明るみに出るなど、色恋沙汰がつきまとう。

喜三郎の縄張りは、後述する入牢中の天保一五年（一八四四）に作成された喜三郎の減刑嘆願書の署名者から推して、佐原の町場を中心に、利根川の上流下流の村々から横利根川沿いに常陸国との境界地域にかけての広域であった。つまり水運によって佐原とつながる周辺の村々を押さえていたということになる。

こうして喜三郎が三〇歳の天保六年ごろには、伊呂波屋の喜三郎から佐原の喜三郎として、下総・常陸にまたがる下利根川周辺にその名前が知れわたっていった。

本郷家の財力にものをいわせ、色恋沙汰を繰り返し、なかば公然と賭場を開き、天保七年に入るや喧嘩《けんか》とはいえ、芝山（現、千葉県山武郡）の博徒仁三郎を殺害するに至っては、関東取締出役《かんとうとりしまりしゅつやく》は黙っていない。喜三郎におそらく顰《ひそ》める佐原の人びともいたであろう。喜三郎を放置すれば、関東取締出役の面目が立たない。喜三郎にねらいを絞り、網を張り、縄張り外で捕らえる策に出た。

天保七年二月二一日、江戸から船で下ってきた喜三郎は、佐原村のやや上流の香取郡石納村《こくのうむら》（現、香取市）に上がる。石納村は現在、利根川左岸となっているが、それは明治以降の利根川改修事業によるもので、近世では佐原と神崎（現、香取郡）のあいだに位置する利根川右岸の船着き場であった。

そこの船宿池成屋に上がった喜三郎は、待ち構えていた関東取締出役原戸一郎・松村小三郎両名の手先に取り囲まれて御用となる。豪農本郷家の御曹司喜三郎は、八州廻りを甘くみていたきらいがある。

喜三郎はそのまま佐原へ送られ、関東取締出役の取り調べを受け、内済せずに二月二五日には江戸勘定奉行所に送致された。この段階で、喜三郎を佐原から追放することが決まっていた。勘定奉行大草能登守高好が吟味のうえ、五月二五日には遠島が申し渡された。公事方御定書の「博奕打筒取并宿　遠島」に相当であるが、八丈島への流刑の判決は重く、芝山伊三郎殺しが関連していたことも考えられる。出帆までは入牢となり、一〇月一〇日に八丈島へ向け出船となった。喜三郎三一歳のときであった。

# 鳥も通わぬ八丈島から抜ける

## 八丈遠島の喜三郎

遠島、しかも最果て八丈島への流刑を申し渡された喜三郎は、伝馬町の石出帯刀《いしでたてわき》の屋敷で、百姓・町人・無宿らへの手当として、金二分と膳椀を一人前、薬と半紙などを支給され、四〇〇文を出して本土最後の飲食をしている。そして夜明けとともに、向井将監《むかいしょうげん》の船手役所へ移された。

遠島の御用船は、永代橋、万年橋、霊巌島《れいがんじま》のいずれかから出ることになっているが、喜三郎自身がどこから出たのかは記されていない。家族・親類とはここで最後の別れとなるので、流刑者たちはそれぞれ見舞物を受けるなどしている。おそらく喜三郎も佐原の実家本郷家・青柳家をはじめ、親類縁者ら大勢の関係者の見送りを受けて、今生の別れを惜しんだであろう。

流人送りの御用船は、五〇〇石積みほどの大きさで、船には三間（約五・五メートル）、横幅六尺（約一・八メートル）、高さ四尺（約一・二メートル）の船牢が設けられ、流刑者はそこに入る。船頭と水主《かこ》あわせて八人のほか、警護役として船手役所の役人が一艘に三人ずつ乗っている。

船は浦賀番所に寄り、関所改めを受けてから、三崎湊、網代湊《あじろみなと》、下田湊と南下していく。順風を待つ風任せの航海である。風向きがよくない場合は、近郷の浦へ下知《げち》を出し、御用船を湊へ曳《ひ》かせてそこで逗留となり、風待ちをする。

御用船はまず新島に着岸する。新島流刑の者は下船して、出迎えの島役人、村役人、流人頭立ち合いのもと、引き渡される。囚人は、船内では護送役人になにかとせびられ、島に上陸すれば地着き役人、流人頭から種々収奪された。

三宅島では、浜辺に地役人、名主、組頭、浜役人、流人頭、小前百姓、さらに流人たちも残らず出てきて御用船を迎えている。

喜三郎たち八丈の流人は、三宅島への流人とともに下船し、島役人へ引き渡される。遠島といっても新島・三宅島と八丈島には、隔絶した違いがあった。八丈島へ渡海するには、行く手を阻む黒瀬川という黒潮本流を乗り切らなければならない。往時の和船の航海術では、来春を待たねばならなかった。喜三郎たち八丈組は、この間三宅島で足止めを喰《く》らうことになる。

とりあえず、島役人の命で、寺で一泊することになった。そこへ流人頭が「かしき」と呼ばれる手下たちを連れて現れ、先例どおりの仕来たりであるから、祝儀として一人金百疋（一分）を出せという。手持ちがない者たちの分も、先例では流人たちで出し合うことになっているといわれ、結局全員分の祝儀を奪い取られている。蔓金《つるがね》を持たない流人の前途は苛酷である。八丈流人は船が出るまで世話役の指図を受け、それぞれ自活して暮らすこととなった。

## 八丈島流人暮らし

天保七年（一八三六）一〇月一〇日の出船から八か月、翌八年の五月ごろ、ようやく八丈島に到着した。

新島・三宅島と同様に、役人や流人頭たちの出迎えを受けている。浜辺でくじ引きにより配属先の五人組が決められ、そこへ移動してから三日間休憩をしたのち、組頭に連れられて陣屋に行き、島の法度遵守の請書に爪印で捺印させられ、その後、「勝手次第に渡世せよ」と流刑の地八丈島中之郷村《なかのごうむら》に放り出された。

後年、喜三郎は獄中で、八丈島の地理・歴史・信仰・方言など多岐にわたる観察記録を著述しているが、島の行政、趨《すう》勢《せい》を詳しく調査していた。八丈島の三根村《みつねむら》、大賀郷村《おおかごうむら》、樫立《かしたて》村《むら》、中之郷村、末吉村《すえよしむら》の五か村の家数と流人数、それから村に駐在する地役人、名主・組頭の村役人、流人頭については、どこそこの誰かを調べ上げている。獄中で記憶を頼りに思い出して記述したもので、その抜群の記憶力に驚かされるが、この綿密さに執念のようなものを感ずる。

**■八丈島の偵察**

| 村名 | 人家数(余) | 流人数(人余) |
|---|---|---|
| 三根村 | 200 | 70 |
| 大賀郷村 | 400 | 90 |
| 樫立村 | 150 | 70 |
| 中之郷村 | 350 | 70 |
| 末吉村 | 280 | 70 |
| 小計 | 1380 | 370(26.8%) |

概数であるが、八丈島5か村の戸数と流人数を掌握しようとした社会調査といえよう。

喜三郎は絶海孤島八丈島からの島抜けに備え、八丈島の行政、地理・地形などに関して、島内をくまなく歩いて調査していたのではなかろうか。

喜三郎の調査によれば、全島五か村の家数は一三八〇余、流人数は三七〇余となる。とりわけ喜三郎が配属された中之郷村については詳しい。家数三五〇余、流人数七〇余、つづいて「地役人金右衛門、名主茂十郎、組頭栄治郎、流人頭伊之助、徳治郎、留治郎」、さらに「大山下名主茂十郎、小山下組頭栄治郎、右両人天下の御船預主也」と付記している。監視されている中之郷村の役人への警戒、もうひとつは船への関心である。

喜三郎は、かつて修業した虚無僧に扮し、「朝日現象」を名乗って島内を巡拝していたといわれる。宗教者は島民に受け入れられやすい。朝日現象は、島抜けのために島内要所の敵状を探るための喜三郎の擬態である。如才なく、美形の虚無僧に島民は謀《たばか》られたのであろう(後年高い評価を受けることになる『朝日逆島記』などの獄中の著作は、島抜けのため懸命に調査観察した敵状偵察の副産物ではなかろうか)。

## 島抜けの準備

喜三郎は、八丈島流刑からわずか二年後の天保九年(一八三八)七月、大胆不敵にも島抜けを敢行、なんと成功した。八丈島流人史上未曾有の快挙を達成した。喜三郎は、佐原が生んだ測量家伊能忠敬作成の正確無比の伊能図に関心をもち、伊豆七島周辺の地理を頭に入れていたといわれる。序章で取り上げた佐原に近接する常州土浦の道案内の名望家内田佐左衛門は、伊能図を所蔵していた。豪農本郷家が所持していてもなんら不思議ではない。喜三郎が伊能図を見たことは十分考えられる。事実、忠敬の測量隊が八丈島を踏破し、文化一三年(一八一六)に伊豆七島図を完成していた。

島抜けは、喜三郎単独では絶対にできない。また、仲間内から洩《も》れたら命とりになる。秘密厳守が鉄則中の鉄則である。首謀者喜三郎は人選に苦慮したであろう。それでも虚無僧朝日現象の活動が、仲間のオ

■島抜けした仲間７人

| 姓名 | 八丈流罪年 | 着島年令 | 在島年数 | 身分・住所 | 罪名など |
|---|---|---|---|---|---|
| 喜三郎 | 天保７年（1836） | 31 | 3 | 津田鉄太郎知行所下総国香取郡佐原村新田百姓 | 朝日現象と唱え、中之郷村預り、賭場胴取、内藤隼人正掛 |
| 茂八 | 天保７年 | 36 | 3 | 下総国香取郡大倉村無宿 | 大賀郷村預り、賭場胴取、内藤隼人正掛 |
| 常太郎 | 天保７年 | 24 | 3 | 大網村無宿 | 末吉村預り、賭場胴取、内藤隼人正掛 |
| 久兵衛 | 天保８年（1837） | 24 | 2 | 上吉田村無宿 | 末吉村預り、賭場、内藤隼人正掛 |
| 万吉 | 天保４年（1833） | 43 | 7 | 村上村無宿 | 樫立村預り、賭博、曽我豊後守掛 |
| 久兵衛 | 文政10年（1827） | 26 | 12 | 稲葉奥之進領分上総国望陀郡木更津村百姓 | 樫立村預り、賭博、石川主水正掛 |
| 花鳥 | 文政11年（1828） | 15 | 11 | 新吉原江戸町二丁目伊兵衛店遊女屋志げ（後見宇兵衛）抱遊女 | 三根村預り、本名婦佐、附火、榊原主計頭忠之掛 |

船の扱いに慣れ、房総沿岸に詳しい屈強な面々である。喜三郎の人選に間違いはなかったといえよう。

ルグに役立った。操船に明るい者、漕ぎ手に屈強な腕力の持ち主、かくして喜三郎は六人の仲間を集め、総勢七人の島抜け実行グループが結成された。

まず注目すべきは、喜三郎の配属先の中之郷村には仲間は一人もいない。末吉村二、樫立村二、大賀郷村・三根村各一となっている。島抜けの情報が洩れることを警戒した喜三郎の配慮であろう。

仲間の年齢構成は、二〇代三名、三〇代三名、五〇歳一名の最強メンバーといきたいところであるが、ひとり二六歳の女囚が含まれていた。

文政一一年（一八二八）一五歳のとき、火付けの重罪を犯し、八丈島に流刑になってから一一年間、かつて江戸新吉原を賑《にぎ》わした源氏名「花鳥」（ふさ）という花魁《おいらん》であった。

本土へ「海上三五〇里」、しかも黒瀬川の激流を乗り越えなければならない航海に、女人を同行させるとは、喜三郎にしては冷静さを著しく欠いた狂気の沙汰といわざるを得ない。喜三郎は経緯を次のように述べている。

尤七人の内、女子壱人、是者江戸新吉原におゐて、花鳥と申《もうす》傾城ニ而《て》、当島江流罪ニ相成罷在候、我着船之砌《みぎり》より、格別之世話に相成、住居致し居候内、彼之女度々なみだながら相嘆居候を不便ニ思ひ、夫故《それゆえ》今度脱島之人数ニ加へ（後略）

喜三郎は着島してすぐに、一五歳の流刑から一一年、女盛りを孤島に暮らす花鳥と相思相愛の仲になり、同棲まがいになったようである。死ぬまでに江戸に戻って父母にひと目だけでも再会したいという花鳥の涙ながらの訴えに仲間に加えたというが、惚れた花鳥を連れて抜けたいのが本心ではなかったか。

### 島抜け決行

天保九年（一八三八）七月三日、いよいよ決行のときが来た。

戌（天保九）の七月三日、順風来り、是より右之者共申合いたし置候通り夕刻迄ニ落合いたし、我家ニ而白米五升斗り《ばか》飯を炊、結びニ致し用意し、干飯壱斗、鰹節弐百本、右之品を七ツ川茂八に為持《もたせ》、其五ツ時分（午後八時）と思ふうち、三津根村之浜辺を心さし、舟に帆ばしら弐本・かじ弐挺、其外水かい八挺、其外手縄・真水の用意までニして、此湊を明ケ七ツ時分（午前四時）出船いたし、四日

の七ツ時分迄、順風ニ任セ、凡海上八拾里余も乗来り

六人は、ひそかに各自の居村を抜け出し、夕刻までに島内南端の中之郷村の喜三郎の住処《すみか》に集結した。船を出すなら本土に面する三根村の神の湊以外にない。三根までの陸路は半端ではない。都合のよいことに、足弱な花鳥の住処は三根村にあった。喜三郎は軟弱の徒ではない。荒くれ無宿を御する親分である。

喜三郎の中之郷の住処には、苦心して買い集めた食料が隠されていた。滅多にお目にかかれない白米五升を炊いて、これを結びにする。長途の航海には保存食が欠かせない。干飯一斗に鰹節二〇〇本、一人当たり一升四合余に二八本の勘定になる。そして真水である。命の水である。それでも何日間もちこたえられるか。一行は夜を待って八時ごろ、三根村めざして闇にまぎれ急ぐ。人家を避けていくためには、三原山を越える山道が無難である。

三根の浜辺近くに、抜け船が用意されていた。船なくして八丈島を抜けることは絶対にできない。喜三郎はどこで工作したのか、帆柱二本・梶二挺・水櫂八挺・手縄を調達していた。島抜けに向けて、大がかりな準備が行われていたのである。

喜三郎を指揮官に、手分けして入手し、島民に隠れてやってのけたのである。船本体・帆柱（帆付き）・梶・水櫂・手縄を誰に悟られることなく手に入れ、隠していたのである。島抜けを厳重に警戒するなか、船や船具をいかにかき集めたのだろうか。喜三郎は念入りに脱島プランを練り上げ、着実に実行に移していったのであろう。彼らは島役人らといっさいトラブルを起こした形跡がない。

大島と三宅島之間ニ而順風替り、西之方より墨の如く成雲出、風烈敷《はげしく》、東西之方角もわかり兼《かね》、五日之四ツ時分に難風鎮《しずま》り、間もなく風替り南の方より大風吹来り、浪は山の如く相成、帆ばしらを打折、既ニ難船ニ茂《も》相成処《あいなるところ》、一同のものニ而心願第一にして黒髪を切流し、夫より浪風に任せ五日之四ツ時分より六日之八ツ（二時）迄北之方江吹流れ

■島抜けの逃亡ルート

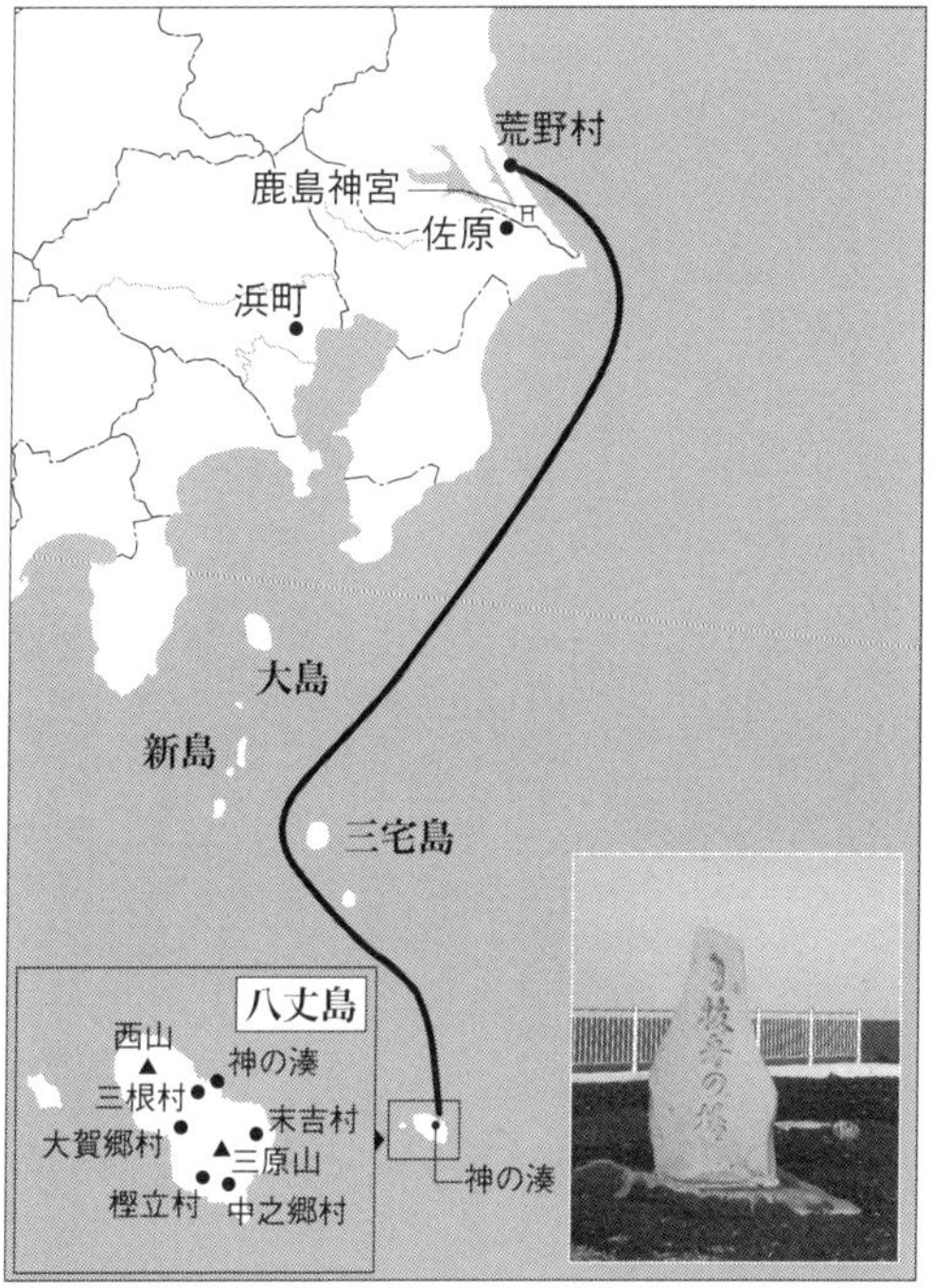


往時の航海術から推して、島づたいに三宅島から大島を目指したが、途中で天候が急変し、漂流の末に、鹿島浦荒野村に漂着したのであろう。

翌朝、白々と夜が明ける午前四時、七人を乗せた抜け船は、島民誰からも気づかれずに船出した。順風任せ、海上八〇里までは順調な滑り出しであった。三宅島あたりで天候が一変した。

五日、風向きが一変、船は山のような荒波に翻弄され、帆柱は折れ、難船状態になった。一同は金毘羅様御利益を祈願して黒髪を切り、黒瀬川

の激流に投じた。さすがの海神も絶世の美女花鳥の長い黒髪に魅了されたのか、四日後の九日に海上三五〇里を乗り切って常陸鹿島浦荒野村《こうやむら》（現、茨城県鹿島郡）に漂着した。

本州の土を踏んだとはいえ、これからが島抜けの真価が問われる。荒野村の村人に助けを求め、七日六夜にわたる絶食の飢えを満たした。駆けつけた村役人に、喜三郎は言葉巧みに館山から湯治のため伊豆熱海に渡海中遭難したと申し立てる。急ぎ支配領主守山藩松川陣屋（現、茨城県東茨城郡大洗町）へ飛脚を立て難船事情を届け出るという村役人に対し、もっとも元気な二六歳の久兵衛を船頭に仕立て、同行したいと申し出て、途中飛脚の目を掠《かす》めて姿を眩《くら》まし、煙にまく。この間四日間介抱を受けて体調を回復した六人は、荒野村から脱走したと考えるのが自然である。喜三郎の見事な臨機応変の智恵であろう。六人は鹿島神宮に参拝、無事を感謝したまでは一緒であった。その後の足取りは詳《つまび》らかではない。

喜三郎は花鳥をともなって、夫婦同然に故郷佐原に向かう。一三日の明け方、病に臥《ふ》す父武右衛門と宿願の再会を果たした。喜三郎島抜けの噂は、逃走先の博徒のネットワークを通じ、佐原一帯から関八州に広がっていく。三日ほど親子の情を交わしたあと、花鳥の父母が待つ江戸に向かった。

関東取締出役《かんとうとりしまりしゅつやく》は、喜三郎ら七人の脱島を見逃せば面目丸つぶれとなる。総力を上げて追捕する。喜三郎は旧知の江戸に潜伏しながら花鳥の両親を必死に探す。遠島から一一年、どこに暮らすのか皆目見当がつかぬなか、ようやく浜町に住む父母を捜し出し、親子の積年の対面を実現させたといわれる。

だが、前人未到の八丈島島抜けの奇跡もこれまで。三根村から船出して三か月、一〇月三日に江戸町方の役人六人、御先手三〇人に囲まれ、浜町のおそらく花鳥のところで二人は二度目の御用弁となった。

## 花鳥の最期

二度目の伝馬町入牢の吟味は、厳重かつ綿密であった。八丈島から七人、しかも女囚が一人、よくぞ黒瀬川を乗り切って本土にたどり着いた。吟味方の幕府当局も興味津々であったからである。

花鳥が御定法どおり、江戸引き廻しのうえ打ち首となったのは、一説に三年後の天保一二年（一八四一）四月三日であったという。花鳥は吉原で全盛をふるった往時を再現すべく、差し入れの蔓を貯めて金襴《きんらん》の打ち掛けに白綸子《りんず》の袷《あわせ》、そのほか襦袢《じゆばん》まで新調し、処刑の日に備えた。

花鳥、時に二九歳。白の綸子の袷を重ね着し、帯は唐繻子《とうじゆす》の幅広、水晶の念珠を手にした姿は、白一色にコーディネートされ、まことに見事な死衣装であった。九年後に国定忠治が大戸《おおど》関所で磔《はりつけ》となるが、その道中の死装束の先をいった、まさに手本となったパフォーマンスであった。

刀をとったのは、将軍家御腰物試し御用の七代目山田浅右衛門であった。ここまでくると歌舞伎の名場面であるが、実は虚に優る。

花鳥は覚悟を固め、無念無想の澄みきった境地で微笑みさえ洩らしている。さすがの浅右衛門も躊躇《ちゆうちよ》したものの、しくじっては家門の恥と気を取り直し、ようやくにして刀の峯に上半身を乗せて斬首した。

## 死罪を免れた喜三郎の不思議

八丈島島抜けの首謀者喜三郎は、大罪人である。花鳥が江戸引き廻しのうえ斬首に処せられた以上、同等か、いちだんと重い磔が妥当である。それが足かけ八年の牢獄暮らしののち、死罪から永牢に、ついには江戸十里四方追放と、つぎつぎに減罪された。

死罪から永牢は、助命という意味で天地雲泥の差がある。また、永牢と江戸十里四方追放も牢を出て故郷佐原に帰郷できるという無罪放免に等しい、まさに奇跡であるといわざるを得ない。

喜三郎は、いったんは勘定奉行遠山佐衛門尉景元の判決で死罪と決まるが、老中堀田備中守正睦《まさよし》の最終の裁許のところで永牢に減罪された。幕府の刑法では、死罪についてはすべて老中の最終決裁を受けることになっていた。堀田正睦は佐原に接する佐倉藩主（一一万石）、「蘭癖《らんぺき》大名」といわれた開明派である。

そして天保一三年（一八四二）一二月一九日、牢名主としての奇特の取り計らいを以て、老中牧野備前守忠雅（長岡藩七万四〇〇〇石）の指図により江戸十里四方追放に減刑された。この二度にわたる老中の異常な処置は、関東取締出役をはじめ治安警察の現場をあずかる者にとっては大いに不満であったろう。

是者八丈島流人　喜三郎

寅十二月十九日

此者儀御勘定奉行戸川播磨守懸ニ而吟味之上不届有之、死罪可申付処、於牢内囚人共労病人手当宜格別取締も行届候趣ニ付、堀田備中守殿依御指図、令宥免永牢申渡牢舎（中略）
其以来弥囚人共厚労、病人手当等聊《いささか》も不相弛《あいゆるまず》、死亡之ものも無数、且牢屋敷近火之節囚人共一同放遣筋於立退先も、病人□□世話致し、申渡ヲ相守、鎮火後早速立帰り候段、奇特之取計ニ付、出格之訳を以永牢御宥免之上江戸十里四方追放

右之通牧野備前守依御指図申渡之

牢名主として病人を手厚く看護し、近火解き放し後逃走する者もなく、全員が立ち帰るといった指導力、模範囚に変身した喜三郎の面目躍如の感があるが、これらだけで死罪からとんとん拍子に永牢、それから放免に近い江戸十里四方追放の軽罪になるとは、とうてい考えられない。

幕府は喜三郎の島抜けに驚愕《きょうがく》し、首謀者としての指導力・知力に大いに関心を寄せた。とくに幕閣は、定法を破ってでも助命して永牢にし、牢内に隔離して、喜三郎に島抜けの実態を詳密に記録させようとした。弁舌も立ち、文筆力に優れ、学識ある喜三郎に注目したのである。

そこには、天保八年のアメリカ船モリソン号の浦賀来航、翌年の羽倉外記《はぐらげき》による伊豆七島巡視、翌々年の蛮社の獄と、急に慌ただしくなった幕府上層部を悩ます海防問題があった。黒船が出没しはじめた江戸湾から広がる伊豆七島の現況、八丈島周辺の外洋の実情、それもおざなりな公ではなく、民間の実体験に基づく生の情報がほしかったのではなかろうか。背景に水野忠邦の天保改革が見え隠れする。『朝日逆島記』などはひそかに牢中で執筆され、幕府上層部に提供されたものの一部ではなかったか。

## 喜三郎の最期

本郷家の親類七名、佐原村役人一九名、菩提寺関連二寺、周辺一一か村の役人が連署した天保一五年の嘆願書が残されている。家産を失い、病床に臥し、余命幾許《いくばく》もない父武右衛門と永牢の喜三郎とに、最後の対面をさせたいという主旨である。嘆願は実現することなく、武右衛門は間もなく亡くなる。

翌弘化二年（一八四五）五月九日、江戸十里四方追放が発令された。故郷佐原に帰れる。もうひと花という奇跡の逆転を喜三郎は勝ち取ったかにみえた。しかし、長い牢獄暮らしで喜三郎の肉体はボロボロであった。急遽《きゅうきょ》、姉婿青柳甚兵衛と妹婿岩ヶ崎村の長田長兵衛が、名主・組頭同道で身柄引き受けに駆けつけるが、喜三郎は佐原までの道中がままならない重態であった。やむなくそのまま江戸に残り、養生に努めるものの、わずか一か月後の六月三日、波乱に充ち満ちた四〇歳の生涯を閉じた。

島抜けの大罪人にして畳の上で往生するとは、まさに奇跡というほかない幸運の博徒であった。

遺体は親族に付き添われて故郷佐原に帰り、菩提寺浄土宗法界寺《ほうかいじ》に葬られた。本郷家が、父亡きあと分散したためか、姉の嫁ぎ先青柳家義兄甚兵衛が主だって埋葬、弔った。過去帳には、

戒名即誉無生信士

向津、武右衛門男喜三良事、江戸ニ而死、寺宿青柳甚兵衛ニ而弔之

とあった。

（米谷　博／高橋　敏）

## 【列伝五】

# 小金井小次郎

——多摩を仕切った、新門辰五郎の兄弟分

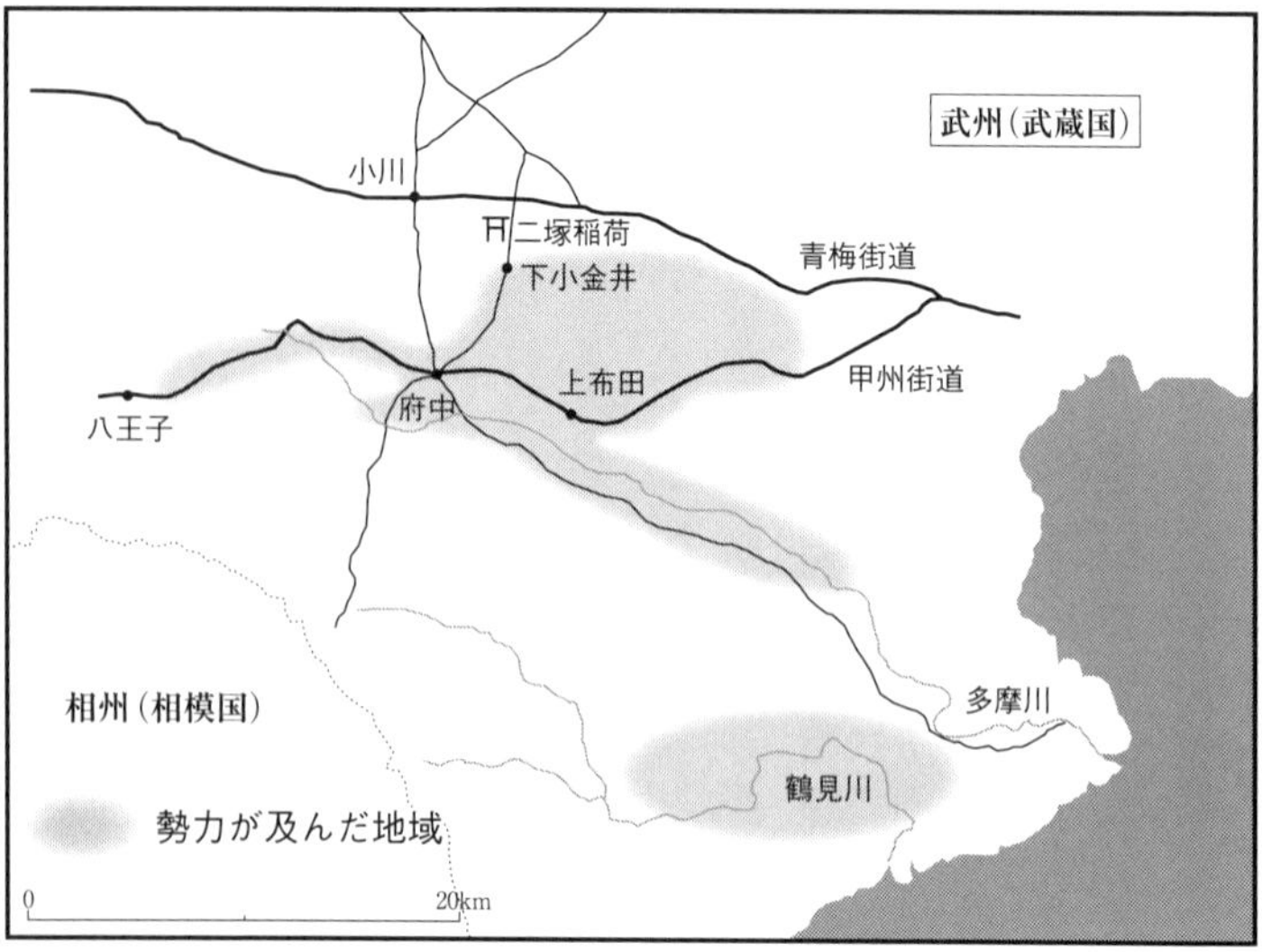


## 「小金井小次郎」調書

・博徒名　小金井小次郎《こがねいこじろう》　別称：玉川屋小次郎
・姓名　関小次郎
・生没年　文政元年（一八一八）～
　明治一四年（一八八一）
・享年　六四歳
・出生地　武州（武蔵国《むさし》）多摩郡下小金井村
　（東京都小金井市中町・本町・緑町）
・出自　下小金井村の元名主の家
・最期　上布田村の玉川屋において、
　家族と子分に囲まれて死去
・交流　友好：新門辰五郎《しんもんたつごろう》
　敵対：小川幸八《おがわのこうはち》

## 博徒小次郎の誕生

### 『落花清風慶応水滸伝』

東京都小金井市中町四丁目にある浄土真宗西念寺《さいねんじ》の南に、江戸時代後期の地誌『新編武蔵風土記稿』で「西伝坊」と記されている墓地がある。この中ほどの石柵で囲われた一画に、ひと際目を引く墓石と追悼碑が建っている。墓の戒名は幕末三舟のひとり山岡鉄舟の筆、追悼碑の文字は多摩の自由民権家で衆議院議員となった中村克昌の手による。この両名により名を刻まれた人物こそ、多摩の大親分、小金井小次郎《こがねいこじろう》である。

小金井小次郎は、本名を関小次郎といい、天保期（一八三〇～四四）から明治初期にかけて活躍した。営んでいた店の屋号から、玉川屋小次郎、もしくは玉川小次郎とも称する。武蔵国を中心に子分数千人を擁していたといわれる侠客で、その縄張りは甲州街道や多摩川沿い、および川崎から鶴見川沿いに広がる。墓の台座には、多くの子分や友好関係にあった博徒の名前が刻まれており、その勢力の大きさをうかがい知ることができる。

小次郎の名は、明治一五年（一八八二）に刊行された戯作『落花清風慶応水滸伝《らっかせいふうけいおうすいこでん》』（以下『慶応水滸伝』と記す）により世に広まった。その後に著された彼の稗史《はいし》は、ほぼこの作品を種本としている。作者は高畠藍泉《たかばたけらんせん》（三世柳亭種彦《りゅうていたねひこ》）で、『東京日日新聞』や『読売新聞』の記者であった。

彼は『新聞記者奇行伝』で、「所謂《いわゆる》務め嫌ひにして遊蕩《ゆうとう》怠惰いふべからず」と評されており、その人生には奇行が多い。しかし、戊辰戦争の際には徳川幕府のために陸軍奉行松平太郎のもとで軍資金集めに奔走したという逸話をもつ、遊侠の精神を有する人物であった。一時期小次郎の食客《しょっかく》であったともいわれ、『慶応水滸伝』に多くの史実が含まれていることから、藍泉は小次郎から直接話を聞いて、この戯作を完成させたものと思われる。

講談・歌舞伎などに登場することにより、小次郎は当時の大衆に人気のある侠客のひとりとなった。明治二三年（一八九〇）に刊行された江戸時代の侠客番付「近世侠客有名鏡」では、清水次郎長《しみずのじろちょう》や勢力富五《せいりきとみご》郎《ろう》などとともに、前頭に名を連ねている。明治二七年には江戸三座のひとつ市村座で『新門辰巳小金井《あらたのかどたつみのこがねい》』が上演され、五代尾上菊五郎が小次郎を演じた。大正から昭和初期にかけては映画がつくられ、小次郎は銀幕の中でもヒーローとなった。

## 小次郎の生家

小次郎が生まれた下小金井村は、天和三年（一六八三）に小金井村が上・下二村に分かれたもので、現在の東京都小金井市中町・本町・緑町のあたりに位置した。江戸時代末の村高は八七八石余、台地上にある畑勝ちの村で、一村まるまる幕府領であった。江戸麹町から約六里（約二四キロ）、近くの町場までは、所沢へ約三里（約一二キロ）、八王子へ約四里（約一六キロ）で、もっとも近い府中へは約二八町（約三キロ）と、小半時で行き来できる距離にあった。

小金井市に残る、明和三年（一七六六）の「小金井村むらかゝみ年代キ」によると、小金井村は天正一一年（一五八三）に鴨下出雲によって開かれ、その後鴨下家が数代にわたり名主を務めている。六代目の名主は名を関勘左衛門といい、武蔵野新田のひとつ関野新田（現、東京都小金井市）は開発者である彼の名に由来すると伝えられる。鴨下ではなく関姓を名乗るようになった時期や子細は明らかではないが、勘左衛門の祖父勘右衛門が、四代目の名主を兄の八郎兵衛と交代で務めていることから、この代に鴨下家から分かれたのかもしれない。

勘左衛門は、押立村（現、東京都府中市）の名主から代官となった川崎平右衛門の下で、武蔵野新田の維持に尽力し、平右衛門が美濃国に赴任した際には手代として同行した。行楽地として賑《にぎ》わった小金井桜の植樹にもかかわったとされ、名主から代官の下役に登用された有能な人物であった。

『慶応水滸伝』では、小次郎をこの勘左衛門の孫としているが、これは年代的に無理がある。勘左衛門が武蔵野新田の役目のために名主を休役し、息子の定五郎を跡役としたのが寛保二年（一七四二）。このとき定五郎が二〇代であるとしても、文政元年（一八一八）生まれの小次郎の父親としては、年を取りすぎている。年齢を考えれば、小次郎は勘左衛門の玄孫《げんそん》か来孫《らいそん》くらいとするのが妥当であろう。

下小金井村では、文化元年（一八〇四）から四名の組頭が交代で名主役を務めているが、そのなかに関家は含まれていない。小金井村の草分けとして村政にかかわってきた関家であるが、小次郎が生まれたころには村役人ではなかったようだ。とはいえ、村屈指の名家であることに変わりはなく、その次男として生を受けた小次郎は、幼少のころより相応の教育をほどこされたものと思われる。

## 博徒として売り出す

由緒ある家系に生まれた小次郎だが、どういう経緯か、博徒としての道を歩むことになる。彼がその一歩を踏み出したのは、甲州街道の宿場町である府中宿であった。府中宿は、日本橋から約七里半（約三〇キロ）、内藤新宿を入れて九宿四継目にあたる。府中三町とも呼ばれ、本町《ほんまち》・番場宿《ばんばじゅく》・新宿《しんしゅく》の三村が交代で宿場の役を務めた。この三村はすべて幕府領で、天保一四年（一八四三）の村高は合わせて三二八五石余り、総家数は四三〇軒で、二七六二人が暮らしていた。旅籠屋は飯盛旅籠八軒を含めると二九軒あり、甲州街道沿いでは大きな宿場町であった。

武蔵総社六所宮（現、大國魂《おおくにたま》神社）を有する門前町でもあり、現在四月三〇日から五月六日にかけて行われる「くらやみ祭」は、江戸時代にも五月の例大祭として有名で、多くの見物客が訪れている。祭りの際には、他所から博徒が入り込み、賭場をめぐって殺傷事件に発展することもあった。地域の経済的中心地として、さまざまなモノと人が集まる府中は、博徒にとって魅力的な高市《たかまち》だったのである。

この府中を縄張りとしていた貸元のひとりが、小次郎の兄貴分として『慶応水滸伝』に登場する藤屋万吉である。藤屋は府中新宿にあった茶屋兼旅籠屋で、昼には饂飩《うどん》や蕎麦、一膳飯を出した。創業は貞享元年（一六八四）と府中宿では早いほうで、延宝六年（一六七八）の検地帳にも記された旧家である。その藤屋の次男として万吉が生を受けたのは文化一三年（一八一六）のことで、小次郎より二歳年長であった。

万吉が生まれたこの年、藤屋には大きな変化があった。当主の和十郎が人別帳から名前を除かれて無宿となり、万吉の兄豊助が三歳にして家督を相続したのである。新宿の組頭を務めたこともある和十郎だが、彼もまた府中宿周辺を縄張りとする博徒であった。無宿となったのちも近隣で相撲興業の世話役を務めるなど活動していたが、なぜか一六年後の天保三年に、再び人別帳に名前を記されている。このとき和十郎は四四歳、帳面上は豊助を当主とする万吉一家とは別家を構え、独り暮らしとなっている。無宿から有宿への復帰を許されていることから、このころ博徒から足を洗い万吉に縄張りを譲った可能性が考えられる。

父子二代にわたり府中宿を縄張りとした藤屋一家の一員となった小次郎は、徐々に頭角を現していった。『慶応水滸伝』には、金比羅参りの途中で国定忠治一行に旅費をたかられそうになった万吉を、小次郎が助けるくだりがある。このエピソードは藍泉による創作の可能性が高いが、二〇歳を超えた小次郎が万吉の懐刀となり、稀代《きだい》の博徒と対峙できる器量を備えていたことを示すものとなっている。

## 二塚明神の大喧嘩

小次郎が名を上げはじめたころ、現在の東京都小平市あたりを縄張りとしていた親分に、小川幸八《おがわのこうはち》がいた。以前から対立関係にあった幸八一派と万吉・小次郎一派がついに一戦を交えたのは、天保一一年のことであった。

金毘羅参りから帰郷した祝いの宴席に乗じ、小次郎の首をねらって夜討ちを企てた幸八らを、小次郎が迎え討ったのだという。この喧嘩《けんか》は、二塚《ふたつか》稲荷と称されていた小平市の鈴木稲荷神社境内が舞台となったことから、通称「二塚明神の大喧嘩」と呼ばれる。

『慶応水滸伝』では、小次郎の兄にかかわる賭場での遺恨を対立のきっかけとしているが、実際は小川幸八らが府中宿の縄張りを奪おうと奇襲をかけたものだろう。

稗史では非常に大きく取り上げられているこの喧嘩だが、管見の限りこれについて記された史料はない。『慶応水滸伝』によれば、幸八側が約八〇人、小次郎側が約一五〇人、総勢二三〇人の博徒が参加した大喧嘩である。それほど大規模なものなら、近隣の中藤村《なかとうむら》（現、東京都武蔵村山市）の指田藤詮《さしだふじあきら》が記した「指田日記」や、柴崎村（現、東京都立川市）の名主鈴木平九郎が著した「公私日記」、本宿村小野宮《ほんしゅくむらおののみや》（現、府中市）の内藤治右衛門の日記「県居井蛙録《あがたいせいあろく》」などに記されていてもよさそうなものだが、なんの記述もない。このことから、おそらくは語られているほどの大喧嘩ではなかったと考えられる。

規模の大小はともあれ、この一件で関東取締出役《かんとうとりしまりしゅつやく》に目をつけられた小次郎は、身を隠すために郷里を離れることになった。『慶応水滸伝』によると、最終的な潜伏先に選んだのは上総国木更津で、そこで昔馴染みの芸子「お関」と夫婦になったという。木更津でも持ち前の侠気と才能を発揮し、一目おかれる存在になるが、天保一五年（一八四四）にこの潜伏生活は終わりを告げた。関東取締出役の園部弾次郎によって捕縛され、囚人駕籠《かご》に乗せられて江戸へ送られることとなったのである。

東京都国分寺市には、この年の八月に出された小次郎の減刑嘆願書が残っている。地域における関家の家格の高さを反映してか、この嘆願書には近隣二一か村の名主が名を連ねている。小次郎の罪科は博奕《ばくち》とあり、その肩書きに無宿の二文字はまだ入っていない。減刑を願うために、老衰した母の存在を前面に出すのは常套手段だが、小次郎が元来病弱であるという一文には苦笑してしまう。

嘆願書の効果のほどはわからないが、この捕縛で小次郎に下された処罰は佃送り（石川島の人足寄場への収容）であった。二塚明神の大喧嘩の関係者では、同年に藤屋万吉が三宅島、小川幸八が八丈島に遠島となった。事件からすでに四年が経過していることから、喧嘩に対する処罰ではなく、単に府中宿周辺の博徒の取り締まりが、いっせいに行われたものかもしれない。万吉・幸八がともに遠島なのに対し、小次郎が佃送りですんでいるのは、貸元ではなかったからだろう。この時点での小次郎は、まだ万吉の有力な子分のひとりにすぎなかったのである。

## 新門辰五郎との出会い

石川島の人足寄場に送られた小次郎は、彼の人生に大きな影響を与える人物と出会う。江戸町火消十番組の頭、新門辰五郎《しんもんたつごろう》である。彼の本姓は町田だが、浅草寺の伝法院に隠居した輪王寺門跡《もんぜき》の「舜仁准后」が、上野へ通行するために建てた新門を守護したことから、この呼び名がついたという。一五代将軍徳川慶喜の信頼が厚く、娘が側室となっている。戊辰戦争で慶喜が大坂城から逃れる際に忘れた、家康ゆかりの金扇の大馬標《うまじるし》を取りに戻ったという逸話をもつ、名の知れた侠客のひとりである。

辰五郎が人足寄場に送られたのは、筑後久留米藩の大名火消と配下の町火消との喧嘩の責めを負わされたためだと伝えられる。寛政一二年（一八〇〇）生まれの辰五郎は、小次郎より一八歳年長であるが、人足寄場で過ごすうちに互いの信頼を深め、義兄弟の契りを結んだようだ。

両名がともに数年を過ごした弘化三年（一八四六）正月、江戸の本郷あたりから出火した大火事が、石川島にまで及んだ。多くの囚人が一時解き放ちとなるなか、小次郎と辰五郎は残って消火にあたり、油蔵

豊原国周画『錦絵　慶応水滸伝』　明治27年発行。同年に市村座で興行された『新門辰巳小金井』を描いたもの。新門辰五郎は、4代中村芝翫が演じている。

に火が及ぶのをくい止めた。ここには囚人たちが絞った菜種油が収蔵されており、蔵に火が回れば被害が甚大となるのは明らかであった。

稗史では、このくだりが大衆に好まれたようだ。明治二七年（一八九四）に市村座で上演された『新門辰巳小金《あらたのかどたつみのこがね》井《い》』を描いた豊原国周《とよはらくにちか》の錦絵では、油蔵に煙火が迫るなか小次郎が小金井桜に因んだ桜の入れ墨を見せ、水を満たした桶を持っている。一方、龍の入れ墨をした辰五郎は梯子《はしご》を抱えて焔《ほのお》を睨《にら》みつけており、ここが芝居の大きな見せ場であったことがよくわかる。

この大火における活躍は、当時の公儀から評価され、火事から二か月後の弘化三年（一八四六）三月、両名とも御赦免となった。これにより小次郎は帰郷するも、藤屋万吉は未だ三宅島から戻らず、どのように以前の縄張りを押さえていくのか……。

ここから小次郎の躍進がはじまるのである。

# 大親分への道

## 縄張りの拡大

藤屋万吉の縄張りを引き継ぎ貸元となった小次郎は、安政二年（一八五五）に捕縛されるまでの一〇年間に、急速に勢力を拡大していった。万吉の縄張りは、府中宿と近隣の多摩川流域程度だったと考えられるが、小次郎は最終的にそれを甲州街道沿い、多摩川沿い、鶴見川沿いに広げた。安政二年時点で、どこまでを押さえていたのか定かではないが、この間に関東における大親分のひとりに成長したことは間違いない。それを可能にしたのは、小次郎の才覚に加え、新門辰五郎という後ろ盾を得たことが大きかったに違いない。

府中市には、帰郷後の小次郎について記された史料が二点残っている。ひとつは嘉永四年（一八五一）に作成されたもので、府中宿における小次郎と子分のようすがうかがえる。

小金井村百姓寅吉弟無宿幸次郎ヲ私義世話いたし宿内江《へ》差置候ニ付、幸次郎之子分共大勢ニ而《て》日々喧嘩口論いたし宿内難儀仕候旨申立候

（番場神戸　高橋仁左衛門家文書）

名前が「幸次郎」となっているが、小次郎のことで間違いない。帰郷から五年後の小次郎は、府中宿内に大勢の子分を抱えており、彼らが日々喧嘩をするので困っているという訴えが出されている。

もうひとつは嘉永六年（一八五三）の史料で、下小金井村無宿小次郎が博奕《ばくち》貸元の科《とが》で、先年に中追放となったと記されている。追放刑となると、下小金井村や府中宿には立ち入ることができないのだが、その後も小次郎は以前と変わらぬ生活を送っていた。

このころ、小次郎は兄や息子の名義で土地・屋敷を借り、商売を営んでいる。この店は名を玉川屋といい、甲州街道の北側、番場宿《ばんばじゆく》のなかにあった。前述の嘉永四年の史料には、

　小金井村百姓寅吉義私縁者ニ御座候処、追々身上向不如意ニ相成当宿ニ而渡世致度旨相頼候ニ付、無拠《よんどころなく》宿内百姓平右衛門店江世話いたし、右寅吉義去々酉年中より引移り煮売渡世罷在候

とあるので、兄の名義で玉川屋を開いたのは、帰郷から三年を経た嘉永二年だとわかる。その後、慶応三年（一八六七）に実施された府中宿の商売調査には、「煮売渡世仕候　百姓平右衛門地借　宗吉」（番場神戸　高橋仁左衛門家文書）とあり、経営主が息子の宗吉になっている。彼は嘉永五年に下小金井村から府中宿に移ってきたので、この年から兄に代えて息子に店を任せたのかもしれない。

表向きは「煮売渡世」の玉川屋だが、実際は飯盛旅籠と同様の商売をしていたようだ。ここでの収入は、小次郎の大きな資金源であった。

## 三宅島への流罪

急速に勢力を広げたためか、安政二年（一八五五）、小次郎は関東取締出役《かんとうとりしまりしゅつやく》に捕縛された。『慶応水滸伝』によると、八王子の大相撲興行の際に風邪を引いて宿屋で寝ていたところ、不意を突かれたのだという。天保一五年（一八四四）に佃送りとなった時とは異なり、今度は博奕貸元として中追放を受けたあとの捕縛である。翌三年三月には三宅島へ流罪となった。

文化二年（一八〇五）に新設された関東取締出役は、支配に関係なく関東一円を取り締まる役目を負っていた。広域を少人数で担当するため、手配人の探索や捕縛には、その土地の情報や地理に詳しい者が手下として活用された。彼らは道案内と呼ばれ、蛇の道は蛇というように、任務の性格上ある程度裏の社会に通じている必要があった。

府中宿で長く道案内を務めた人物に、田中屋万五郎がいる。彼は、府中本町に土地を借りて煮売渡世や茶屋兼旅籠屋を営んでおり、道案内が正式に関東取締出役体制に組み込まれる天保一五年には、すでに役目にかかわっている。

小次郎の捕縛後に、府中新宿の名主から番場宿の名主に宛てて出された手紙には、小次郎が博奕の罪でその月の二七日に勘定奉行所へ送られたこと、道案内の万五郎と牛五郎が公儀より厳しく非難されたことが記されている。中追放の小次郎が宿内にいることを知りながら見逃していたためで、万五郎は内藤新宿の問屋高松喜六らの嘆願の結果、落着まで謹慎、牛五郎は宿役人らの嘆願により沙汰があるまで謹慎することとなった。

## 万五郎への手紙

先ごろ東京都国立市の佐伯家の襖の裏張りから、田中屋万五郎家の史料が見つかった。一覧の機会を得たところ、小次郎が万五郎に宛てたと思われる手紙が含まれていた。日付は三宅島に流される少し前の安政三年（一八五六）三月一二日、差出人に「東大　小次郎」とあり、伝馬町牢屋敷の東の大牢から出したものと考えられる。

> 私不運ニて種々江戸友達衆又ハ新門□も其筋江手入致呉候得共行届キ不申《もうさず》、尤其筋江通事申候得共御上様より御慈悲無之《これなく》候ニ付、両御町奉行様より私囚人江手当宜敷《よろしき》ニ付、為御褒美青銅五百文当月九日ニ戴頂（頂戴）仕り、先夫ニて此度当廿三日ニ遠島出帆ニ相成申候間、左様ニ御承知可被下《くださるべく》候、尤其筋江未尻付御座候様子ニ御座候、私事ハ先国貞村（ママ）忠次、下総国勢力抔よりも悪敷者《あしきもの》ニて子分も両人より多く有《これ》之《あり》候抔と申立候
>
> （佐伯家旧蔵　襖の下張文書）

ここには、捕縛から処罰が決するまで、新門辰五郎をはじめ江戸の友達衆が種々骨を折ってくれたとあり、『慶応水滸伝』で語られているように、新門辰五郎と密接な関係にあったことが証明された。小次郎は、牢内での囚人への差配が優れていることから減刑を期待していたようだが、それに対して褒美金が下賜されたので、三月二三日に遠島となることが確実になったと述べている。流罪が決したあとも、小次郎が国定忠治や勢力富五郎よりも悪人で、子分の数も多いという追訴があったようで、やはり小次郎の排除をね

らう勢力が存在したようだ。その人物の詳細は不明だが、この背景には小次郎の急速な勢力拡大があったことが推測できる。それにより、関東取締出役に要注意人物と見なされ、他の博徒勢力の反感をかったことは想像に難くない。

三宅島に流罪となるにあたり、小次郎は以下のことを万五郎に依頼している。

> 先達而も御申越被下《くだされ》候三宅島名主之弟尊公様御こん意之御方と御申越被下候間、是非共其仁を御頼被下御同道被下、其御方様より三宅島江御手紙持参仕度候間、此義ハ呉々御頼申上候、尤私義ハ先三宅島割と内々願置申候所御聞済ニ相成、無相違《そういなく》其島ニ御座候間、何卒御手紙御頼申上候、尤万吉よりも手紙も参り候得共、流人より先之百性（姓）様が便りニ御座候間、何卒宜敷御願申上候

万吉が懇意にしている三宅島の名主の弟がしたためた手紙を島へ持参したいので、その人物を連れて面会に来てほしいというのである。ここで興味深いのは、「藤屋万吉からも手紙がくるが、流人よりも土地の百姓のほうが頼りになるので、ぜひお願いしたい」と付け加えていることだ。万吉の三宅島での生活は一二年に及ぶが、万吉よりも村役人とつながりをもったほうが得策だとする、小次郎の現実主義の一面がよく現れている。また、遠島先が三宅島となったのは、小次郎が内々に願っていたのが聞き入れられたという話もおもしろい。

さらに小次郎は、自身の家族・子分についても万五郎に託している。

猶亦老母事、次ニ兄寅吉事御存之通り酒呑ニ御座候間行届キ不申候者故、何卒厚御世話御願申上候、猶此上共博奕場江参り不申様《もうさざる》ニ尊公様よりも御申聞被下候、（中略）尚又宗吉事も家内みつ事も多分其儘差置申候心得ニ御座候得者《ば》、万事御心添被下、私之恥ニ相成不申候様御取斗へ被下候、家内若者共江も得と申聞被下、末永く少々宛成共見継物送り候様ニ御差図被下候

この手紙によって、『慶応水滸伝』では「お関」として登場する妻の名が「みつ」、兄「虎之助」が「寅吉」であることが明らかになった。家族のなかでは、まずは年老いた母親、次に酒と博奕が大好きな寅吉のことが気がかりだったようで、万五郎に手厚い世話を願っている。息子の宗吉と妻のみつについては、そのまま府中宿に住まわせるので、自分の恥とならないように計らってほしいとある。そして、末永く少しずつでも三宅島への貢物（仕送り）をするように、家族と子分への指図を頼んでいるのである。

この手紙からは、小次郎が万五郎を信頼していたことがうかがえ、博徒と道案内という立場にある両者の関係は良好だったようだ。小次郎が万五郎の管轄する府中宿寄場組合外である八王子で捕縛されたのは、案外このことによるものかもしれない。

### 三宅島での生活

小次郎は三宅島のなかの伊豆村に配置となり、普済院《ふさいいん》という寺院の隣に屋敷を借りて、約一二年間を過ごした。生家や玉川屋などから仕送りがあったため、ほとんど生活に不自由はなかったようで、常に数人

の博徒を養っていたともいわれる。

現在も三宅島に残る小次郎の足跡は、三宅村の旧跡となっている小次郎井戸と、無縁仏供養のために建立した地蔵尊である。

三宅島の地層は、地面のすぐ下を火山噴出物の軽石が覆っているため、雨が降ってもすぐに地中深くに浸透してしまう。このため水が乏しく、女性が海岸近くまで水汲みに行かなければならなかった。三宅島のなかでも伊豆村は、とくに水の乏しい地域だったという。これを見かねた小次郎が私費を投じてつくったのが、小次郎井戸と呼ばれる貯水槽で、縦一三メートル、横七メートル、深さ一・五メートルにも及ぶ。敷き詰めた石と石のあいだを埋めた石灰と漆喰《しっくい》は、郷里の下小金井から取り寄せたとも、新門辰五郎に頼んで送ってもらったともいわれる。この作業には村人や流人が雇われ、小次郎から手間賃が支払われた。

昭和五〇年（一九七五）に『小金井小次郎伝』を著した皆木繁宏氏は、丹念に小次郎に関する聞き取り調査を行い、史料の発掘に努めた。『小金井小次郎伝』には、小次郎が島から出したとされる書状がいくつか掲載されている。その内容を見ると、小次郎は三宅島でも顔役となり、さまざまなことにかかわっていたようだ。

三宅島に流されて約一〇年がたったころに小次郎が出した手紙には、三度の破船で二〇〇両余りを失ったと記されている。これらは小次郎の持ち船ではないが、天草《てんぐさ》や炭、木綿の反物や絹糸など、小次郎の荷が積まれており、この損失で初めて多分の金子《きんす》を無心したと嘆いている。流人でありながら島の物産を取り扱う商売にかかわっていたのも意外だが、二〇〇両を動かす売買を行うとは、驚きである。

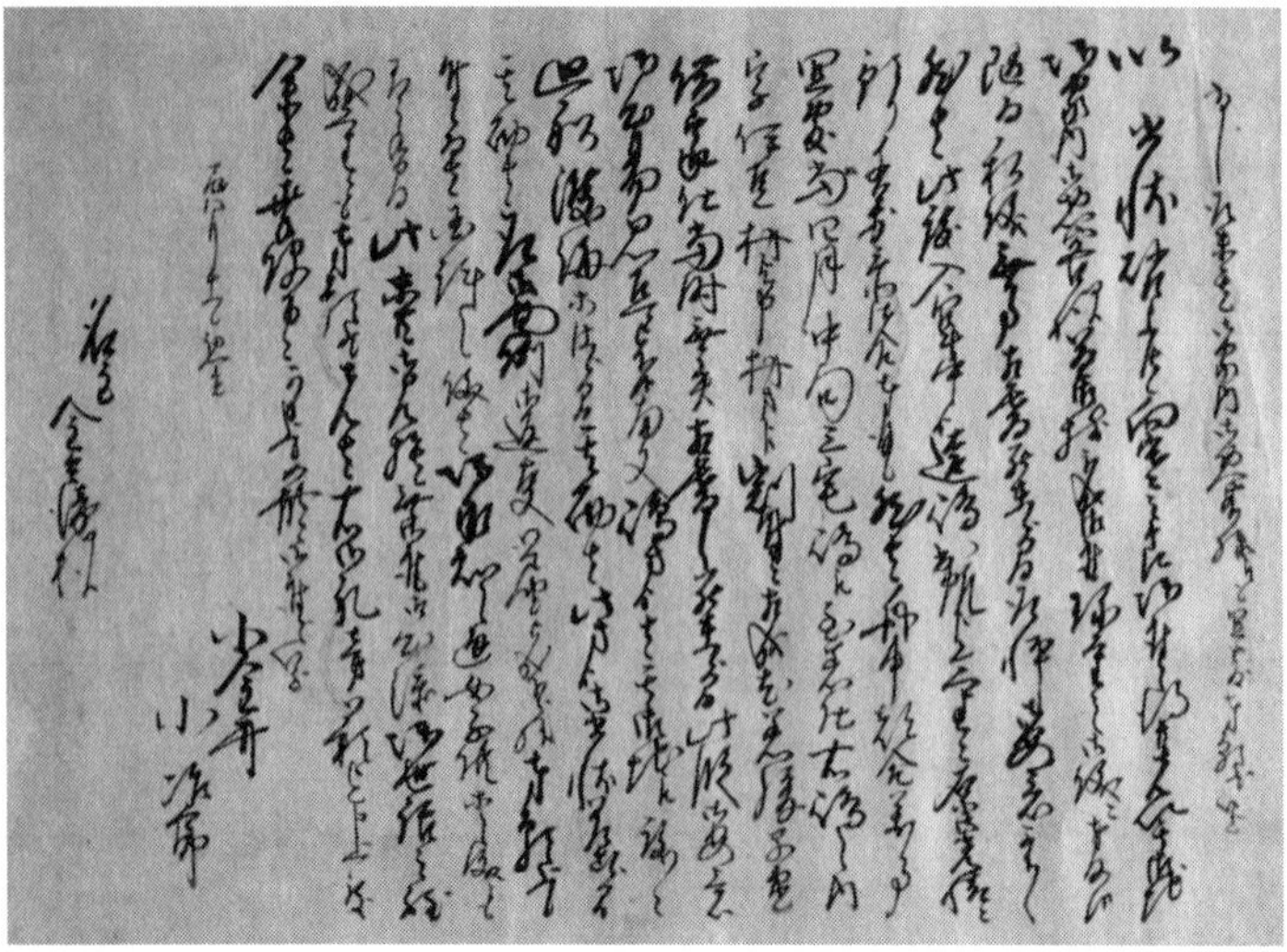

尚々乍末《まつながら》其御家内御惣客様江《へ》も宜敷《よろしく》奉願上《ねがいあげたてまつり》候、以上
以書状《しょじょうをもって》啓上仕《つかまつり》候、向寒之《の》節御座候得共《ござそうらえども》、先以其御地
御家内御惣客様、益《ますます》御揃被成御座《ござなされ》、珍重之御儀ニ奉存《ぞんじたてまつり》候、
随而《て》私儀無事相暮罷在候間、乍憚《はばかりながら》御安意可被下《くださるべく》候、
然者《ば》此度入牢中より遠島出帆迄、重々厚御光(厚)情ニ
預り、千万忝仕合《かたじけなくしあわせに》奉存候、然者舟中都合万事
宜敷、当四月中旬三宅島江到着仕、右島之内
字伊豆村と申村方江割付ニ相成、尤着後早速
借家仕、当時無異相暮し罷在候間、此段御安意
御心易思召可被下候、扨又島方より者《は》其御地江度々
廻船渡海等仕候間、其砌者此方より御書状差出候間、
其砌者乍御面倒《ごめんどうながら》御返事御届被成下候様奉願上候、
付候而者国許之儀者御承知之通女子供等之儀ニも
有之《これあり》候間、此末共御見捨無御座《ござなく》、御心添御世話之程
幾重ニも奉願上候、先者右御礼旁《かたがた》御願迄申上度、
余者幸便方々可申上候、如此《このごとく》ニ御座候、以上

小金井
小治郎

辰八月十一日認置
名主　金兵衛様

**三宅島から出された小次郎の手紙**　府中宿のうち新宿の名主に宛てた書状。入牢から出帆までの厚情に礼を述べ、伊豆村へ割り付けられたことを報告している。

また小次郎は、島民や流人を集めて芝居を興行し、幻灯機を用いた写し絵の上演を計画していた。これらの費用は小次郎が負担しており、娯楽の少ない村のために、不要になった写し絵の道具があったら一、二両で買い求めてほしいと、手紙で依頼している。

芝居興行の際には、村人から流人まで大勢が集まったようだが、芝居に参加していた女性の後日談によると、興業の目的は島抜けをするための武器を集めることにあったというのだから、島の役人や村人にとっては恐ろしい話である。小次郎が島抜けを実行することはなかったが、このエピソードは博徒たる小次郎の本質をみるようで、とても興味深い。

これらのどの話をみても、小次郎の三宅島での生活は、およそ流人らしからぬものであった。私生活においては、水汲みのためという名目で雇った島の女性とのあいだに二人の女子をもうけており、帰郷する際に妻子として連れ帰っている。

### 江戸時代の終焉とその後の小次郎

小次郎が御赦免となったのは慶応四年（一八六八）五月のことで、上野戦争翌日の一六日に品川に戻ってきた。この年の八月には流人の大量恩赦があるが、その三か月前に小次郎がひと足早く赦された理由は定かではない。『慶応水滸伝』では、新門辰五郎から小次郎宛に徳川幕府を思う激烈な手紙が届き、それを受けて島の役人に談判した結果だとしているが、実際のところはどうだったのだろうか。今となっては、真実は闇の中である。

小次郎が長く三宅島にいるあいだに社会は著しく変化し、徳川の治世は終わりを迎えた。戯作や講談では、帰郷後の小次郎が徳川家の復権を図るために尽力したという筋立てになっている。これが『慶応水滸伝』という書名の由来なのだが、実際に行動した形跡は残されていない。

三宅島から帰ってきた小次郎は、以前と変わらず多摩地域の大親分として明治を迎えた。そのころ、府中の玉川屋は上布田《かみふだ》（現、東京都調布市）に移り、貸座敷として営業をはじめている。これは、慶応三年（一八六七）から新たに飯盛旅籠の営業を許可された布田五宿（国領《こくりょう》、下布田、上布田、下石原、上石原）が、今後発展することを見込んでの移転と考えられる。商売が軌道に乗ったのか、布田天神の境内にある琴平神社の宮殿再建の際に、個人として最高額の二円を寄付したのは小次郎であった。

小次郎は没する前年の明治一三年（一八八〇）、自分が今まで無事に過ごせたことを感謝して、鎮守の小金井神社に一対の狛犬を奉納している。多くの博徒が喧嘩や支配権力の手により命を落とすなか、小次郎は六四年の生涯を畳の上で終えた。玉川屋の一室で、娘と子分たちに囲まれての大往生だったという。太政官布告の「賭博犯処分規則」をうけて博徒の取り締まりが強化され、大量検挙、いわゆる博徒大刈込が行われる四年前のことだった。

小次郎はその生涯において、国定忠治や清水次郎長のように突出した逸話があるわけではない。しかし、その機知と義侠的性格を各所で発揮し、江戸時代後期から明治初期を生き抜いた侠客なのである。

（花木　知子）

# 【列伝六】小川幸蔵——武州世直し一揆を鎮圧した博徒

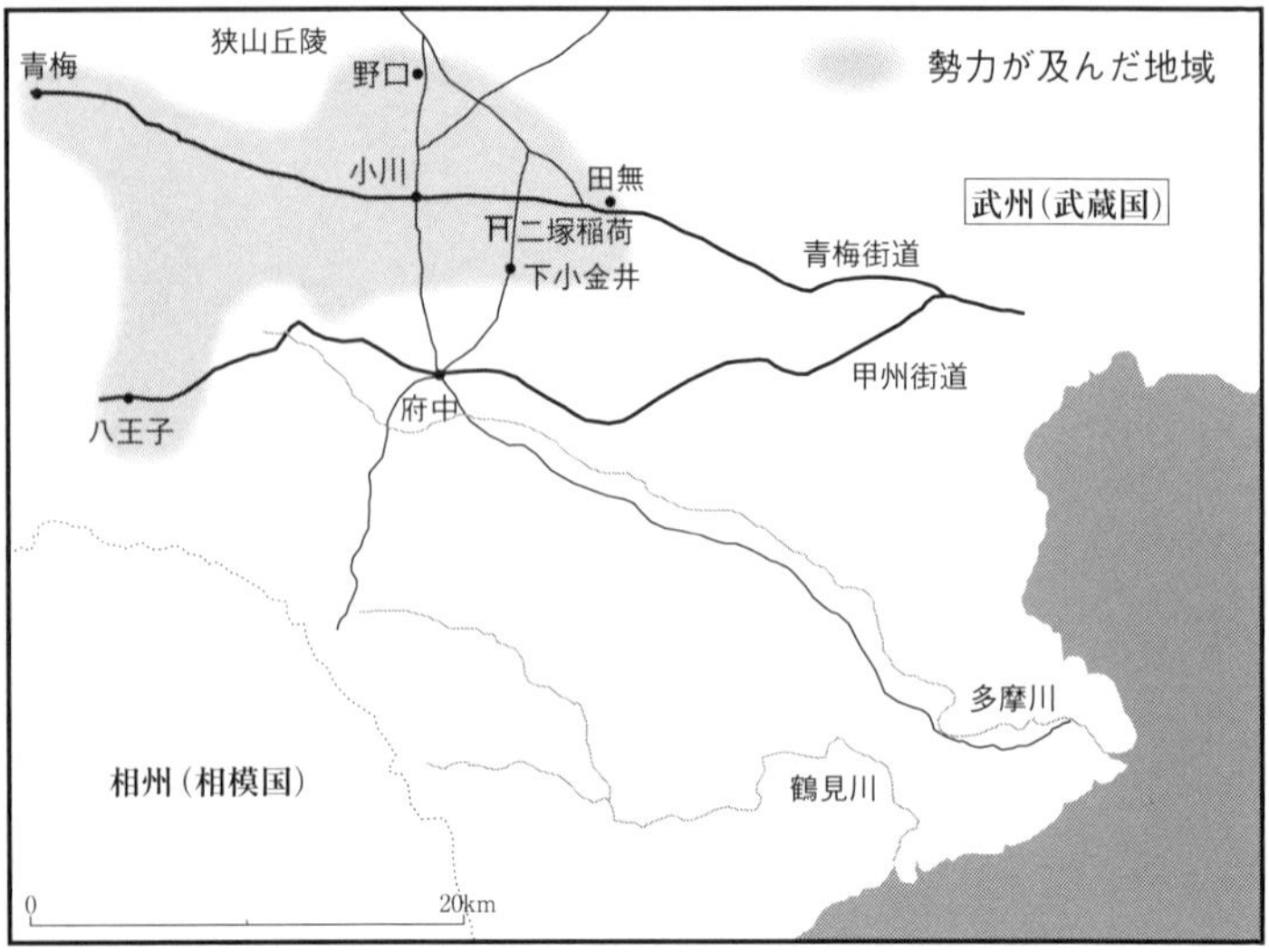


「小川幸蔵」調書

・博徒名　小川幸蔵《おがわのこうぞう》
・姓名　小山幸蔵
・生没年　天保二年（一八三一）〜
　明治一七年（一八八四）
・享年　五四歳
・出生地　武州（武蔵国《むさし》）多摩郡小川村
　（東京都小平市小川町）
・出自　本百姓
・最期　八王子警察署に服役中、病没
・交流　父小川幸八《こうはち》が小金井小次郎《こがねいこじろう》と敵対

## 江戸時代の小川幸蔵

### 竹松おこうの思い出話

幕末から明治における武蔵国多摩郡の博徒は、小金井小次郎《こがねいこじろう》と小川幸蔵《おがわのこうぞう》のふたりがもっとも著名である。幸蔵については、小金井小次郎とともに、いくつかのおもしろい逸話が残っている。それがほかの多摩郡の博徒とは異なるところである。幕末期における博徒の日常生活は、どのようなものだったのか。それをうかがい知ることのできる史料は少ないから貴重である。

まず、伊藤小作『郷土夜話』その一「竹松おこうさんの想い出話」をみてみよう。竹松おこうは、幸蔵の養子秀吉の養女にあたるため、彼女の証言は信がおけるものと思われる。

「……私の主人の父からきいた話ですが、そうですネ、幸蔵は未年ですから生きていれば百才以上でしよう。名主の弥市郎さんに使われて草刈り等をしたりしました。草刈りをしても自分はろくに刈らないで、人にやらせる。当時こんな謎がありましたよ、幸蔵はそれでも蔵持ちだつたが『幸蔵親分の蔵とかけて何と解く』『さむらいの腰のものと解く』『心は』『心はさわればきれる』というわけで、幸蔵の蔵の壁土は落ち竹の骨があらわになつて縄がでている。それにさわると縄がきれる……といううのだそうです。幸蔵の家は小川四番の通りにあつた。遊び人というか、侠客というか、ばくちが好きで、闘鶏、闘犬までさかんにやつたらしい」「すい瓜畑にむしろを十何枚もしいて、そこでばくちをやるのです。着物をきていたので胸元のふところからシヤモが首を出している。そんな男が方々から集つて、夢中になつて鶏にけんかをさせるのです。夜つゆにぬれてからだがひえるから、ばくち打は長生きしないといつたものです」「ばくちが大流行で困つたものでしたが、別に何もたのしみのない時代のことで、仕方がなかつたのでしよう」

幸蔵は「幸蔵親分」と呼ばれ、「小川四番」に居住していた。謎かけの話によって、彼は蔵持ちの家に生まれながらも、かなり家産を傾けていたことがわかる。

また、竹松の証言する「闘鶏博奕《ばくち》」については、多摩郡の村々に廻る触書（命令書）のなかにも、それを禁ずる旨の文言があって興味深い（慶応二年〈一八六六〉寅二月二十五日　関東取締出役《かんとうとりしまりしゅつやく》）。そこには、

「近ごろ鶏蹴《とりけ》あわせ候会日を相立て、所々より寄せ集め、勝負により多分の金銭取り引きいたし候」とある。「むしろを十何枚」も敷いて博奕をするのだから、多人数が集まってきたと想像される。いわば〝闘鶏大会〟のようなものが催されたのではないかと想像できる。おそらくこの触書にあるように、「会日を」立てて「所々より」派手に人集めをしたものであろう。博徒たちがどこから出てきたのか、勝ったの負けたの、わいわいと騒いでいる状況が目に浮かぶ。

「名主の弥市郎さんに使われて草刈り等をした」ものの、自分ではやらずに、他人にやらせていたというから、勤勉型の人間とはいえない。だから、幸蔵の謎かけ話にもあるように、遊びが過ぎ、蔵は崩れかかっ

たのであろう。「夜つゆにぬれてからだがひえるから、ばくち打は長生きしない」という証言にも、真実味が含まれているように思える。勝負事に魅せられ、刹那的に生きるのが彼らの人生であった。

このような賭場は、小川村（現、東京都小平市）にはいくつか開かれていたであろう。ここに出入りする者は、玄人の博徒だけではなく、素人の普通の百姓もいたであろう。小川村には博奕に興じるほど余裕のある百姓が多かったのである。小川村の貨幣経済なくしては、賭場はあり得なかった。

## 「小川幸蔵」の知名度

幸蔵は世の中によく知られた博徒ではない。一般書籍では、北島正元『幕藩制の苦悶』に、以下のように紹介された程度である。

当時博徒の本場といわれた上州には、忠治《ちゅうじ》のほかに大前田《おおまえだ》英五郎《えいごろう》（勢多郡大前田村）・栄次（勢多郡月田村）・三木文蔵《みつぎのぶんぞう》（新田郡世良田村）・高瀬《たかせ》仙右衛門《せんえもん》（邑楽郡上高島村）などの貸元がおり、下総の飯岡助五郎《いいおかのすけごろう》・笹川繁蔵《ささがわのしげぞう》、武州の小金井《こがねい》小次郎《こじろう》、府中の田中屋《たなかや》万吉《まんきち》、高萩の鶴屋《つるや》万次郎《まんじろう》、小川幸蔵《おがわのこうぞう》などの親分連とならんで全国に名をひびかせていた。

しかし、お世辞にも国定忠治や清水次郎長《しみずのじろちょう》のように、「全国に名をひびかせ」るほどの人物であったかどうかは疑問である。同じ多摩郡の博徒ならば、小金井小次郎のほうがまだ著名であるかもしれないが、幸蔵はそこまではいかない。いわば、村の「小悪党」のような存在であったといえるだろう。ただし、彼の場合は、小悪党にしては史料のなかによく登場することと、彼の死後「侠客」と称され、地域のために働いた履歴があるなど、特筆すべきことが少なくないのである。

小川幸蔵は渡世名（博徒としての名前）である。本名を小山幸蔵という。天保二年（一八三一）に武蔵国多摩郡小川村に生まれ、明治一七年（一八八四）五四歳で死亡しているので、ちょうど社会が混迷を極めた幕末維新期にその活動期をもった博徒である。父も小川幸八（本名、小山幸八）という博徒で、幸蔵を批判した文章に「数代積悪之家」という表現があり、小山家は博徒一家と見なされていたことがわかる。彼が博徒の道に入った原因は、父親の影響が大きかったと思われる。

安政三年（一八五六）、野口村（現、東京都東村山市）で傷害事件を起こし、逃げて行方不明となる。それ以降、無宿の身分となるが、慶応二年（一八六六）、田無村下田半兵衛の農兵隊とともに、武州世直し一揆を鎮圧する。その功で帰村し、明治二年に韮山県から治安維持を任されている。しかし、同年、村から弾劾され、民部官に逮捕される。明治四年、明治一五年にも逮捕されている。その二年後、八王子警察署において肋膜兼肺炎症によって死去している。

つまり、幸蔵は悪事もなすが、地域の利害に沿って行動することもあったわけである。のちに「侠客」と称されるゆえんは、そこにあったのだろう。

それでは、幸蔵の生涯を時系列順に追ってみることにしよう。

## 武蔵国多摩郡小川村と青梅街道

小川幸蔵が住んでいた武蔵国多摩郡小川村は、江戸近郊の新宿と青梅とを結ぶ青梅街道の中間に位置している。江戸時代初期、新田開発によって成立した、いわゆる「新田村」である。それ以前には「田無町から青梅町まで七里三町、六里の間に家がない」（「武蔵田園簿」）とあり、まったくの原野であった。

明暦三年（一六五七）、幕府によって小川村の開拓がはじまる。その理由は、青梅街道の交通事情にあった。そのころの青梅街道は、巨大都市江戸の石灰需要を支えるための動脈であり、上成木村《かみなりきむら》・北小曽木村《きたおそきむら》（いずれも現、東京都西多摩郡）の産する石灰を運ぶために使われていた。しかし、小川村が開ける前は、田無・箱根ヶ崎（現、西多摩郡）のあいだには人家もないため、石灰を運ぶ人馬は難儀をしていた。そのため、小川村を開発した小川九郎兵衛は、石灰伝馬継などを助けるためと称して、小川の新田開発を代官今井八郎左衛門に出願した。

明暦四年の史料によると、七六人の入村百姓の名前が確認できる。彼らは近隣村から集められた者たちであった。寛文四年（一六六四）における小川村の検地帳によれば、小川村は耕地九二町、高二七〇石とみえる。水が乏しいため水田が少なく、下畑《げばた》か下々畑《げげばた》が多かった。江戸時代中期には開発が終了し、享保一八年（一七三三）の検地によって、耕地三九四町、高六七二石まで開発された。この規模は江戸時代を通じて変わらない。宝暦四年（一七五四）の村明細帳には、家数一九四軒・人数九二三人とある。

近隣に「田無」という地名があるように、この地域一帯には水田の少ないことが特徴である。また、青梅街道からの石灰が、下野国からの石灰に押されて、しだいに衰退していった。そのため、青梅街道は、

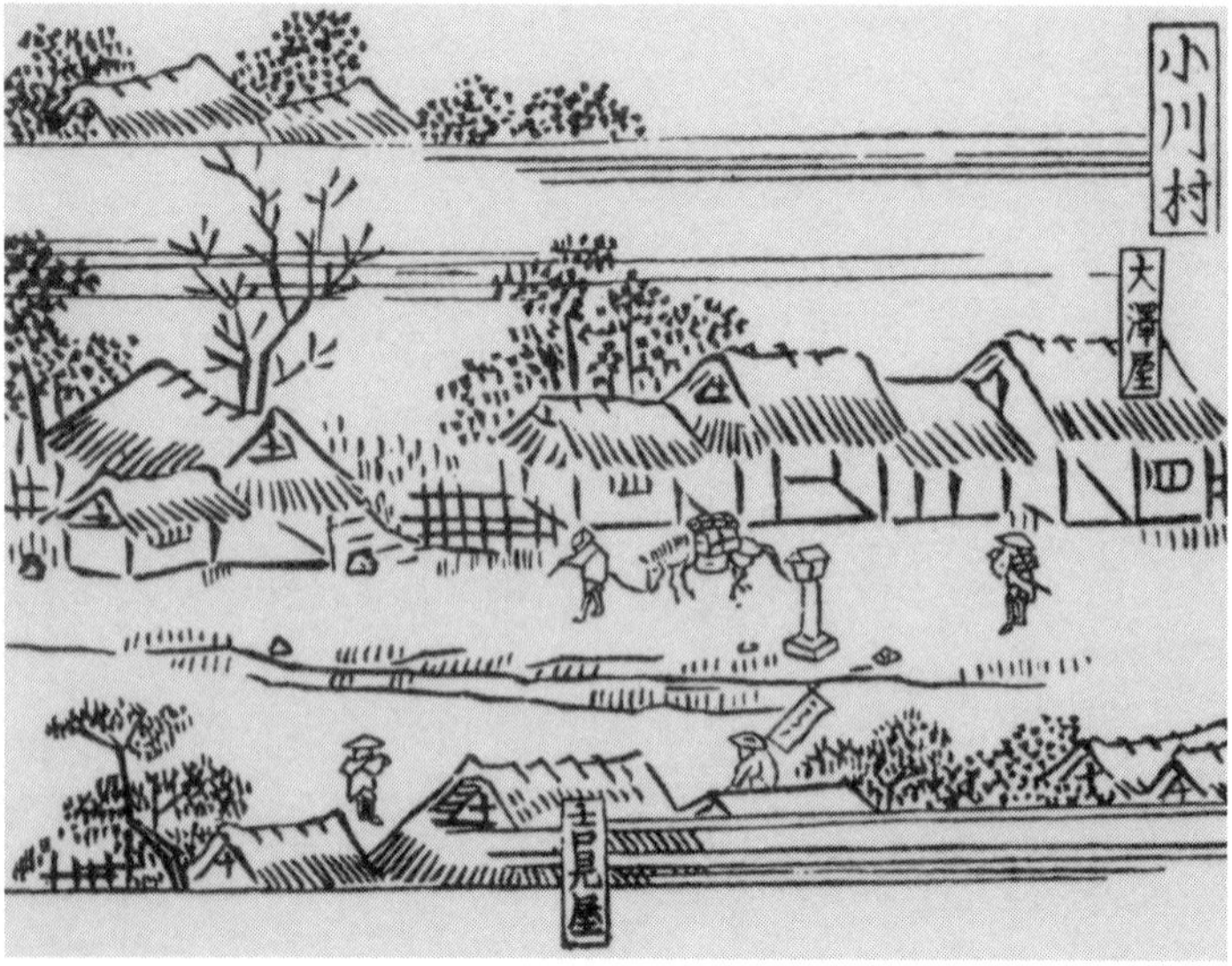


『御嶽菅笠』における小川村の風景　小川村の旅籠屋「大澤屋」と「吉見屋」が紹介されている。御嶽山参詣の宿泊地のひとつとして賑わった。

多摩地域から江戸へ野菜や薪炭《しんたん》を運ぶ街道として使われるようになり、文政期（一八一八〜三〇）以降には、街道を使った駄賃稼ぎや、薪炭・醤油・酒・小間物を商う家々がみられるようになった。

小川村の風景が描かれたものに、御《み》嶽《たけ》山《さん》の神官靭矢《うつぼや》家所蔵の『御嶽菅笠』がある。天保五年（一八三四）に版行された御嶽道中記で、御嶽信仰を宣伝するために神官靭矢市正が発行した、御嶽信仰についてのガイド・ブックである。そこには吉見屋という宿が紹介されている。小川家文書に残された吉見屋の宿帳をみると、ほとんどが江戸および近郊の者であった。

『御嶽菅笠』では、多摩地域の村々のようすを「鹿の住てう武蔵野も、今大江戸の真盛に(中略)烟の浪やわたるらん」（「烟の浪」＝「煙の波」。栄えるようすを表したもの）と表現している。

ここでは、一八世紀後半から一九世紀にかけての繁栄した江戸（「大江戸」）の存在と、多摩地域の村々の経済的状況とを結びつけて表現している。「大江戸」の需要に多摩地域が応えていたのである。

また、江戸時代後期における養蚕供給地域は、上州・甲州・信州・武州であり、武州はとくに多摩地域であった。明治時代においては、外貨を稼ぐ国産品といえば生糸ぐらいしかなく、生糸は全輸出品の八割にも達していた。当時、養蚕は投機商売とみられて、一攫千金をめざす横浜商人は、多摩地域の産地荷主と結び、横浜へ大量の生糸を送った。彼らは高額の金を懐に青梅街道を多忙に行き来していた。

養蚕などの貨幣経済は、畑勝ちで生産力の低い地域に生じやすく、そのうえ大きな街道が通っていれば、さらに有利となった。小川村はそのような土地のひとつで、貨幣経済に依存する博徒の根拠地ともなった。

小川幸蔵らのような博徒は、貨幣経済で栄えた村に吸着していた。たとえば、百姓たちに賭場を提供したり、彼らに強請《ゆす》りを働いたりしたのである。貨幣のめぐりのよいところに博徒は存在するのである。

## 幸蔵の家庭環境

幸蔵の人物を考えるうえで、彼の父である小川幸八こと小山幸八の存在は大きい。

幸八は、文化二年（一八〇五）に、小川村百姓喜八・妻えつの倅として生まれている。天保二年には幸蔵をもうけているので、天保元年までには妻を娶《めと》っているはずであるが、よくわからない。

小山家では天保四年ごろから天保一四年にかけて、面積三町五反一七歩、金一五〇両にも相当する土地を売却している。これは幸八の博徒としての生活と関係があるものと想像される。そして小山家は、ある程度の土地持ちであったこともわかる。

天保一二年（一八四一）時の小山家の家族構成は、当時の人別帳によれば、幸八後家とら・幸八弟甚蔵・甚蔵妹くめ・幸八倅幸蔵・幸蔵弟梅次郎の五人である。幸八は当時無宿であり、この人別帳には載っていない（北原糸子「不行跡者と博奕打」）。

というのも、天保一一年三月に、幸八は二塚《ふたつか》の出入りで小金井小次郎勢と対決し、双方とも傷を負い、これが原因で小次郎・幸八はともにしばらく身を隠していたからであろう。結果的には、四年後に両人とも捕縛され、小次郎は佃送り、幸八は八丈島送りとなっている。その経緯は、小金井小次郎の伝記、明治一五年（一八八二）刊、三世柳亭種彦《りゅうていたねひこ》『慶応水滸伝』に詳しい。

天保一三年八月、幸八は小売酒渡世の店で賭場を開いて関東取締出役《かんとうとりしまりしゅつやく》手代に踏み込まれ、同年一〇月にも小川村辰五郎と喧嘩《けんか》を起こして辰五郎を殺害している。

幸八は天保一五年から八丈島に遠島にされ、一七年もの歳月を島で過ごすことになった。万延元年（一八六〇）、仲間三〇名とともに脱島を企てて失敗する。その結果、樫立村名主兵吉を殺害し、自殺している。この事件は早乙女貢『八丈流人帖』で小説の題材になった。

幸八の経歴は、喧嘩・殺し・遠島・自殺というように、尋常ではない。波乱の生涯を歩んだ過激な博徒であったといえよう。この父親から幸蔵が影響を受けなかったはずはなく、幸蔵は父の縄張りや人脈も受け継いだのではないだろうか。そして、幸蔵弟の梅次郎も、博徒として兄と行動しているところをみると、一家揃っての博徒であったことがわかる。

## 野口村の傷害事件と「逃亡」

小川幸蔵が博徒としての名を最初に轟《とどろ》かせたのは、野口村の障害事件である。小川村の北には野口村があり、そこに「天王社」という社がある（現、東村山市、八坂神社）。安政三年（一八五六）六月一四日、幸蔵はここで仲間たちとともに事件をおこした。幸蔵が二六歳のときである。野口村の役人惣代らが韮山代官江川英龍に差し出した願書によって、事件の経緯をみてみよう。

毎年、天王社では六月一四日を「夜宮」と唱え、近隣の村々からたくさんの人びとを集め、祭りを行うことになっていた。幸蔵は安政三年の夜宮に、仲間とともに酒に酔って参詣した。史料にあるのは「小川村百姓六左衛門倅伝吉・百姓幸蔵・同人弟梅五郎（梅次郎？）・誰倅に候や相わからざる亀五郎」の四人である。彼らは灯籠や提灯《ちょうちん》を倒すなどの狼藉《ろうぜき》を行った。野口村の百姓たちがそれを止めに入ると、おとなしくそこを立ち去った。止めに入った百姓の源蔵・政蔵が帰宅しようと「大門」までやってきたとき、物陰から幸蔵らが飛びかかってきた。そして二人に対して傷害に及んだ。

当事者同士はこの事件を大事にしたくはなかったためか、「内済《ないさい》」（当事者同士で和解すること）にしようとし、二人の傷を「躓《つまず》き打倒れ」「杭木《くいき》に突当て」たものだと主張した。しかし、江川はそのようなことで騙《だま》される代官ではない。おそらく、幸蔵一派を捕らえる好機とみたのではなかろうか、逆に幸蔵ら四人を「縄手鎖」にして村役人に「御預け」とした。

しかし、幸蔵だけはそこから脱走してしまった。ほんとうに「縄手鎖」をされていたのか、どのようにして「縄手鎖」を解いたのかなどは、史料に書いていないのでわからない。幸蔵の行き先は杳《よう》として知れなかった。幸蔵はこれ以降「永尋《ながたずね》」となり、人別帳から籍を抜かれて「無宿」となった。「御尋」となったのちの幸蔵は、いったいどこで何をしていたのか。

無宿といえば、一般的に旅装束で家を飛び出し放浪の旅に出るといったイメージがあるが、一概にそういう無宿ばかりでなく、領主向きには「欠落《かけおち》」していることにはなっているが、実際はその地域に居着いているというタイプの無宿たちも少なくない。幸蔵は後者のタイプに属する無宿であった。小川村名主小川九一郎の日記に、「欠落」中である幸蔵の名前が散見されるからである。

たとえば、慶応二年（一八六六）正月二二日条に「四番組幸蔵呼び寄せ」とあるし、同正月二三日条にも「正月廿三日、四番組幸蔵へ右組内取極の義申し聞かし候」とある。小川村は家が番組ごとに分かれ、たしかに幸蔵は四番組に属していたので、この「幸蔵」とは幸蔵本人のことと考えて間違いない。村の取り決めまでを申し付けていることがわかり、堂々と小川村に居着いているようすがわかる。「逃亡」といいながら、まったくの逃亡ではなかったのである。

幸蔵が小川村の百姓を脅す話が史料に残っている。文久二年（一八六二）、幸蔵は小川村で茶屋渡世を営んでいた。ふだんは真面目な生活態度である小川村百姓平蔵が酒に酔って幸蔵の茶屋に赴き、好物の玉子焼きを注文した。翌日、平蔵は幸蔵から酒食代として七五両を請求された。驚いてその理由を聞いてみると、幸蔵は「好物だというので、異国より渡来した玉子を出した。一つ二五両で、二つ分五〇両、あとは酒食代として二五両、あわせて七五両である。残らず払ってもらおう」と答えた。家内の者は恐怖を感じ、五二両を支払うことで勘弁してもらった。これは幸蔵が「永尋中当時無宿」の出来事である。彼は「永尋中」でありながら、村で堂々と茶屋渡世まで営んでいた。

ここで注目したいことは、この小川村には、博徒の脅しとはいえ、金五二両を差し出すことのできる経済力をもった百姓が存在している、ということである。これは、前述の賭場のことと同様、博徒の存立基盤を考えるうえで重要なことである。

## 武州世直し一揆

慶応二年六月、武蔵国秩父郡上名栗村（現、埼玉県飯能市）などから、大規模な百姓一揆が起こった。世にいう「武州世直し一揆」である。

この一揆は、途中で分岐しつつ、ほとんど関東全域を包み込むような騒擾《そうじょう》となった。南は多摩川まで、東は川越藩領にまで達し、北は上野国不動堂村（現、群馬県前橋市）にまで至った。

原因は、冷害による農作物の不作、外国貿易による諸色の高騰、幕末の政変による幕府権力の衰退などが挙げられるだろう。

このとき、南へ向かう一揆勢は、小川村近隣の柳窪村（現、東京都東久留米市）まで迫っていた。前述のとおり、小川村には幕府により「行方不明」とされていた幸蔵が居着いていた。つまり、彼はその地域において一揆を間近に見ていたのである。ついに幸蔵は「潜伏」を終えるときがきた。

『小平町誌』に掲載されている「小川愛次郎氏談話」には、幸蔵が一揆鎮圧勢に参加するという話が含まれている。引用する文章は、下田半兵衛率いる田無農兵隊が柳窪村に進出し、一揆勢を迎え撃つという場面である。

慶応二寅年、秩父より起りたる打ちこわしは、柳窪を襲い将に田無に迫らんとす。田無の半兵衛、初め人足を集め酒と飯を用意し、此に向わんとすといえども、平井伊左衛門に勧められ、寧ろ、進んでこれを撃払うにしかず、という事にて、柳窪に進出し、名主七次郎の宅を破壊中、平井の衆等煙火の筒五本を車に載せこれを打掛け、同時に小川幸蔵等を放ちて斬り込ましめ、遂にこれを打払いたり。

この柳窪村を臨む一揆勢に対して、農兵隊を率いる田無村名主下田半兵衛は、上保谷新田の平井伊左衛門にすすめられて、柳窪村への出動を決意する。そして、一揆勢が名主家を破壊中に攻撃し、同時に小川幸蔵を放って斬り込ませた。これがここでの事件の推移である。

ところが、これとは異なる史料がある。武蔵国多摩郡本宿村《ほんしゅくむら》（現、東京都府中市）内藤家文書「慶応二寅年諸方打毀騒動并窮民救記」である。ここでは、

田無半兵衛差して来候由申し、柳久保酒屋へ来打ちこわし初め、小川無職人幸坊《(ママ)》トか云人子分四五十人連れ来たり防ぎ候うち、田無半兵衛方防ぎに出で候人来り、一同いたし、幸坊子分之者働五六人切殺、十人余搦取、依之散乱、生取之者多く

とある。「トか云人」という表現があり、史料の筆者の記憶は不明瞭だが、ここでの「小川無職人幸坊」とは幸蔵のことをさすと考えていい。

この『小平町誌』掲載の談話と内藤家文書の内容は、幸蔵一党参戦の事実だけは合致しているが、彼らの参戦のあり方は異なっている。内藤家文書によると、『小平町誌』とは異なり、田無農兵隊よりも先に幸蔵一党が柳窪村に駆けつけて一揆勢と戦っており、幸蔵一党と農兵隊の攻撃が「同時」であったとする『小平町誌』と矛盾している。さらに内藤家文書は、農兵隊よりも幸蔵一党が戦況を動かす中心として書かれ、『小平町誌』とは趣が違っている。両者のいずれの内容が事実に近いのか、ここでは明確な答えは出ないが、いずれにせよ、幸蔵一党が戦況に少なからず寄与したのは確かであろう。

前述したように、行方不明とされている幸蔵は、じつは勢力を保ちつつ小川村に居着いていたと思われる。でなければ「すわ、一揆勢来襲」というときに、小川村北方の柳窪村に、子分率いて素早く出動できるほどの機動力はもち得なかったはずである。

## 明治時代の小川幸蔵

### 韮山県、幸蔵を呼ぶ

この一揆勢を鎮圧した幸蔵の行動は、一揆鎮圧で農兵隊を指揮していた田無組合寄場名主下田半兵衛によって評価され、幸蔵の帰村が許される。そしてこれ以降、幸蔵は地域社会において権威を高めていく。

明治期の幸蔵については、わからないことが多いとされてきたが、ここで新たに何点かを見出すことができる。小川家文書「御用向御触書其外控帳」によれば、明治二年（一八六九）二月三日、韮山県役人大沢克之助は幸蔵へ差紙（呼び出し状）を出している。

二月三日朝に候事、其村百姓幸蔵へ申し談じ候義これある間、明四日昼頃弐時、蔵敷分我等御用先へ罷り出で候よう申し付くべく候、この書付、追て相返えさるべく候。以上。

　　巳二月三日　　　　　　　　韮山県下吏大沢克之助

　　小川村役人中

追て他行に候間早々呼寄申すべく候こと。右御書付壱封、二月三日九ツ時過ぎ参り候事。

この小川家文書の史料には、幸蔵がこの時にどのような命令を受けたのか、詳しい記述は存在しない。

二月四日昼に蔵敷村《ぞうしきむら》（現、東京都東大和市）に出張している韮山県下吏大沢のところへ出頭せよ、という用件である。

## 二足草鞋

しかし、多摩郡蔵敷村の名主の覚書「里正日誌」には、その翌日四日の条に、村役人差添で出頭した幸蔵が登場し、そのくだりによって、韮山県が幸蔵へ命じた「御用」の内容を知ることができる。

一、四日晴、小川村百姓幸蔵御呼出しにつき、組頭半蔵差添、五ツ半頃蔵敷御用先へ罷り出で候処、右幸蔵え御談向は、もより御支配所の内、悪徒共立廻り申さざるよう、平日心を用ひ、万一の節は村役人と申し合せ手配致し召し捕らえるべし。もっとも、村方へ入用相掛り候義は勿論、増長致さざるよう、心掛け申すべき旨申し渡され、いとま遣わされ候。

韮山県役人大沢は、幸蔵に対して「領地内に『悪徒共』が立ち廻らないように気をつけよ、万一のときは村役人と申し合わせて召し捕らえよ。ただし、村方へ金銭的負担はかけないこと、増長しないこと」と申し渡している。ここで幸蔵は韮山県から治安維持の役目を負ったのである。

維新政府に政権が交代したばかりのこの時期は、地域社会に権力の空洞が生じていたと思われる。そこで、幕府になりかわり旧幕領支配を担当したばかりの韮山県も、脅威である幸蔵を追捕するのではなく、逆に、みずからの懐に取り込むことで、支配の脆弱さを補おうと考えたのであろう。つまり、韮山県も、幸蔵の一揆鎮圧の働きなどを評価していたものとみえ、彼の有事の際の実力を認めざるを得なかったのであろう。

## 名主の恐れ

しかし、彼の身の上にも暗雲が立ちこめる。次の史料は、内容から推して、誰かが幸蔵にひそかに出した書簡である（小川家文書）。年月日は不明だが、おそらく明治二年（一八六九）ごろと思われる。

差出人も最後の文言「拙者性名の義は後日もって知らす」とあるように、姓名不明である。それはおそらくこの書簡が「ていたん（偵探）」の目から逃れるための「密書」ゆえであろう。ここでは「宮本聟」なる人物が、幸蔵を民部官に訴えようとしていることがわかり、「宮本聟」が小川村名主をけしかけて幸蔵召捕願を上申させている。

「（封書表）小川宿小川屋幸蔵様　東役所　（封書裏）卯八月八日出」
　亭《てい》たん（「偵探」カ）の耳に聞すへからす
密書をもって申し達し候。貴殿公訟之義につき宿紛失致し候につき、宮本聟名主九一郎殿を進て□幸蔵召捕状を民部官へ差し上げに相成り候て、これにより早く他へ御退参なさるべく候、□もっとも、名主殿は貴殿権威を恐れ居り候えども、宮本の聟申すに、幸蔵をそのまま捨て置くは、以後村中に大騒動出来候と存じ聞きこれあり、九一郎殿も、是非なく召捕状の願を差し上げられ候由を篤と聞き及び候や、まっぴら用捨くださるべく候。密書をもって申し達し候。以上。拙者性名の義は後日もって知らす。

ここでわかることは、以下の二点である。

①先の「小川愛次郎氏談話」によると、名主は「幸蔵、幸蔵」と呼び捨てにしていたらしいが、内心は違っていて、幸蔵の「権威を恐」れていたことがわかる。「是非なく召捕状の願を差し上げられ」という箇所からも、その名主の迷いの心理が読み取れる。

②幸蔵を放置すれば「村中に大騒動」が起きるかもしれないという見方が存在していたこともわかる。幸蔵は不行状を村方から訴えられたことはあるが、村が彼を抱え込むことには不安をともなった。

## 村からの弾劾

小川村小川家文書には、幸蔵の罪を弾劾する訴状が残っている。年が欠落しているので、いつ・どのように作成されたものかわからないが、明治二年二月から同年九月のあいだに作成され、村（複数の村びと）から訴えられていることだけはわかる（この訴状の宛先は不明）。ここにみる幸蔵は、村の評判が芳しくない。

幸蔵は自分では悪事をせず、子分を教唆し、子分の悪事の上がりを取っていた。そして「当時村方計ニても、五、六百両の大金子借受」といい、かなりの大金を小川村の百姓から借りていたことがわかる。しかし、借金といっても強借《ごうがり》で、貸し手は返金催促など恐ろしくてできない状態にあった。彼の家の普請にかかった三〇〇両も同様であった。

子分のなかには、悪事を働く核となる仲間「悪事兄弟分」「上子分」、さらに博奕《ばくち》で負けて仕方なく従っている子分がいる。縄張りは「村方は勿論近村まで」及ぶ。他史料と照合すると、常時約五〇人ぐらいの人数を戦闘集団として動かしていたことが判明する。

結局、明治四年（一八七一）五月、品川県から幸蔵は捕縛され、准流五か年の刑に処せられた。

その後、賭博の咎《とが》で懲罰四年の刑を受けた小川幸蔵は、八王子警察署に服役中の明治一七年六月、肋膜兼肺炎症にかかり死去する。享年五四（小川家文書）。

彼の一三回忌にあたる明治二九年一一月、小川寺の墓地に沿った境内の一角に、幸蔵の石碑が立った。そこには「侠客小山幸蔵之碑」とある。揮毫は調布の政治家中村克昌である。

（高尾　善希）

# 【列伝七】石原村幸次郎——関東取締出役の無力を思い知らせた孤高の博徒

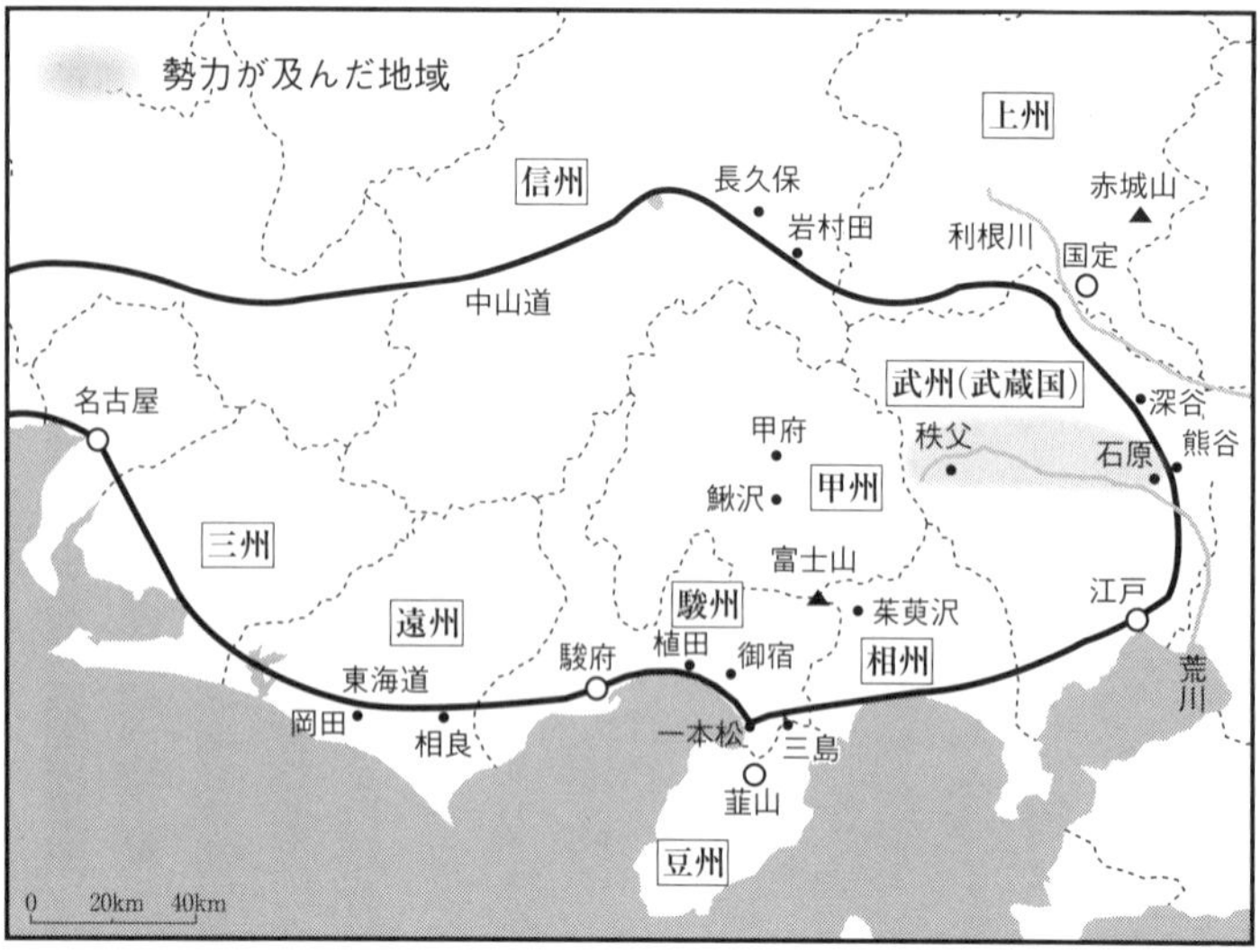


## 「石原村幸次郎」調書

・博徒名　石原村幸次郎《いしはらむらのこうじろう》

・姓名　石原村無宿幸次郎

・生没年　文政五年（一八二二）〜嘉永二年（一八四九）

・享年　二八歳

・出生地　武州大里郡石原村（埼玉県熊谷市石原）

・出自　不明

・最期　江戸小塚原《こづかっぱら》刑場で獄門

・交流　友好：武州田中村岩五郎（子分）
敵対：大場久八《だいばのきゅうはち》、丹波屋伝兵衛《たんばやでんべえ》

# 武州石原村無宿幸次郎と関東取締出役

## 稗史と正史、そしてアウトロー

博徒らアウトローは、教科書に典型的にみられるように、あるべき日本歴史、正史に登場することはなかった。多くが大衆文学、講談、浪曲、芝居などの虚実皮膜《きょじつひにく》の稗史《はいし》の世界に潜んで、歴史を創造する主体として認められてこなかった。稗史の主役アウトローを登場させて歴史を語ること、まして編むことなぞ、とうてい許されなかった。正史の裏面に、また隙間に隠れ潜んだアウトローにも光をあてた多元的・複合的視点に立った江戸時代史が今、求められている。

武州熊谷在石原村（現、埼玉県熊谷市）の無宿幸次郎《こうじろう》という博徒をご存知であろうか。嘉永二年（一八四九）、お滕元武蔵国熊谷宿あたりに突如現れ、武装したアウトロー集団を結成、つぎつぎと殺人、強盗、拉致、傷害などしたい放題、挙げ句の果て逃亡、甲州から富士川を駿州に下り、行く先々を荒らし回り、甲州に舞い戻って、一味は信州までも我がもの顔で横行しては悪の限りを尽くした。

その頭目が幸次郎で、幕府の治安警察力を蹂躙《じゅうりん》し、警察力の弱点を露呈させた。事態の重大さにもかかわらず、この年一二月には急遽《きゅうきょ》江戸小塚原《こづかっぱら》での刑場の露と消えたため、まったく忘れ去られていた謎の博徒でもある。

小稿では、神出鬼没、電光石火、南関東から中部地方にまたがる広域を騒がせ駆け抜け、打ち上げ花火のごとく一瞬のうちに消えていった石原村無宿幸次郎に注目し、幕府の治安組織の要関東取締出役《かんとうとりしまりしゅつやく》体制との対比を試みる。

## 無宿幸次郎と『嘉永水滸伝』

嘉永二年（一八四九）は関東取締出役にとって、たいへんな一年であった。まずは、徳川幕府の軍事力を誇示する軍事演習、小金原《こがねがはら》の鹿狩りを前に、下総利根川下流域に盤踞《ばんきょ》する博徒勢力富五郎《せいりきとみごろう》を掃討しなければならなかった。

三月八日、中山誠一郎ほか四名の関東取締出役は、下総国香取郡須賀山村《すかやまむら》（現、千葉県香取郡）の諏訪明神社境内に、関八州・東海道筋から配下の道案内・岡っ引き五、六〇〇人をかき集め、勢力一味の捕縛に乗り出していた。

捕り手は組々に分かれ、赤・白・浅黄などに色分けされた鉢巻・襷《たすき》に身支度して、勢力一味の本拠万歳《まんざい》村《むら》（現、千葉県旭市）に向かった。関東取締出役は、さらに周辺の改革（寄場）組合七六か村に対して人足の動員、不審者の拘束など、これからはじまる捕物への協力を命じていた。五、六〇〇人ものプロの捕り手をもってすれば、鉄砲を使う勢力とて鎮圧はたやすいとみていた。

ところが、一味は神出鬼没で手がかりはなかなかつかめず、膠着《こうちゃく》状態に陥り、最後はゲリラ戦状態となって金毘羅山（万歳《まんざい》山）に籠もって抵抗する勢力を追い詰めるが、鉄砲による攻撃を受け、犠牲者一名を出して、ようやく四月二八日、鎮圧した。

この間五二日、鉄砲で武装した勢力一味は、関東取締出役の装備と拮抗《きっこう》、むしろ凌駕《りょうが》しており、十数人規模の無勢とはいえ、関東取締出役を震撼させた。関東取締出役はようやく面子を保ったものの、警察力の無力さを天下に露呈し、逆に勢力を「水滸伝」の豪傑に祭り上げた。『嘉永水滸伝』の序曲である。

ところが、この年八月二五日、利根川を隔てた武州熊谷宿周辺で、勢力富五郎を上回る悪党が突如出現し、関東取締出役の改革組合を総動員した追求を蹂躙《じゅうりん》し、その無力さを天下に露呈させた。これが石原村無宿幸次郎一件のはじまりであった。また同時に、『嘉永水滸伝』本番のはじまりでもあった。

### 事件の経緯と関東取締出役の対応

関東取締出役当局が、幸次郎とその一味が御上《おかみ》を愚弄した犯罪の数々をつかんだのは、八月二五日とされる。それまでに幸次郎は、熊谷宿の絹商人を襲って三〇〇両を強奪、道案内の板井村の八五郎を恐喝して金を奪い、熊谷宿髪結い抱え人林蔵の女房さくを拉致するなど、悪党ぶりをみせつけていた。

情報によれば、幸次郎とその一味の総勢は二一人、長脇差《ながどす》に加え、槍、太刀、鉄砲まで携帯、武装している。これでは関東取締出役と数人の道案内、足軽の小者では勝負にならない。一味は電光石火のごとく犯罪を繰り返し、神出鬼没で逃げ足が速い。関東取締出役は対応に苦慮した。

勢力富五郎の一件からも、関東取締出役自前の武力を総動員してみたところで、幸次郎一味を捕らえることは所詮無理であった。広域を逃亡、移動して武力抵抗する幸次郎一味は、勢力富五郎と違って手強い相手であった。頼りになるのは、関東取締出役が指揮・命令権をもつ自衛組織改革組合しかない。あとは大名の武力を借りることであるが、それは百姓一揆などの騒擾《そうじょう》に対しては許されているが、まさに非常時の措置であった。関東取締出役の対応を、昭島歴史をよむ会編『「悪党狩」史料集』から追ってみる。

事件把握から二日後の二七日、関東取締出役中山誠一郎、安原寿作、浅野健蔵は、武州の各改革組合村に対し、一か村「丈夫成若手もの」人足三人の徴発を命じ、田無・所沢・府中・布田《ふだ》・拝島寄場は扇町屋の旅宿へ、青梅・五日市・扇町屋寄場は飯能宿旅宿、川越・忍《おし》・行田寄場は松山宿旅宿に、二八日夕刻までに出頭、集まるようにと大急廻状を発した。

おそらく出役先の関東取締出役から改革組合村大小惣代へ、そこから各村名主への宿村継ぎの指令であったろうが、日時と文面に差異がみられ、事態に周章狼狽《ろうばい》する関東取締出役のようすがうかがわれる。要は、幸次郎一味の立ち回り先、武州北部から秩父、甲州方面を大がかりに取り囲み、山狩りを強行して捕縛しようという策であった（指田家文書「諸用留」）。

二八日夜から、竹槍を常備した「一の手」、鉄砲・弓を携帯した「二の手」と繰り出し、翌二九日には川越へ押し出して朝飯、そこから秩父郡を経て比企郡小川宿（現、埼玉県比企郡）へ達した。このとき「総勢四万人余」とあり、翌晦日、一隊は秩父大宮あたり、二隊は八幡山あたりを山狩りしている。動員された村方の史料のため、関東取締出役の対策の全体像を把握するのはむずかしいが、幸次郎らが秩父へ出ることを予想し、逃走路の秩父の山岳地帯を包囲するかのように、主力の武州改革組合の万余の人員を北方の秩父口に向けて結集させ、山狩りを行ったのであろう。

## 改革組合村出動の陣容

蔵敷村名主の内野家の『嘉永里正日誌』によれば、所沢組合四八か村の出で立ちは次のようであった。

大小惣代・寄場役人・道案内所沢村松葉や藤五郎共都合弐百弐十人一同出立、尤《もっとも》目印として赤色紙短冊ニ切、壱人別ニ頭の髷《まげ》ニ結付、赤印幟所沢組合と大書ニ記し壱本押立、繰出し

一村三人の動員数には若干足りないが、目印や幟を用意して、道案内・役人を指揮官に、組合単位で隊《たい》伍《ご》を組んでいたことが判明する。また、関東取締出役が編成した幸次郎一味召し捕りの大がかりな動員体制の概要が明らかになる。

### ■「悪党狩」(嘉永2年8月)動員人数

| 所属 | 人数 |
|---|---|
| 道案内・手先 | 105 |
| 所沢村改革組合 | 220 |
| 田無村 〃 〃 | 150 |
| 拝島村 〃 〃 | 100 |
| 布田宿 〃 〃 | 118 |
| 府中宿 〃 〃 | 90 |
| 青梅町 〃 〃 | 100 |
| 中野村 〃 〃 | 100 |
| 御堂村 〃 〃 | 300 |
| 末野村 〃 〃 | 340 |
| 川越藩領分村々 | 1,500 |
| 川越藩出兵 | 40 |
| 川越藩目明し | 10 |
| 川越藩手先 | 240 |
| 関東取締出役付 | 117 |
| 大小惣代 | 48 |
| 上州・野州より人足 | 500 |
| 計 | 4,078 |

昭島・歴史を読む会編『歴報No.22 「悪党狩」史料集』より

ほかに、人足の員数が不明の組合数が32ある。

武州所沢ほか八改革組合村から一五一八人、大小惣代四八人、川越藩領分村々一五〇〇人、上州・野州より人足五〇〇人の三五六六人が徴発された。関東取締出役直属の配下は、道案内・手先の一〇五人、関東取締出役付

一一七人の二二二人にすぎない。

注目すべきは川越藩の出動である。幕府勘定奉行、大目付あたりからの要請があってのことであろうが、藩士の出兵四〇人、目明し一〇人、手先二四〇人の二九〇人が参加している。総勢四〇七八人となる。ほかに動員数が不明の改革組合村が三二もあり、万余の数字に達する規模であった。

幸次郎一味が武器を携帯し、徹底抗戦の凶暴な悪党集団であったにしても、万余のこれほどの動員は必要であったのだろうか。関東取締出役の直属の手勢二二二人の追及で十分である。むしろ広範囲の逃亡先村々の自衛機能を高めることが肝要であった。血気盛んな若者とはいえ、日常、捕物に不慣れな農民であり、集団行動の訓練もなく、おそらく指揮命令系統が千々に乱れ、「幟数千本押立、所々屯《たむろ》いたし、恰《あたか》も戦場の陣立之如く勇ましき有様」となって、いつしか緊迫感もどこへやらお祭り気分になっていった。

ところで、万余の動員の費用、兵糧はどうするのか。改革組合村各自の自前となれば臨時の課役となる。関東取締出役が幸次郎を追っていつまでも山狩りを続けることは不可能である。九月二日には出動先から引き取りが行われ、実質都合四日間で幸次郎一味の大捕物はまったくの不発、失敗に終わった。

残されたのは、道案内の小遣い、徴発した「丈夫成若手」の人足賃銭、草鞋《わらじ》・蠟燭《ろうそく》代など、「秩父郡悪党狩惣入用」であった。府中改革組合二六か村だけで、金三四両三分二朱、銭六〇貫五五三文（一両六貫六〇〇文で換算すると金九両余）にのぼった。武州関連の改革組合村を三九とすると、単純計算で金一三六四両余、銭二三六一貫五六七文（約三五八両）の出費となる。わずか四、五日間の動員でこの支出である。関東取締出役と改革組合村の警察力の脆弱さをあぶり出している。

## 武闘派博徒の広域化

### 幸次郎と一味はどこへ消えたのか

ところで肝腎の幸次郎は、関東取締出役《かんとうとりしまりしゅつやく》のお祭り騒ぎのような厳戒体制のなか、どこへ消えたのか。万余の捕り手を動員して秩父周辺の山狩りを実行しているころには、甲州に逃亡、富士川を下って東海道筋をめざしていたと思われる。

じつは幸次郎一件の背景には、関東から東海地方にかけて、博徒の二大勢力による大規模な出入りがあった。田中村岩五郎を大親分に幸次郎を実働隊とする武州の博徒系列と、伊勢古市《ふるいち》（現、三重県伊勢市）の丹波屋《たんばや》伝兵衛《でんべえ》・伊豆間宮の大場久八《だいばのきゅうはち》を盟主とする東海道筋の博徒グループとの、血で血を洗う激闘の最中であった。『嘉永水滸伝』の時代は、博徒のネットワークが全国を網羅し、親分子分、兄弟分の系列化が進み、喧嘩《けんか》と手打ちを繰り返しながら、独自の世界を形成しつつあった。

嘉永元年（一八四八）七月、岩五郎・幸次郎一味による丹波屋系列の伊勢松坂の半兵衛殺害を端緒に、翌二年四月、両者は東海道遠州岡田村（現、静岡県島田市）で激突、翌月には大場久八の手の者が幸次郎身内の金五郎を三島宿で、八月二一日には同じく惣蔵を駿州御宿村《みしゅくむら》（現、静岡県裾野市）で血祭りに挙げていた。幸次郎の本拠地武州熊谷・秩父周辺から甲州、そして東海道への展開は、逃走というより伝兵衛と久八に対する報復の感がする。この関東取締出役の守備範囲を広域にわたって逸脱した大規模な博徒の

## ■幸次郎の事件簿

| 年月日 | 事件 |
|---|---|
| 嘉永元年（1848）7月27日 | 武州秩父在田中村無宿岩五郎系の石原村無宿幸次郎と一味の者、伊勢松坂の博徒半兵衛を襲撃殺害。半兵衛、古市の丹波屋伝兵衛・義弟伊豆大場久八に仇討ちを遺言。 |
| 嘉永２年（1849）４月５日 | 田中村岩五郎・石原村幸次郎一味の者、丹波屋伝兵衛・大場久八一味と遠州岡田村で斬り合い。 |
| 閏４月16日 | 大場久八ら、豆州三島宿で幸次郎一味の武州無宿金五郎を殺害。 |
| ８月21日 | 大場久八ら、駿州御宿村で幸次郎一味の武州無宿惣蔵を殺害。 |
| ８月25日 | 幸次郎一味無宿21名、武州熊谷宿周辺で殺人・強盗・傷害を繰り返す。 |
| ９月６日 | 幸次郎一味の者、武州から南下、甲州鰍沢で博徒目徳を殺害。 |
| ９月10日 | 幸次郎ら、駿州植田新田無宿善七を拉致し、一本松新田源兵衛から首代35両余を強奪。 |
| このころ | 幸次郎一味の者、遠州相良の博徒富五郎を海上から襲おうとするが、失敗。 |
| ９月21日 | 韮山代官江川英龍、無宿召し捕りのため、手代を派遣。翌22日朝、柏木捴蔵ら、駿州茱萸沢で幸次郎一味の者と激突、一味のうち２名召し捕り、１名射殺、１名負傷、１名逃亡。 |
| ９月24日 | 中山道長久保宿で幸次郎一味の者、中之条代官により逮捕（4名）。 |
| ９月28日 | 岩村田宿で幸次郎一味の浪人吉川左馬之介、同上に捕らえられる。 |
| 10月９日 | 幸次郎、甲府勤番支配に捕らえられる。 |
| 11月８日 | 山籠り一件（幸次郎一味の者）本庄宿で吟味のうえ、江戸送りに。 |
| 12月 | 幸次郎ら、　処刑さる。 |

高橋敏『博徒の幕末維新』（ちくま書房）より一部改変

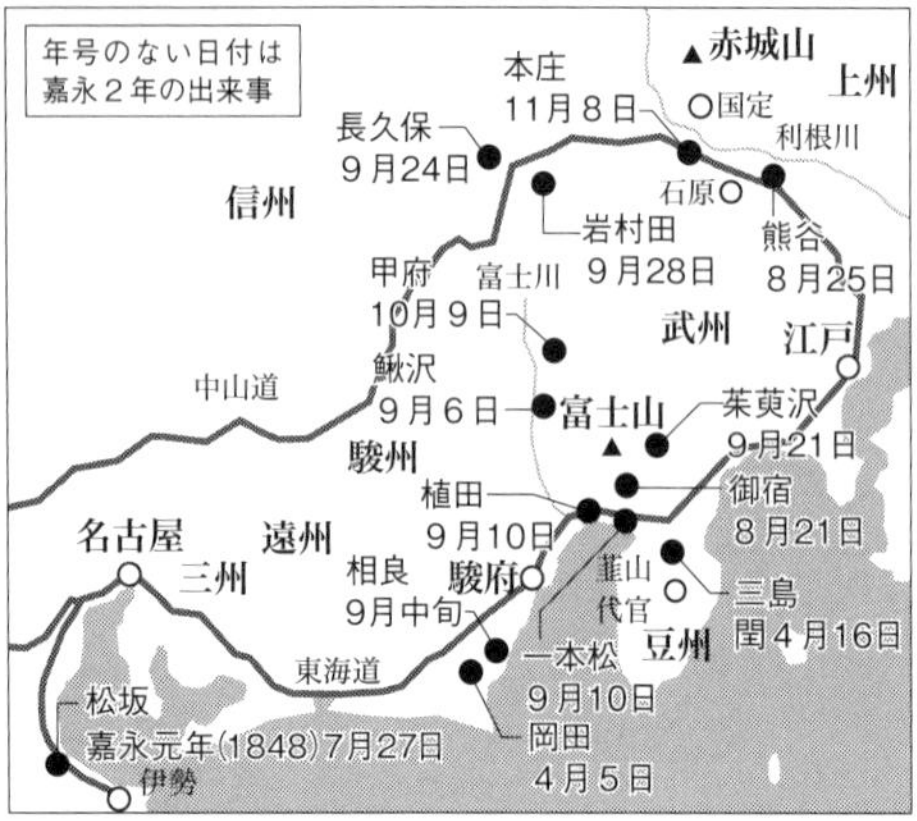


**嘉永２年の大騒動**
幸次郎一味は、わずか３か月間で７か国にわたる広域を荒し回った。

喧嘩・出入りに、関東取締出役が巻き込まれていたのである。

関東取締出役が山狩りで大わらわの真っ最中、幸次郎は甲州三河岸鰍沢《かじかざわ》（現、山梨県南巨摩郡）で相手方の博徒目徳を殺し、富士川を舟で下って駿河に入っていた。九月一〇日には東海道植田新田（現、静岡県沼津市）善七を拉致、縁者の一本松新田（現、沼津市）質屋源兵衛から三五両を強請《ゆす》っている。また、遠州相良（現、静岡県牧之原市）まで足を伸ばし、博徒富五郎を急襲している。この間、御上《おかみ》は幸次郎と一味を取り押さえることができず、なすがままの状態であった。

## 韮山代官江川英龍の登場

幸次郎は、すでに関東取締出役の追及をあざ笑うかのように管轄外に出て、入り組み支配の弱点を衝いてやりたい放題の無法の限りをやってのけた。ここに登場するのが、伊豆、東駿河の天領を支配する韮山代官江川英龍であった。江川を怒らせたのは、みずからの支配所駿州駿東郡一本松新田の源兵衛が襲われ、なすがままに三五両もの金銭を強奪されたことにあった。

江川は、関東取締出役のように組合村々を大量動員して後手に回ることを避け、最新鋭のドントル銃を装備した手代柏木摠蔵《かしわぎそうぞう》と蘭学者矢田部卿雲《やたべけいうん》に、足軽小者の七名を急派した。旧来の武器では無宿と甲乙つけがたい状態のなか、韮山代官の訓練を積んだ私兵を急遽《きゅうきょ》出動させ、武力で鎮圧しようとしたのである。九月二二日、逃走を図って分散した一味五人と御殿場茱萸沢村《ぐみざわむら》（現、静岡県御殿場市）で遭遇、四人を捕らえるが、抜き身で歯向かう二人に対して発砲し、一人即死、一人に重傷を負わせている。英龍の秘蔵子の柏木にとって、鬼気迫る白兵戦さながらの捕物であった（江川家文書「公事方御用留」）。

弐尺八寸之長刀抜放、直ニ切掛候間、右鉄砲を以初太刀を前に外し、其余左右江相支候内、既ニ筒先ニ被切付《きりつけられ》抜放候暇無之、右筒取直し不仕《つかまつらず》、其侭腰ためにて打放候処、忽《たちまち》壱人打倒候

二尺八寸（約八五センチ）の長脇差《ながどす》で切りかかる相手に窮余の一策、腰ための一発で仕留めている。一方、矢田部は無宿の手強い抵抗に苦戦する足軽小者危うしとみて、遠方より狙撃し命中、即死させている。

田畦ニ而足軽壱人・小者壱人追付、十手を以打合候体如何ニも危相見候得共、（中略）急ニ近付候義難出来、無拠《よんどころなく》卿雲義小段之下より上矢先ニトントル筒ニ而打留即死

韮山塾生中一番の名手であったという矢田部であったからこそできた捕物であった。それでも一人を取り逃がしている。幸次郎一味の武力が、幕府の警察力に拮抗・凌駕しかねない暴発力をもっていたことが明らかになった。

一方、信州東山道の山岳地帯に逃げた一味は、中之条代官の必死の捜索によって、ようやく九月二四日と二八日、長久保宿（現、長野県小県《ちいさがた》郡）と岩村田宿（現、長野県佐久市）で取り押さえられた。首領幸次郎がお縄になったのは一〇月九日、甲府で勤番の手によってであった。疾風怒濤《しっぷうどとう》の三か月、関東取締

出役は幸次郎とその一味に釘付けにされたのである。

### 周章狼狽の関東取締出役

韮山代官が一味の者を召し捕ったころから、ようやく幸次郎一味の全貌を関東取締出役は掌握した。自前の探索に加え、勘定奉行を通して代官らから情報を収集したのであろう。

九月二三日、浅野・安原・関畝四郎・渡辺園十郎・中山の五人は、連名で管下改革組合に対して、未だ逃走中の幸次郎以下一四人の人相書を冒頭に掲げ、立ち回り先が予想される武州・上州の村々には厳重に警戒するよう命じている。ところが、一味の捕縛は圏外の韮山代官、甲府勤番、中之条代官の手に委ねられていた。ちなみに幸次郎の人相書を紹介しておこう。

一、年頃三十才位
一、丈高く顔細長く色青白く太り候方
一、あばた少々有之
一、足之黒ぶし之上ニ突疵有之

苦み走った、どこかニヒルでアナーキーな風貌のアウトローであったようにみえる。

ところで、一四人と、その後捕らえられ、江戸勘定奉行に送致、事件の最終的裁許が下され、処断された一八人とでは、人数・人名にだいぶ差異があるが、調べると総数は二四名にのぼる。博徒・無宿には異名も多く、情報も錯綜して、やむを得ないところもあるが、それにしても関東取締出役の情報収集力は弱体である。所在、名前、年齢、処罰について、上の表にまとめておく。

表中の「※印」は「人相書」の一四人で、関東取締出役最寄りの情報のため、武州管内に詳しい。無宿九人、百姓四人、浪人一人の構成である。

幸次郎ら七人は本庄宿で取り調べのあと江戸送りとなって、幸次郎は獄門、五人は死罪、二人は吟味中牢死した。残る六人はその後不明である。

■幸次郎とその一味

| 所在 | 名前 | 年齢 | 処罰 |
|---|---|---|---|
| 武州石原村無宿※ | 幸次郎 | 28 | 獄門 |
| 遠州掛川宿無宿 | 磯吉 | | 死罪 |
| 喜久川宿無宿※ | 佐文之助 | 34〜35 | 不明 |
| 甲州青柳村無宿 | 藤五郎 | 23 | 獄門 |
| 信州高野村 | 金兵衛 | 33 | 死罪 |
| 武州腰越村※ | 清兵衛 | 27〜28 | 死罪 |
| 雲州浪人※ | 吉川左馬之介 | 17〜18 | 死罪 |
| 武州本庄宿 | 源治郎 | | 死罪 |
| 遠州新原村無宿 | 熊五郎 | | 死罪 |
| 堀之内村無宿入れ墨 | 友吉 | | 死罪 |
| 勢州無宿 | 政吉 | | 牢死 |
| 沼津宿無宿 | 力蔵 | | 江戸十里四方追放 |
| 無宿 | 仙之介 | | 牢死 |
| | 菊蔵 | | 遠島 |
| 甲州無宿※ | 市松 | 30 | 不明 |
| 甲州無宿※ | 寅五郎 | 27〜28 | 不明 |
| 甲州無宿※ | 藤吉 | 31 | 不明 |
| 武州古里村無宿※ | 豊次郎（豊吉） | 32〜33 | 死罪 |
| 武州五明村無宿※ | 亀吉 | 30 | 死罪 |
| 武州松山町字久保百姓忠五郎倅※ | 万吉 | 22〜23 | 牢死 |
| 竹尾村（竹本村）無宿※ | 駒吉 | 22〜23 | 死罪 |
| 武州竹沢村無宿※ | 半兵衛 | 33〜34 | 牢死 |
| 青山村百姓※ | 利三郎 | 32〜33 | 不明 |
| 増尾村百姓※ | 勝五郎 | 20 | 不明 |

広域にわたった事件であり、一味は無宿の寄せ集めで、浪人も含まれていた。※は関東取締出役手配の「人相書」の14人である。

## 『嘉永水滸伝』の意義――幸次郎一件が残したもの

関八州を飛び出した幸次郎の広域を股にかけた荒業は、短期間に収束していつしか忘れ去られるが、幕府の治安警察力、とくに幕末期を展望したときに示唆するものが多々ある。

幸次郎一件にせよ下総勢力富五郎騒動にせよ、関東取締出役は自前の改革組合村を駆使して、なんとか面目を施した。改革組合村も関東取締出役の指揮命令のもと、それなりに機能した。むしろ改革組合間の連携・コミュニケーションが、全体として行動することによって、深められたのではなかろうか。

江戸を取り巻く幕府の後背地であるお膝元関八州は、御三家水戸藩を筆頭に、譜代大名領、直参旗本知行所、直轄領で占められていた。一見問題が起こらないようなよくできた所領配置であるが、幕府は一八世紀後半ごろから無宿者、通り者、浪人などのアウトローに、治安警察上悩まされていた。幕府に近い身内で固めても、幕府に警察・裁判権のない領分・知行所の割拠支配に変わりはなく、しかも領域が複雑に錯綜して入り組み、集中統一した支配が困難であった。まして一村を複数の領主が支配する分給支配が多く、その弊害は大きかった。

関東取締出役は幕府の関東支配を強化するため、文化二年（一八〇五）に設置され、文政一〇年には改革組合村を組織、付置することによって、警察機能に加えて行政と一体化させ、支配を関東一円に及ぼそうとした。しかし、水戸藩が関東取締出役の介入を拒絶、諸藩はもとより旗本も含めて手限《てぎ》り吟味、仕置き権を手放すことはなかった。

富五郎にはじまり忠治、幸次郎で頂点に達した『嘉永水滸伝』は、関東取締出役の実力を検証する恰好《かっこう》な判断材料となる事件・事例でもあった。

改革組合村制は幸次郎の動きについてゆけず、後手に回り、圏外に逃げられ、収束まで手をこまねいた。泰山鳴動して鼠ゼロ匹、関東取締出役の権威が揺らぐ事態となった。

幕末の関東の情勢を考えるとき、もっとも信頼すべき親藩水戸が、内紛から天狗党の反乱に発展して関東撹乱の元凶となったのが、幕府にとって予想だにしない椿事、悲運であった。

幕府の終末期に頻発、激しくなった世直し一揆においては、意外にも関東取締出役支配下の改革組合村が下敷きになって連携が生まれていたと考えられる。ここでも大がかりな農民の徴発が行われ、組織的な動きとなっている。一揆勢が支配される制度を学習して、主客を顚倒《てんとう》させた恐るべき事態であった。これらの端緒が、幸次郎一件の改革組合村総動員の山狩りなどに認められるとしたらどうであろうか。

幸次郎一味の村、石原・五明《ごみょう》・青山・増尾・腰越・松山などは、慶応二年（一八六六）の武州世直し一揆席捲の地で、関東取締出役と世直し一揆の両者は、不思議に表裏となって重なっている。

幕府は元治元年（一八六四）、新規に関東郡代制を創置して、根本から関東支配の強化・改革に着手する。小栗上野介忠順、木村飛驒守勝教らに主導され、代官・関東取締出役・改革組合を縦列に結び、武力を保持した陣屋を拠点に、領主の手限り吟味・仕置き権を制限して、関東の一円支配を貫徹しようとした。しかし、時すでに遅く、改革組合は離叛、世直し一揆の抵抗にあって、慶応四年、幕府は滅亡する。

幸次郎の『嘉永水滸伝』は、幕府の関東支配の破綻を予兆するアウトローの挽歌であった。

（高橋　敏）

## 【列伝八】西保周太郎——短い一生を全力で駆け抜けた幕末期甲州博徒の草分け

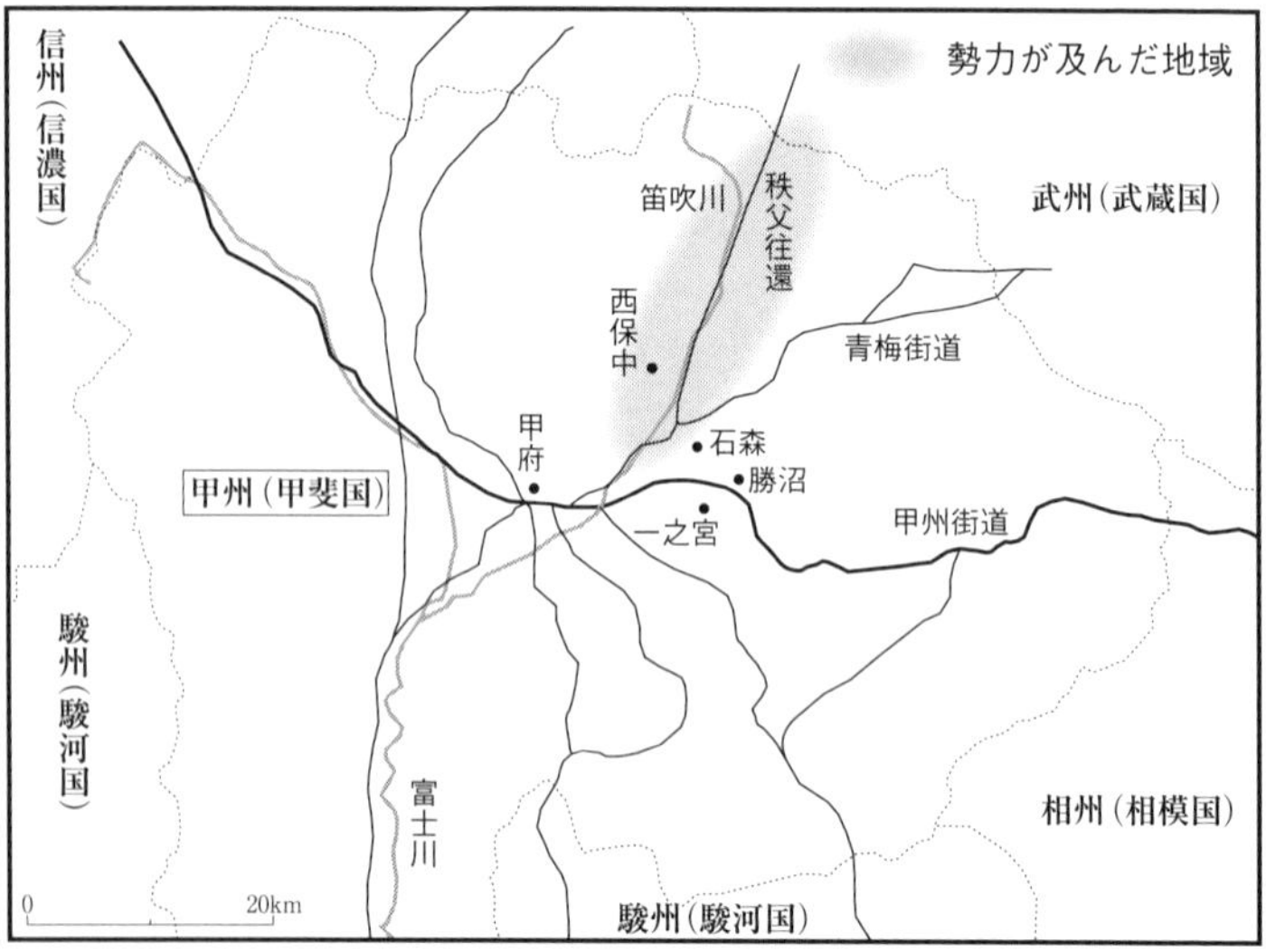


**「西保周太郎」調書**

・博徒名　西保周太郎《にしぶのしゅうたろう》
・姓名　竹川周太郎
・生没年　寛政九年（一七九七）～
　文政四年（一八二一）
・享年　二五歳
・出生地　甲州（甲斐《かい》国）山梨郡西保中村
　（山梨県山梨市牧丘町）
・出自　竹川家
・最期　古屋《ふるや》左京《さきょう》との抗争により斬殺
・交流　敵対：古屋左京

## 博徒西保周太郎誕生の背景

### 大侠客西保周太郎とは

西保周太郎《にしぶのしゅうたろう》は、寛政九年（一七九七）に甲斐国西保中村《にしぶなかむら》（現、山梨市）で生まれ、文政四年（一八二一）に博徒間の抗争に巻き込まれて死去。わずか二五歳という短い生涯であったが、その名は甲州内外に広く知れ渡るほどの大侠客《きょうかく》であった。

明治期（一八六八～一九一二）において全国の博徒を相撲番付風に紹介した「近世侠客有名鑑」（以下「有名鑑」）では、彼の名前は「前頭」として上位に位置している。「有名鑑」に同列で掲載されているのは、黒駒勝蔵《くろこまのかつぞう》や竹居安五郎《たけいのやすごろう》（吃安《どもやす》）といった甲州博徒を代表する人物はもとより、国定忠治《くにさだちゅうじ》や清水次郎長《しみずのじろちょう》らの全国的にも著名な博徒らであり、周太郎は彼らと肩を並べる存在として扱われているのである。明治期において、彼は全国的にみても大侠客の仲間入りを果たしていたといえよう。

さて、「有名鑑」において、周太郎は「上州　西部ノ周太」と表記され、上野国出身の博徒として紹介がなされている。だが、先にも述べたとおり、彼は甲州の西保中村に生まれており、音が同じことから、のちに「西部」と伝わってしまったのであろう。

また、西保中村は、秩父往還に近接した交通の要衝であり、隣国の武蔵とのあいだで人や物資の往来の盛んなところであった。また、山づたいに一直線に踏破すれば、上野までの距離は存外に近い。かかる理由から、彼は甲州はもとより上野で活動を繰り広げていた可能性も想定され、のちに混同されて出身地が上州と伝わったのかもしれない。

西保周太郎が活躍した時代は、幕藩体制が解体しはじめ、社会秩序が揺れはじめるようになった時期にあたる。これ以降、博徒たちの活動が目立つようになり、幕末期の甲斐国では、黒駒勝蔵や竹居吃安らといった全国的に著名な博徒を輩出した。西保周太郎は、幕末期甲州博徒の盛行に向けての「草分け」的存在である。

彼は甲州博徒の歴史のなかで重要な位置を占めているが、その実態はほとんど不明であった。彼について伝記的に紹介した文献は、小田切七内「郷の仁侠　西保の周太郎伝」、今川徳三「西保の周太」をわずかに数えるのみである。

こうした状況下、西保周太郎を輩出した竹川家の子孫宅の格別の御厚意により、同宅で所蔵する古文書「竹川家史料」の調査の機会に恵まれ、史料整理を実施し得た。その結果、「竹川家史料」には江戸時代から明治時代にかけての古文書類二六一点、ほかに木刀や鉄砲の銃床などが存在することが確認された。これら貴重な諸史料の存在により、実態不明であった彼の活動を実証的に明らかにする手がかりが得られたのである。以下、「竹川家史料」の分析を中心としながら、西保周太郎の実像に迫ることとしたい。

## 竹川家の由緒と「武田氏の末裔」認識

「竹川家史料」のなかには、竹川家の来歴を記した「竹川家由緒」（以下「由緒」）と題する史料が残され、明暦元年（一六五五）、竹川信義によって作成されたと考えられる。

「由緒」によると、竹川氏は上総国の竹内氏を出自とし、室町時代に武田氏に仕えてから、甲斐国西保芦沢（現、山梨市）の地に土着した。その地名から当初は「芦沢」氏を名乗ったという。

やがて同氏の家系から瀧川と称する女性が現われ、彼女は武田勝頼の側室となった。瀧川は勝頼の寵愛《ちょうあい》を受け、天正一〇年（一五八二）二月、勝若丸という男子を出産する。だが、当時の武田家は織田信長軍の侵攻によって滅亡寸前であり、勝頼は瀧川に対して勝若丸ともども身を隠すよう命じた。周知のとおり、同年四月に勝頼は天目山《てんもくざん》において自刃し、ここに戦国大名武田家は滅亡する。

一方、瀧川と勝若丸は無事に落ち延びたものの、武田家の一族であることを知られたら身命はなお危うかった。そこで武田の「武《たけ》」字と母親「瀧川」の「川」字を合わせて「竹川」という名字を創作し、勝若丸は「竹川秋之助勝昌」と名乗り、その出自を隠した。これが「竹川」という名字の由来という。

「由緒」の記載を額面どおりに受け取ると、竹川氏はもともと武田勝頼の遺児である武田勝若丸の子孫、ひいては滅亡した大名武田家の直系といういわれをもつ家ということになる。だが、瀧川や武田勝若丸の存在そのものは、現在までのところ確認されない。よって右の説は同氏の家系に箔をつけるために創作された伝承である可能性が高く、それはおそらく「由緒」の作者である竹川信義によるものであろう。

信義は甲州流軍学を修め、武田氏の歴史に詳しい人物であった。「由緒」のような物語を創作する能力も有していたものと推察される。こうした作業には相当な知識を必要としたはずで、周太郎という博徒を輩出した竹川家は、学問を修める気風に富んだ家柄であったと考えられる。

もうひとつ信義について注目されるのは、彼は甲源《こうげん》一刀流を学んだ兵法者であったことである。中里介山《なかざとかいざん》の小説『大菩薩峠』の主人公机竜之助《つくえりゅうのすけ》も同流派の達人であり、また、同作の主要舞台のひとつである秩父から甲州にかけては、農村剣術が盛んな土地柄である。このことからすると、竹川氏は剣術をはじめとする武術稽古にも熱心であった可能性が高い。

以上から、竹川氏は文武両道に恵まれた資質をもった人物を輩出しやすい環境に恵まれ、大侠客としての周太郎を生み出すための条件が代々にわたって醸成されたといえよう。

さて、竹川信義によって創作されたとおぼしい「竹川氏＝武田氏末裔《まつえい》」認識は、以後、竹川氏のあいだで代々引き継がれた。とりわけ一八世紀末から一九世紀初めごろにかけての与一右衛門・周太郎親子の代に、古文書上に目立って見受けられるようになる。

その初見は天明五年（一七八五）の史料で、武田家の祈願所であった雲峰寺《うんぼうじ》（現、山梨県甲州市）が竹川氏に対して出した御初尾《おはつお》の受取状である。注目されるのはその宛所表記で、「芦沢御屋形《おやかた》　武田与一右衛門殿」と記されていることである。一般に「御屋形」とは、室町時代に有力守護など一定以上の地位にある人物にしか許されない称号である。しかも「武田」姓を付しており、明らかに江戸時代初期に形成された「竹川氏＝武田氏直系」説が、この段階において十分に継承されている事実が読み取れよう。

さらに同年、与一右衛門は雲峰寺に対して武田信玄肖像画の送付を依頼・実現しており、右の説を補強するための証拠づくりを着実に進めていた。

こうした動きは、彼の息子である周太郎も引き継ぎ、文化四年（一八〇七）、武田氏の崇敬が厚かった恵林寺《えりんじ》（現、甲州市）に奉納金を納めている。また、文化一二年（一八一五）の彼の他国往来手形には「甲州山梨郡西保中村郷司　武田秋太郎《（周）》」と記され、このことは村落社会において、「竹川氏＝武田氏末裔《まつえい》」とする認識が、一定程度浸透していたことを物語っている。

与一右衛門・周太郎の二代のころに「武田氏の末裔」認識が広められた背景として、当時の竹川氏は地域社会において、一定の社会経済的実力を備えた地域の顔役的存在となったことが考えられる。権力の上昇にともない、権威づけのために由緒を活用したのである。

### 周太郎の出身地、西保中村とは

西保周太郎の出身地であり通り名の元となった西保中村は、山間部に立地し、畑作地帯であったことから、年貢は金納が中心であった。江戸時代の古文書（金桜《かなざくら》神社文書）では同村について、次のように記している。

（西保一帯の村落は）人口や家の数も多いことからとりわけ繁盛している。家のつくりも豪勢を極め、同村の主立った人々は日常的に遊びにかまけて農作業を怠り、遊芸の中でも歌舞伎や狂言などを特に好む。それがために同村の人々は歌舞伎や狂言に秀でているとの評判が高く、他所の地域で実演すると、教えを請うために大勢の人々が集まる程である。それだけ彼等は日常的に芸事に慣れ親しんでおり、そのための衣装や狂言・芝居小屋に多額の金銭を費やしている。

周太郎の出身村周辺では物流が活発であり、あわせて芸能に対する関心が総じて高いことから、とりわけ消費活動が盛んであったと記録されている。一般に、博徒と芸能活動とは密接に結びついており、周太郎の出身地でも多くの博徒を生み出すための経済的・文化的土壌が形成されていたといえるであろう。

「竹川家史料」では、竹川家が金融面の中心だったことを示す古文書が見出される。とりわけ与一右衛門の代から幕末まで、竹川家には一一点の土地預証文が確認されるが、そのうち、竹川家が土地の預かり主となっているケースが八点存在する。江戸時代後期における竹川家は、土地集積が進展していたことを物語っている。

また、金子《きんす》借用証文も六点存在し、そのうち竹川家が貸し手となっているのは四点であり、竹川家の資金力は豊かであったと推測される。とくに周太郎の代の古文書として、文政二年（一八一九）の下釜口村《しもかまくちむら》（現、山梨市）沢兵衛の借用証文は注目される。彼が周太郎に対し、二両二分の借金を申し込んだ際の証文であるが、その理由として年貢納入のためであることが謳《うた》われている。この借用証文は周太郎が死去する二年前のもので、彼が侠客として名を馳せていたときにあたる。つまり、周太郎は侠客でありつつ、年貢皆済のために周辺村落の村民から頼られる存在でもあったことになり、一定の経済的実力を有する地域の顔役として、いわば地域の成立を下支えする役割を果たしていた事実が浮かび上がるのである。

竹川家がどのようにして経済的実力を蓄えていったのか、その詳細な過程は不明であるが、この沢兵衛の借用証文からは、それをうかがい知るためのヒントが記されている。証文では、沢兵衛が借用金の返済が不能に陥った場合、担保として周太郎に「たばこ八俵」を納めることが取り決められており、周太郎は煙草のような商品作物の流通にも関与していたことが判明する。西保中村が秩父往還に近接するという地理的環境からすると、彼は商品作物などの運送業にも携わっていたと考えられるのである。また、同村では歌舞伎・狂言などの芸能活動が盛んであったことを念頭におくと、芸能興行によって大きな利益を得ていたことも想定されるのである。

竹川家はこうして経済的実力を蓄え、「武田氏の末裔」認識を広めながら権威を強めることで、周辺地域において、一定の権威・権力を保持することに成功した。与一右衛門・周太郎の代にそれが頂点を迎えたとすれば、周太郎の個人的資質として文武両道にも秀でた人物であったことがうかがわれるのである。

# 甲州博徒間の本格的抗争の幕開け

**甲府盆地東部の抗争**

文政六年（一八二三）「差出申一札之事」（竹川家史料）は、西保中村《にしぶなかむら》を含む甲府盆地東部一帯の博徒間抗争を知ることのできる貴重な古文書である。江戸時代後期における甲州博徒間の本格的抗争の幕開けであり、西保周太郎の死去にも深くかかわる重要な事件である。

抗争の発端となったのは、左図の①勝沼村近辺においてである（以下、左図の番号のみ記載）。同所にて一宮（浅間神社）下社家の古屋左京《ふるやさきょう》、千野村《ちのむら》の幸蔵らが、野田博奕《のでんばくち》を行っていたことにはじまる。西保中村の領兵衛の子分である大野村の駒蔵がたまたまその場を通りかかり、両者のあいだで口論が発生した。

②そのことがきっかけとなり、領兵衛と駒蔵らは古屋左京の息子宅を襲撃した。

③報復として、左京と無宿常蔵らが領兵衛宅に攻め込むも、領兵衛は不在。左京らの反撃は失敗した。

④左京らが領兵衛の行方を探索した際、領兵衛の子分駒蔵らと行き合い喧嘩《けんか》となった。左京側の勝利となって、駒蔵側の子分を尋問し、領兵衛らは小原村《こばらむら》の政兵衛宅に身を潜めていることを尋ね出す。

⑤左京らは政兵衛宅に押し込み、領兵衛を殺害、駒蔵に傷害を負わせた。これらの科《とが》により左京自身も獄門となり、ここでいったんは甲府盆地東部の博徒間の抗争は終結する。

右に述べた抗争は、次のように図式化することが可能である。

■抗争の推移

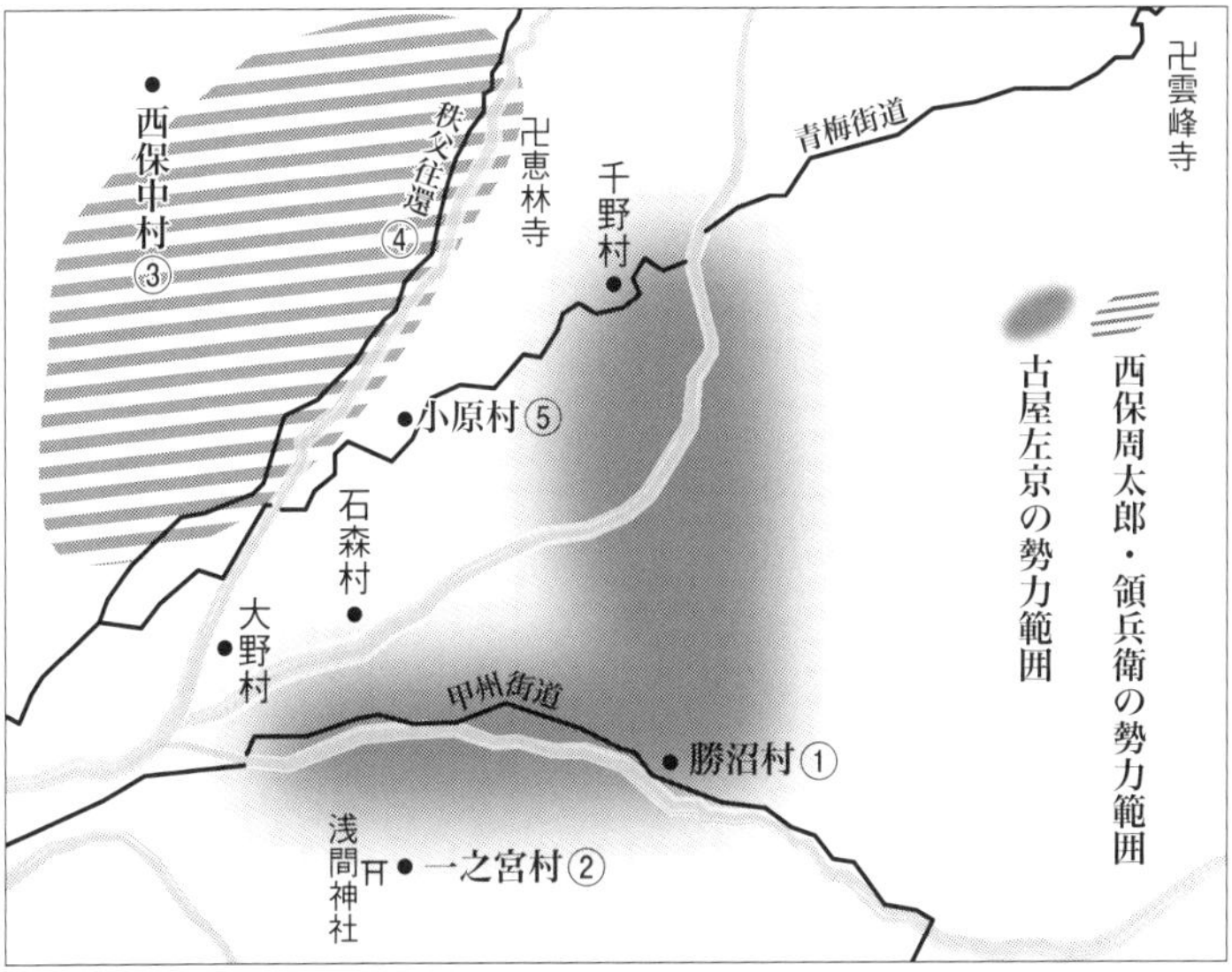


※『黒駒勝蔵 対 清水次郎長』(山梨県立博物館展示図録) 所収図を一部改変

西保周太郎・古屋左京をめぐる抗争は、甲府盆地の東部全域を巻き込み、その規模はかつてないほど大きく、当時の人々に衝撃を与えた。

西保中村　領兵衛・大野村　駒蔵・
小原村　政兵衛ほか
　　対
一宮　古屋左京・千野村　幸蔵ほか

地理的には、次のように表わすことも可能である。

西保中村を拠点とし青梅街道・秩父往還を主要な縄張りとする博徒集団
　　対
一宮を拠点とし甲州街道・現塩山勝沼線付近を主要な縄張りとする博徒集団

ここで紹介した博徒間抗争が物語るのは、甲州全域において街道を中心に同時多発的に博徒の組織化が進展し、物流の活性化にともなって博徒集団間の抗争が激化しやすい構造にあったことである。竹川家の事例からすれば、おそらく一八世紀の後半がこうした事態が起こるひとつの画期であったであろう。

また、領兵衛らが襲撃を受けた際、街道沿いに逃げたという事実からすると、主要街道の拠点ごとに博徒の親分が点在し、平素よりこうした親分間との連携を密に構築することで、広域的な縄張り化を実現するとともに、抗争の際の逃走ルートを確保することにもつながったと捉えられる。同時に、逃走のための拠点は闘争の舞台にも容易に転化する。それは先にみたとおり、領兵衛らが逃走にあたって政兵衛宅に身を潜めたことで、かえって敵対勢力の襲撃を受けて命を落としたことに明らかである。

## 『敵討甲斐名所記』にみる周太郎の活動

甲府盆地東部の博徒間抗争に、周太郎がどのようにかかわっていたのか、それを探る手がかりとなるのが、物語史料『敵討甲斐名所記《かたきうちかいめいしょき》』（以下『敵討』）である。

『敵討』は、千野村の幸助による西保周太郎に対する敵討の物語である。幸助は仇《かたき》としてねらう周太郎の足跡をたどりながら甲斐国中を回り、それを物語の縦糸としながら、横糸として旅先における古歌の解説を要所ごとに挿入している。作者は不明。史料末尾に文政四年（一八二一）作であることが銘記され、周太郎が死去した年に一致する。したがって、彼の死亡とほぼ同時期に成立したことになる。それだけ西保周太郎をめぐる甲府盆地東部の博徒間抗争は、当時の人びとにとって大きな衝撃を与えたと考えられる。

物語の発端は、文政二年の一宮神社祭礼において、西保周太郎と一宮下社家の古屋左京とのあいだで起きた喧嘩からである。そこに居合わせた千野村の幸蔵が仲裁し、両者ともに仲直りをして事は納まる。

ところが、その後、周太郎を侮辱した落書が出回り、それを見た彼は激怒をする。落書の黒幕は幸蔵であると考えた周太郎は、幸蔵に恨みを抱き、彼を殺害してしまう。

幸蔵の息子である幸助は、父の敵である周太郎を討つため、彼を追って甲斐国中を探し回る。仇討《あだう》ちの旅の途中、幸助は「ふじ」という女性と知り合い、相思相愛の関係となる。両者は結婚をするものの、幸助はあるきっかけでふじの実の父親が仇とねらう西保周太郎その人であることを知り、愕然《がくぜん》とする。幸助は義理や恋、仇討ちの義務などの板挟みとなって自殺をしてしまう。彼は死に際《ぎわ》に際し、事の顚末《てんまつ》を書き認《したた》めて石森村の常兵衛に後事を託す。文政四年、石森村の常兵衛はさまざまな計略をめぐらし、ついに周太郎殺害に成功して、この物語は終結する。

『敵討』は、現実の博徒間抗争を元にフィクションの要素を交えた物語である。たとえば周太郎はわずか二五歳で死去することから、『敵討』に出てくる「ふじ」のように、結婚するほどの年齢の娘を彼がもつことはあり得ない。物語の劇的効果をねらった明らかな創作である。また、全体的に『敵討』は、西保周太郎を悪役に仕立てるために人間関係が配置され、古屋左京の側から物語が組み立てられている。このことからすると、本史料の作者は、一宮神社の神主に近い立場の人物によるとも考えられる。

一方で、『敵討』に登場する古屋左京、千野村の幸蔵らは、先に紹介した文政六年「差出申一札之事」における登場人物と一致し、また、『敵討』での博徒間の抗争の推移も、実際の事件に基づいたものである。これらからすると、『敵討』はフィクションが混入してはいるものの、当時における博徒間抗争の事実のある一面を伝える数少ない貴重な史料であるといえよう。

『敵討』では、抗争する博徒集団の性格を知るうえで興味深い対比がなされている。それは双方の子分に関してで、古屋左京の側には、野沢九右衛門・青柳幸蔵・井之上又助・居合之大作・抜身之卯源次・種ケ島之助六といった名前が列挙されている。

野沢・青柳・井之上はそれぞれ名字であることから、彼らは浪人であることを想起させ、また「居合」「抜身」といった通り名は、両名が剣術に秀でた才能を有していたことを示している。また、「種ケ島之助六」についても「種ケ島」という綽名《あだな》からは鉄砲術を連想させ、総じて古屋左京側の子分たちは浪人や武芸に秀でた者たちを中心とした武装勢力であったと考えられるのである。

維新期には、全国的に神職集団が草莽《そうもう》の志士として活躍していたことを考え合わせると、古屋左京自身も日常的に剣術などの兵法に長じた人物であったと推察される。領兵衛を斬殺したことやその他の闘争の場面において何度も彼は勝利を納めていることが、右の見方を裏づけていよう。

対する西保周太郎側の子分は、鬼熊源吾・潮弥吉・酒樽萬蔵・腹腸孫兵衛《はらわたのまごべえ》・野間伝作といった名前が列記され、彼らは「鬼熊」や「酒樽」のように体つきの大きさ、それも相撲力士のそれを連想させる。事実、彼らは『敵討』において「よてにふとりし五人之若もの」と表現され、体格的にいずれも豊かであった。

先に周太郎は運送業と芸能興行に関与していた可能性を指摘したが、以上述べたことを考え合わせると、周太郎は商品運送に携わる屈強の体格を有した者たちや相撲力士の集団を、子分の主要構成員としていたと判断されるのである。芸能が活発な西保中村の状況からすれば、十分にあり得る考えであろう。

なお、周太郎の外目について、『敵討』では、

西保村周太郎と申者、其頃風俗ハ年頃は廿七八、面体長面ニて、まゆ毛ふとく、色白くして、丈中勢ニして、眼尻りゝしくにかミ走りし男

とあり、全体的に周太郎を悪役として描く『敵討』にあって、かなり肯定的に描写されている。してみると、実際に周太郎は男前であったのであろう。彼の内面についても、

(周太郎に対し)「何と申歌ニて候そ」と尋ねれハ、(周太郎は)大平らしく矢立を取出シ書付呉んとて、鼻紙ニ書れたり申

とあるとおり、瞬時に和歌を書き散らしたという場面があり、相当な教養人として扱われている。先述した文武両道という彼の人物像と一致し、ある程度、事実を伝えたものと考えられるのである。

周太郎が武田家の末裔を自認したことについても、『敵討』では、彼が「武田家に列なる系図を持つ」と称して、武田信玄の法要で焼香をし、武田不動尊との対面を恵林寺《えりんじ》に強要する描写がある。この一件に対して、『敵討』本文では「ウハすへりする口先ハ直にうそとハ知れニける」と評している。周太郎の敵対勢力には、「武田氏の末裔認識」が「うそ」と捉えられ、反発を受けていた事実を踏まえた記載であろう。

『敵討』は周太郎の最期を詳細に記載した唯一の史料でもある。同書によれば、石森村の常兵衛の計略によって、周太郎は偽りの手打ち式に呼ばれ、挨拶のために頭を下げた瞬間、斬りつけられて深手を負い、それを契機に四方八方から斬りかかられたことで絶命してしまったとする。

「竹川家史料」には、作者・作成年代ともに不明ながら、周太郎を題に詠んだ漢詩風の文がある。

**題侠客争闘兼寄秋太郎**

己卯九月三九暁、北狄襲来、閃才旁脱刀、鳥銃、黒装束裏甲、竹鎗、白帛頭、西保義心斉大石、一宮臆病似斧九、客人逃去、今何在、惜爾能不報怨讐

己卯（文政二年〈一八一九〉）九月二七日の早朝、周太郎は敵と闘争に及んだ際、抜き身の刀を手に持ち、側《かたわら》には鉄砲と竹槍を控え、黒装束の内には鎧を着込む。その有様と心もちは「忠臣蔵」の主人公大石《おおいし》内蔵助《くらのすけ》に、一方、敵である一宮の古屋左京は臆病者で、「忠臣蔵」の悪役斧定九郎《おのさだくろう》にそれぞれ等しい。客人はいずこかに逃げ去り、（「忠臣蔵」の大石内蔵助と異なり）敵を討ち果たそうとする周太郎の思いが遂げられなかったことは、じつに惜しむべきである、というのがおおよその意味である。

この漢詩風の文や『敵討』からすると、周太郎は一宮を拠点とする博徒集団との抗争の渦中に巻き込まれたことは間違いなく、そのことで若い命を失ってしまったのである。西源寺《さいげんじ》にある彼の墓石によれば、戒名は「秀林院虎嶽玄猛居士」で、死去したのは「文政四辛巳年二月二十二日」であった。

## 周太郎死去後の歴史

西保周太郎を代表とする青梅街道・秩父往還を拠点とする博徒集団と、一宮を拠点とし甲州街道と現塩山勝沼線付近を主要な縄張りとする博徒集団の対決は、両者痛み分けで終わった。双方の武力闘争の次元では、一宮を拠点とする古屋左京側の集団が勝利し、その過程のなかで周太郎は命を落とした。だが、古屋左京側も幕府に捕縛されて獄門刑に処せられ、結果的に両勢力は壊滅する。

その後、古屋左京の縄張りだった箇所は、勢力の空白地帯となり、博徒の世代交代を促した。やがて、勝沼を中心とする甲州街道一帯は国分三蔵《こくぶのさんぞう》・祐天仙之助《ゆうてんせんのすけ》が勢力基盤を築き、いずれも幕末期甲州博徒を代表する存在となる。古屋左京の子分たちは浪人や兵法に秀でていた精鋭集団であったことは前述したが、そうした子分集団の特質は三蔵・祐天に継承されたと考えられる。そのことで、彼らは強大な武力を入手し、甲州博徒を代表する存在に成り得たのである。そして、清水次郎長らといった駿河方面の博徒と同盟を結びながら、黒駒勝蔵や竹居吃安と激闘を繰り広げ、抗争の範囲はより広範に、より複雑な勢力関係へと変容をきたしていく。

一方、周太郎を失った竹川家は、脱博徒化をめざし、武田家末裔認識も徐々に消滅した。同家ではもっぱら経済活動に重心を移すようになった。幕末期の横浜開港と甲州産生糸の輸出活性化という時代状況に沿いながら、竹川家も膨大な生糸取引に算入し、順調に資本蓄積を進めた。明治期には製糸工場を構え、近代日本の軽工業発達と連動しながら地域における資本家の道を歩んだのである。

西保周太郎は、さまざまな時代の転換を短い生涯のうちに全力で生き抜いた博徒である。彼と彼を取り巻く状況は、あらゆる点で従来の単純な博徒像をくつがえす。たとえば、テレビの時代劇や小説などの世界では、博徒といえば素性不明の根なし草として語られることが多いのに対し、周太郎にあっては「武田家の末裔」というイメージを創り上げ、それを梃子《てこ》に地域社会において一定の勢力を築いた。

また、博徒は反体制的存在として語られることが多いのに対し、周太郎は年貢皆済を支援する周辺地域の金融の拠点として、むしろ既存の社会秩序維持に一定の役割を果たした。さらに博徒は貧困によって生み出されたと語られがちであるのに対し、周太郎の家は地域に根づきながら、流通経済網・芸能興行網を掌握することで経済力を蓄え、博徒集団の組織化を実現させた。いわば経済の活性化を契機に、大侠客として名を馳せたのである。

このように、周太郎は地域のリーダーとして博徒となる道を選び、地域社会に根ざした活動を繰り広げることで勢力基盤の拡大に成功し、現実社会において一定の権威・権力を保持したのである。彼が生きた江戸時代後期に入ると、既存の村政の仕組みでは対処し得ないさまざまな矛盾が露呈するようになり、代わって博徒集団という現実的な力量をもった集団が跋扈《ばっこ》するようになる。

周太郎のような存在は、地域社会にあって切実に求められていたことを意味しており、西保周太郎は江戸時代後期における甲州博徒の草分け的存在として、こうした時代状況のなかで誕生した博徒であった。

（髙橋　修）

# 【列伝九】黒駒勝蔵

## ——清水次郎長と対決した謎多き甲州の大侠客

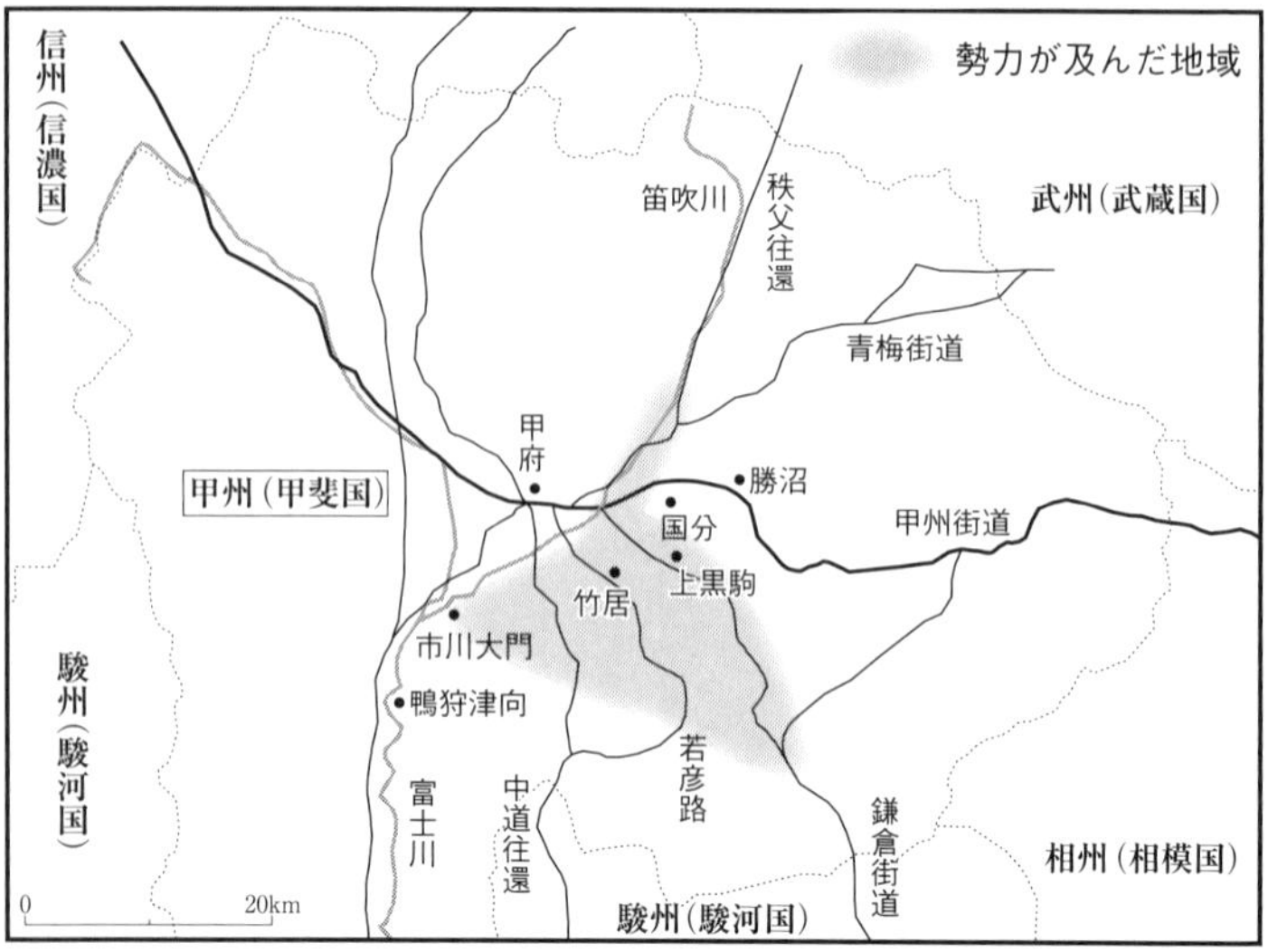


## 「黒駒勝蔵」調書

・博徒名　黒駒勝蔵《くろこまのかつぞう》
・姓名　小池勝蔵
・生没年　天保三年（一八三二）～
　明治四年（一八七一）
・享年　四〇歳
・出生地　甲州（甲斐《かい》国）八代郡上黒駒村
　（山梨県笛吹市御坂町上黒駒）
・出自　上黒駒村の村役人を務めた小池家
・最期　斬罪に処せられ刑死
・交流　友好：竹居安五郎《たけいのやすごろう》（吃安《どもやす》）、雲風亀吉《くもかぜのかめきち》、
　丹波屋伝兵衛《たんばやでんべえ》、赤鬼金平《あかおにのきんぺい》、
　水野弥太郎《みずのやたろう》
　敵対：清水次郎長《しみずのじろちょう》、国分三蔵《こくぶのさんぞう》

## 黒駒勝蔵と甲州博徒の群像

### 博徒勝蔵の誕生

じたばたしちョ《（〜するな）》。出夕事《（出来た事）》ア納まる
草鞋《わらじ》、ニイ《（新）》しくしたか。古草鞋では戦は出ンぞ

これは甲斐国出身の博徒である黒駒勝蔵《くろこまのかつぞう》の口癖で、作家の子母沢寛《しもざわかん》氏が地元の古老から聞き出した伝承である。一般的に勝蔵は清水次郎長《しみずのじろちょう》の敵役として著名で、その生涯はこの言葉どおり、博徒の親分として喧嘩《けんか》に明け暮れ、また、彼自身もまったく予想のできない「出夕事」ばかりが続くという数奇な運命をたどった。

黒駒勝蔵は、天保三年（一八三二）に、上黒駒村（現、山梨県笛吹市）で村役人を務めた家である小池嘉兵衛の息子として生まれた。上黒駒村は甲府盆地の東側、御坂《みさか》山地の麓《ふもと》と山中にまたがって位置し、一節には、かつて甲斐の名馬である黒駒の産地であったのがその地名の由来とされる。甲府盆地と駿河方面を結ぶ鎌倉街道沿いに位置した宿駅で、三島・沼津・小田原方面への人馬継立所として、古くから交通の要《かなめ》として栄えていた。

また、同村は甲府盆地東南部を潤す金川《かねがわ》の水元でもあり、周辺村落の入会山である黒駒山を抱えること

**黒駒勝蔵肖像**　勝蔵の家の菩提寺である称願寺に寄進された絵である。

から周辺農村に大きな影響を及ぼし、またそれらの利用などをめぐって、争論も日常的に多発していた。博徒として大きな勢力を誇るようになる勝蔵は、こうした背景をもった地に誕生したのである。

黒駒勝蔵にまつわる史料のなかで、比較的正確かつまとまったものとして、「口供書」が挙げられる。同史料は、明治四年（一八七一）に勝蔵を処刑するにあたって作成された吟味書・供述書で、勝蔵が自身の来歴を語ったものとして貴重である。主として同史料に基づきながら彼の来歴を追うこととしたい。

勝蔵は安政三年（一八五六）七月、親元を飛び出して中村甚兵衛（竹居安五郎《たけいのやすごろう》「吃安《どもやす》」の兄）の子分となり、博徒の世界に足を踏み入れた。彼が二五歳のときである。その二年後の同五年八月ごろから、竹居吃安とともにほうぼうで賭場を開き、自然と子分たちが勝蔵の許に集まりはじめ、その数は約九〇人にも及んだという。

嘉永四年（一八五一）に博奕《ばくち》の科《とが》で新島へ遠島刑に処せされた竹居吃安は、同六年のペリー来航にともなう政治的・社会的混乱に乗じて島抜けに成功し、甲州に戻っていた。その後、数年間は役人の追及を逃れるために、表だった活動は控えていたものの、彼の島抜け当時の代官である森田岡太郎らが他国に異動した安政五年ごろから、博徒としての活動を本格的に再開するようになった。勝蔵と吃安とが手を組んで勢力を伸ばしはじめたのは、そうした時機を捉えてのことだったのである。

## 甲州における有力博徒の叢生

「口供書」では、勝蔵が博徒として活動をしはじめたころの有力博徒として、甲府柳町の三井卯吉《みついのうきち》を頭《かしら》と戴《いただ》く甲府元柳町の祐天仙之助《ゆうてんせんのすけ》・甲斐国八代郡国分村《こくぶむら》（もしくは勝沼）の国分三蔵《こくぶのさんぞう》の一派、また、駿河国御殿場村の御殿伝蔵《ごてんのでんぞう》・上野国館林藩浪人の犬上郡次郎《いぬがみぐんじろう》らの名が挙げられている。勝蔵をはじめ彼らは、どのような背景のもとに甲州博徒史に登場したのであろうか。

江戸時代後期における甲州博徒の歴史のなかで、画期となった事件が天保騒動である。勝蔵が生まれてから四年後の天保七年（一八三六）に起き、甲斐国内はもとより日本全体に衝撃を与えたこの騒動は、天候不順による米穀類の不作と、大商人による囲い込みが原因となって発生した一揆である。

当初は、米価高騰への不満からその是正を求める人びとが結集して起きたが、のちに博徒たちが加わったことで、一揆勢は暴徒化し、甲斐国全体は混乱に陥った。事件自体は一〇日ほどで終結したが、幕府は騒動拡大の要因となった博徒勢力の増大という事実に着目し、彼らに対する取り締まりの強化を図った。

甲斐国内に出された従前の法令では、博徒らが村内に滞在することを禁じたのみであったのに対し、天保騒動以降は、彼らの捕縛、場合によっては殺害もやむなしとし、取り締まり内容がより過酷となった。

## ■甲州の博徒たち

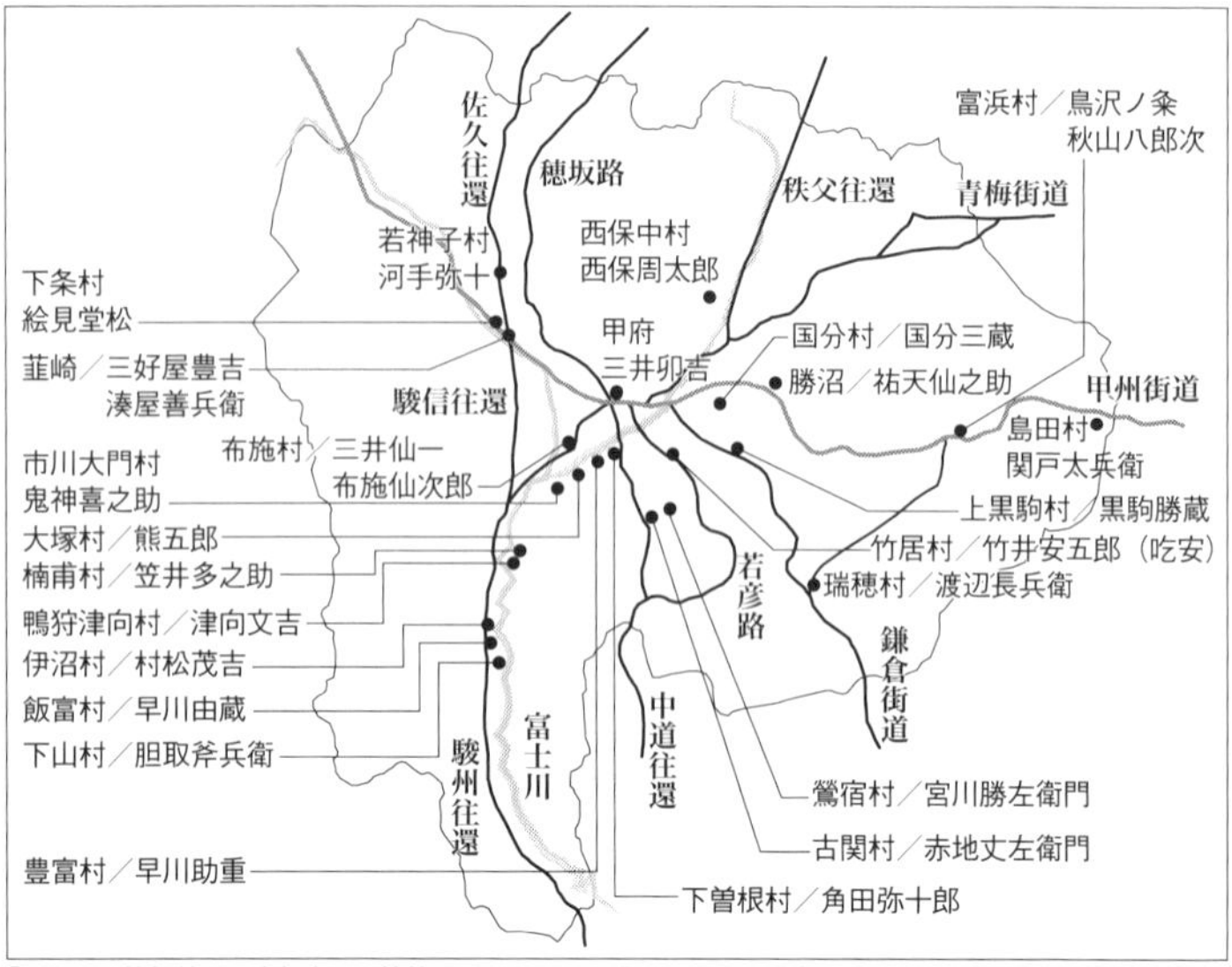


『山梨県立博物館・調査報告6　博徒の活動と近世甲斐国における社会経済の特質』を一部改変

博徒が勢力基盤としたのは、交通の盛んな、繁栄した地であった。博奕を生業とする博徒にとって、江戸時代後期の甲州は絶好の条件が備えられていた。

それだけ当時の博徒集団は、幕府にとって看過し得ない存在となっていたといえよう。

　天保騒動発生の四年前である天保三年（一八三二）に、石和《いさわ》代官柴田善之丞は、甲州において博徒の活動が活発な原因を分析し、文書にとりまとめて勘定奉行に提出している（『都留市史』資料編）。

　それによれば、甲斐の地理は四方を山々に囲まれているため、いったん山に入れば役人の追及をかわして信濃・駿河・武蔵などの方面へ逃れやすい点、また、製糸・織物業が発展している点を理由として挙げており、賭博に恵まれた環境であることがわかる。

　さらに、当時の甲州は、一国全体が幕府領・御三卿領であり、相対的に領主権力が弱体であったという政治体制が、右の傾向を助長したのであろう。

上の図は、大正期に山梨県志編纂会が調査した「侠客」名とその出身地を地図化したものである。甲州街道を中心に、その南側にあたる富士川水運・中道往還・鎌倉街道・若彦路沿い、すなわちいずれも甲府盆地と静岡方面とを結びつける交通路沿いに、彼らの濃密な分布を示している。

山国である甲斐国にとって、塩や魚介類などの海産物は、静岡方面（駿河・伊豆）からの移入に頼らざるを得ず、とくに一八世紀以降の甲府城下における食文化の成熟化という事情と相まって、両地域を結ぶ交通路上は、莫大《ばくだい》な人・モノ・カネのやりとりがなされていた。まさに博徒の活動にとって絶好の条件が備えられており、その結果が右の図のような分布として表れたのである。

流通経済上、甲斐と駿河・伊豆との結びつきは強く、それにともなって各地域の博徒同士の関係も深まり、同盟・対立は広域的かつ大規模なものとなっていった。こうした合従連衡《がっしょうれんこう》の繰り返しにより、彼らは勢力の拡大を図ったのである。この意味で、黒駒勝蔵と清水次郎長との対立は、歴史の必然であった。

## 甲州における有力博徒間の抗争

現時点で判明するかぎり、弘化二年（一八四五）ごろの竹居吃安と鴨狩津《かもがりつ》向村《むぎむら》（現、山梨県西八代郡）の津向文吉との鰍沢《かじかざわ》での出入りが、幕末期の本格的抗争の嚆矢《こうし》である。結果的には、両者痛み分けで終了した。同年、文吉は清水次郎長の叔父である和田島太《わだしまのた》右衛門《えもん》と対決するために、子分数十人を率いて駿河国庵《い》原川《はらがわ》まで出陣した。その折、次郎長の仲裁によって、出入りは未然に回避され、それを契機に両者は水魚の交わりを重ねるようになる。次郎長にとっては、甲斐国との関わりが本格化しはじめる出来事でもあった。

四年後の嘉永二年（一八四九）に文吉は捕縛され、八丈島に遠島刑に処せられた。明治二年（一八六九）の恩赦までの二〇年間、流人として同島で過ごし、博徒間の抗争史からは退場した。吃安も嘉永四年に捕縛され、新島に遠島刑に処せられた。これで表面的には二つの勢力の長が甲州から失われた。

次の画期は嘉永六年、国分三蔵・祐天仙之助と、武蔵国田中村の岩五郎との対立である。岩五郎は、武蔵・甲斐・駿河・伊勢といった広大な領域に影響を及ぼし、その配下には、嘉永二年に武蔵・甲斐・駿河を荒らし、同年に処刑された石原村無宿幸次郎らがいた。岩五郎自身も武蔵国大宮宿の陣屋を襲撃し、商家からも多額の金品を強奪するなど、行動は凶悪を極め、名実ともに大勢力の親分であった。

事件は嘉永六年四月に、直五郎という博徒が芦川村（現、笛吹市）の政右衛門・斧三郎に殺害されたことからはじまった。この報復のため、直五郎の弟である勘七は、直五郎の親分である三蔵・祐天を味方につけ、一方、政右衛門側は岩五郎を頼り、両勢力は決闘の取り決めまで話を進めた。それが役人に察知され、捕縛者も発生したことから、出入りはとりやめとなった。抗争は未然に防がれたが、もしそれが実現し、岩五郎が勝っていれば、彼を首領とした武蔵・甲州・東海道を横断する一大博徒勢力が存在した可能性もあったであろう。

ともあれ実際には、国分三蔵・祐天仙之助がその勢力を温存する格好となったわけだが、二人の背後にはさらに三井卯吉という大親分が控えていた。彼は代々甲府牢番を務めた三井家を出自としたことから、

## ■黒駒勝蔵と清水次郎長に関係する博徒の生没年

| 博徒名 | 生没年 | 甲州出身 | 死亡要因 | 年齢（数え年） |
|---|---|---|---|---|
| 三井卯吉 | 享和2年(1802)頃～安政4年(1857) | ○ | 殺害 | 56？ |
| 高萩万次郎 | 文化2年(1805)～明治18年(1885) | | | 81 |
| 水野弥太郎 | 文化2年(1805)～明治元年(1868) | | 獄内で自殺 | 64 |
| 安東文吉 | 文化5年(1808)～明治4年(1871) | | | 64 |
| 津向文吉 | 文化7年(1810)～明治16年(1883) | ○ | | 74 |
| 竹居吃安 | 文化8年(1811)～文久2年(1862) | ○ | 獄死 | 52 |
| 神戸長吉 | 文化11年(1814)～明治13年(1880) | | | 67 |
| 大場久八 | 文化11年(1814)～明治25年(1892) | | | 79 |
| 清水次郎長 | 文政3年(1820)～明治26年(1893) | | | 74 |
| 鬼神喜之助 | 文政5年(1822)～？ | ○ | 殺害？ | |
| 国分三蔵 | ？～明治2年(1869) | ○ | | |
| 丹波屋伝兵衛 | ？～明治23年(1890) | | | |
| 穴太徳次郎 | 文政6年(1823)～明治7年(1874) | | | 52 |
| 祐天仙之助 | 文政7年(1824)頃～文久3年(1863) | ○ | 殺害 | 40？ |
| 小天狗亀吉 | 文政10年(1827)～？ | ○ | ？ | |
| 宮島年蔵 | 文政10年(1827)～明治24年(1891) | | | 65 |
| 雲風亀吉 | 文政11年(1828)～明治26年(1893) | | | 66 |
| 都田吉兵衛 | 文政11年(1828)～文久元年(1861) | | 殺害 | 34 |
| 黒駒勝蔵 | 天保3年(1832)～明治4年(1871) | ○ | 刑死 | 40 |
| 吉良仁吉 | 天保10年(1839)～慶応2年(1866) | | 抗争の傷により死去 | 28 |

※『山梨県立博物館調査・研究報告6　博徒の活動と近世甲斐国における社会経済の特質』(2013年)を一部改変

明治維新以前に死去した博徒の多くは、「畳の上の大往生」とは無縁の生涯であった。彼らは全力疾走で時代の転換期を駆け抜けたのである。

役人の信頼も厚く、その手先である目明しとして、甲斐国内の博徒たちに睨《にら》みをきかせていた。彼は、役人と結託して敵対する博徒の捕縛に協力するといった「対抗勢力を罠にかける」やり方で勢力を拡大し、甲州博徒の「大天窓《かしら》」の地位を獲得したのである。みずからは直接に手を下さず、役人や三蔵・祐天らを実働部隊として指揮する、いわば調停者（フィクサー）的性格をもった博徒であった。

ただ、右のような卯吉の勢力拡大の方法は、敵対する博徒勢力の恨《うら》みを買うのに十分であった。

安政四年（一八五七）一月、市《いち》川大門村《かわだいもんむら》（現、西八代郡）の博徒

である小《こ》天狗《てんぐ》亀吉《かめきち》・鬼神《おにがみ》喜《き》之《の》助《すけ》らは、甲府城下における卯吉の妾宅を襲撃し、彼を斬殺した。その報復として、卯吉配下の祐天は、喜之助らを殺害して親分の仇を討ち、安政六年（一八五九）、甲州の「大天窓」の地位を継承した。

先述のとおり、この当時の勝蔵は、吃安と手を組み、勢力の拡大をしはじめていた。こうして、甲州における有力博徒間の対立図式が、次のとおり形成されたのである。

## 竹居吃安・黒駒勝蔵　対　祐天仙之助・国分三蔵

前ページの表は、勝蔵と次郎長に関係する博徒たちの年齢の一覧である。甲州出身の有力博徒の多くは、明治維新（一八六八年）前後に、それも不測の事情により死去している事例が多いことが読み取れる。三井卯吉は博徒間抗争にともない殺害、竹居吃安は獄死、鬼神喜之助・小天狗亀吉は詳細不明ながら三〇歳前後で死去したと目され、祐天仙之助は敵討ちにより殺害されている。津向文吉は比較的長命であったが、それは先述したとおり、早くから流罪により博徒間抗争からはずれていたからであった。

幕末から明治維新前後の甲州における博徒間の抗争は、それだけ激しさを極め、有力勢力の世代交代が頻繁に促されていた。こうした対立構造により、比較的若い黒駒勝蔵の勢力が急成長を遂げ、清水次郎長と対等に渡り合えるほどの存在として台頭し得たのである。

## 黒駒勝蔵の実像

### 甲州における勝蔵の活動

吃安・勝蔵がその勢力を伸長し、一方で祐天が卯吉の地位を継承してからの数年間は、均衡状態が続いた。だが、文久元年（一八六一）三月、見せかけの平穏は、国分三蔵が仕掛けた喧嘩《けんか》によって破られる。

抗争は同年三月一二日、三蔵子分の伝蔵らが勝蔵子分の兼吉を惨殺したことからはじまった。これが引き金となり、金川河原（現、笛吹市）を挟んで両者の小競《こぜ》り合いは二、三度に及び、次に同年五月二九日には、勝蔵子分の喜十郎らが三蔵方の源吉を殺害した。翌日には、逆に三蔵側が勝蔵子分の房吉・新左衛門を殺害した。勝蔵の供述によれば、このころから役所の取り締まりが厳しくなり、彼およびその子分は、甲斐国からの逃亡を余儀なくされたという。以後の約三年間、勝蔵は東海地方を転々とする。

これを彼による一回目の甲斐国外逃亡とするが、同期間に甲斐国内で起きた重大事は文久元～二年にかけての竹居吃安の捕縛・獄死である。勝蔵は駿河滞在中に、それが三蔵・祐天・犬上郡次郎の計策によることを仄聞《そくぶん》した。この話を耳にするや、彼は憤激して子分を集め、三蔵らの襲撃を企てたのである。

元治元年（一八六四）三月一三日、吃安の仇討《あだう》ちのために子分たちを招集し、駿河国由比宿《ゆいしゆく》を出立した。その際、手勢を二手に分け、一方は勝沼の祐天を、もう一方は国分村の三蔵を襲撃することとし、勝蔵自身は前者の指揮を執って、同一五日夜に押し入った。そこは祐天の親戚である伊助の居宅で、当日は彼の倅《せがれ》の助三郎しかいなかったという。助三郎は、博徒ではなく堅気の者で、飛脚を務めており、そのときはたまたま帰宅したばかりであった。そうとは知らない勝蔵が彼に誰何《すいか》したところ、助三郎は「今、旅から帰ったばかりの者だ」と答えてしまった。それがために勝蔵は「なに旅の者？お前も敵の片割れか！」と、助三郎を博徒仲間だと誤解し、子分がそのまま彼の首をはねてしまった。

じつは、このとき祐天はすでに死去しており、勝蔵もあとで自身の勘違いに気づいたという。ともあれ、当時の勝蔵は、祐天は三蔵宅に逃げ込んだものと合点し、もう一方の手勢に合流した。三蔵宅を包囲して放火したところ、騒ぎが大きくなったので、勝蔵側は撤退し、再起のため二回目の甲斐国外逃亡を図った。

同年一〇月一五日に勝蔵は再度、三蔵と犬上郡次郎の襲撃計画を立て、駿河国大宮（現、静岡県富士宮市）に子分を集めた。同一七日に勝沼近辺に迫った際、三蔵子分の太兵衛に出会い、勝蔵らは計画の秘密漏洩《ろうえい》を防ぐため、彼を斬殺した。その後、山梨郡等々力村《とどろきむら》（現、山梨県甲州市）萬福寺地内の郡次郎宅を襲撃して殺害に成功し、彼の首を日川に捨て去った。

その後、勝蔵らは御坂山地およびその一帯に籠もり、ときには炭焼小屋に身を潜め、ときには上芦川村などの周辺村落に出没しながら拠点を転々とし、三蔵殺害の機会を伺った。ただ、そうした生活が祟《たた》って勝蔵は皮膚炎に罹《かか》り、八代郡西湖村《にしのうみむら》（現、山梨県南都留郡）の庄右衛門宅にて療養したりもした。

翌慶応元年（一八六五）閏五月に山中で三蔵側と出入りが発生し、同年七月三日には勝蔵捕縛のための「山狩強壮人」を代官所が組織し、大規模な山狩りが実施された。勝蔵側は応戦したものの、役所による探索の厳重化には抗し得ず、子分もろともに山伝いにほうぼうへ散り、他国へ脱出した。これが三回目の甲斐国外逃亡となり、以後は明治初年に至るまで、勝蔵は甲斐国内に足を踏み入れることはなかった。

## 甲州博徒の最大勢力となった国分三蔵

甲州での勝蔵の活動を追ったが、不可解な点が残されている。それは、勝蔵が甲斐国外で噂として聞いた文久元年（一八六一）冬ごろの竹居吃安捕縛に至るまでの経緯、とりわけ祐天仙之助の動向である。

「口供書」によれば、祐天は関東取締出役《かんとうとりしまりしゅつやく》の威光を背後に、国分三蔵・犬上郡次郎らと結託しながら吃安を捕縛したことになっている。だが、祐天の行動をたどると、彼は吃安捕縛の数か月前にあたる同年六月に青梅街道経由で甲斐国を逃亡し、それは勝蔵が一回目の甲斐国外逃亡を図ったのとほぼ同時であった。

つまり、吃安捕縛の実際は、祐天抜きで三蔵・郡次郎によって担われたことになるのである。さらに、その事実は厳重に秘匿されていたらしく、吃安の仇討ちに際し、勝蔵はあくまで主犯は祐天であると疑わずにいたことから、それは裏づけられよう。なぜ、祐天は、甲州博徒の「大天窓《かしら》」の地位を投げ打ってまで甲斐国を逃亡しなければならなかったのであろうか。

なお、その後の祐天は江戸に向かい、翌文久二年に結成された幕府浪士組（のちに新徴組）に入隊した。これは幕府が市中取り締まりなどのために警備隊として組織したもので、当時、武芸に堪能な者を募集していたのである。祐天は、同組加入にともなって名前を「山本仙之助」に改め、博徒から武士へと転身に成功したかにみえた。だが偶然にも、新徴組には博徒だったころの祐天に父親を殺された大村達夫が所属しており、文久三年（一八六三）一〇月に祐天は大村の仇討ちにより、死亡してしまったのである。

さて、祐天が文久元年六月に逃亡した際、青梅街道の上・下小田原村（現、甲州市）関所付近において、彼ともうひとりの子分の計二名は、手持ちの荷物を投げ捨てて逃亡したことが記録されている。荷物の中には衣類や日常品のほか、金子《きんす》入りの財布や剣術道具類まで入っており、それらを放棄させるほど祐天らにとって事態は切迫していた。それがいかなる事情かを考えれば、彼ら逃亡の理由を解くことにつながるはずである。

まずは役人の追求をかわすためという見方があるが、当時の祐天は目明しという役人側の存在であり、また、吃安捕縛こそが喫緊の課題であった当時の状況からすれば、成り立たない。事前に幕府浪士組に類する事柄の誘いが祐天にあったにせよ、それでは荷物を投げ捨ててまで必死に逃亡した理由がつかない。

では、彼は誰に追われていたのか。勝蔵は国外に逃亡し、三蔵らは甲斐国内で勢力を温存させていた事実からすると、祐天にとってもっとも恐ろしい相手・敵とは三蔵一派ということになる。

先述のとおり、安政五、六年（一八五八、五九）から文久元年までの二〜三年のあいだ、勝蔵・吃安側と祐天・三蔵側とのあいだは比較的平穏であった。にもかかわらず、文久元年、三蔵側は突如、勝蔵側に抗争を仕かけ、それが発端となって両者の対立は激化し、ほぼ同時期に勝蔵・祐天ともに甲斐国から逃亡しているのである。

さらに翌年には吃安が獄死し、結果として甲州の有力勢力は国分三蔵を残すのみとなった。この事実から逆算すれば、三蔵は甲州博徒の覇権を掌握するために、計画的に敵対する勝蔵を甲斐国外に追放し、次に仲間内の祐天を内部抗争で追放し、最後に吃安を捕縛したと捉えれば、すべて整合的に解釈し得る。

また、祐天逃亡の情報を勝蔵側に秘匿したのは、彼からの直接の攻撃を、すでに甲斐国不在の祐天に向けさせ、裏から甲州博徒の頂点に君臨する意図があったものと推測される。三蔵には「勝沼ノ三蔵」という異名もあったことからすると（『東海遊侠伝』）、彼は勝沼と国分村の双方に拠点を有して行き来をしていたと考えられる。地元では「逃げ三蔵さん」とあだ名がつけられていたが、それは随所に出没する彼の活動が誤解された結果によるのであろう。三蔵の親分にあたる三井卯吉も甲府城下内で拠点を転々とし、容易に正体を現さなかったことと通じる。三蔵は卯吉の身の処し方を学んでいたと考えられるのである。

三蔵は、在地社会にあっては公的裁判では解決し得ない紛争問題に介入し、私的武力を背景に調停者としての役割を果たしていた。また、田安徳川家の目明しの役割も担い、いわば地域の顔役的存在であった。彼は、次郎長の舎弟である御殿伝蔵を配下とし、また、元治元年（一八六四）には勝蔵の襲撃に備え、次郎長に救援を願い求めていた。両者のあいだは同盟関係で結ばれ、それがために甲斐国の博徒間抗争はそのまま東海地方の抗争と密接に連動していたのである。

未だ彼の生涯は謎が多く、その生年も不明だが、没年は明治二年（一八六九）であることが近年の研究で判明した。幕末維新期の甲州博徒の世界は、三蔵を中心に動いていたといえよう。

## 東海地方における勝蔵の活動

勝蔵が甲斐国外に逃亡していた時期の行動について、比較的詳しく記した史料が『東海遊侠伝』である。作者は清水次郎長の養子であった天田愚庵《あまだぐあん》で、次郎長およびその周辺の人物からの聞き書きを行い、まとめたものである。東海地方の博徒の動向を把握するうえで重要な史料である。

『東海遊侠伝』に勝蔵の名前が最初に登場するのは、彼の一回目の甲斐国外逃亡期間中である文久元年（一八六一）一〇月に、遠江《とおとうみ》国菊川（現、静岡県島田市）でなされた次郎長と赤鬼金平《あかおにのきんぺい》との手打式への出席である。事の発端は、万延元年（一八六〇）六月に、次郎長子分の石松が都田吉兵衛《みやこだのきちべえ》に謀殺されたことにはじまる。その復讐として、次郎長は吉兵衛を執拗につけねらい、一方、吉兵衛の側は伊豆下田の赤鬼金平を頼り、やがて両勢力間の抗争に発展した。翌文久元年一月に、次郎長は吉兵衛の殺害に成功するも、両派の対立は収まらなかったため、最終的に和解することとなったのである。

手打式当日は、駿・遠・三はもとより、伊勢・相模・甲斐・上野出身の博徒たちが参加し、勝蔵は反次郎長派である赤鬼金平側の席に着いた。これが勝蔵と次郎長との初対面であった。勝蔵は、東海地方全域の複雑な博徒間ネットワークの網目の中に位置づけられ、やがて反次郎長派としての旗色を鮮明にする。

文久三年五月、勝蔵と次郎長・大和田友蔵《おおわだのともぞう》とのあいだで、遠江国を流れる天竜川を挟み、双方対陣するに至った。双方合わせて数百人にも及ぶ勢力を引き連れ一触即発となったが、そのまま膠着《こうちゃく》状態が続き、加えて勝蔵側が夜陰に乗じて退散したため、大規模な流血沙汰は未然に避けられた。

元治元年（一八六四）には、信濃国で勝蔵・川路鯛鶴《かわじのたいつる》と行栗初五郎《なめくりのはつごろう》との抗争が勃発した。勝蔵自身が信濃に出向いたかは定かでないが、彼に攻められた初五郎は、次郎長に救援要請を行っている。勝蔵と次郎長との対立が周辺諸国の博徒間抗争に飛び火し、巻き込みながら拡大している様が読み解けるであろう。

勝蔵の二回目の甲斐国外逃亡期においても、両者のあいだで死闘が繰り広げられた。元治元年六月、三河国平井（現、愛知県豊川市）の雲風亀吉《くもかぜのかめきち》の許に身を寄せた勝蔵に対し、次郎長側は急襲をかけた。亀吉宅の二階で酒宴を開いていた際に踏み込まれるという油断から、勝蔵自身は逃げおおせたものの大岩らの子分を失った。

三回目の甲斐国外逃亡期にあっては、慶応二年（一八六六）四月の荒神山《こうじんやま》の出入りが大きな事件である。縄張りをめぐる抗争の果てに発生したもので、神戸長吉《かんべのながきち》・吉良仁吉《きらのにきち》・寺津間之助《てらづのまのすけ》らの側には次郎長が、穴太徳次郎《あのうのとくじろう》・雲風亀吉らの側には勝蔵がそれぞれついた。実際の戦闘時には、勝蔵・次郎長ともに本人は参加しなかったが、両勢力双方に死傷者が出た。次郎長は穴太徳次郎側の背後に存在した伊勢国古市の丹波屋伝兵衛にねらいを定め、同年五月に多数の武器と軍勢を大船二隻に乗せて襲った。その勢力に伝兵衛側は戦意を喪失し、勝蔵の首を差し出すことを約束して謝罪し、ここに表向きの対決は終了した。ただ、勝蔵自身はすでに姿をくらましており、この取り決めは実現しなかった。

以上のように、勝蔵は東海地方全域を神出鬼没に活動し、次郎長を翻弄した。抗争の過程で次郎長側は、反次郎長側の博徒勢力を「黒駒党」と呼称し、勝蔵はその頭目と見なされるようになった。それだけ勝蔵は、東海地域全域の博徒集団のなかで高い地位に上りつめたことを意味していよう。

### 勝蔵にとっての明治維新

荒神山の出入り以後、勝蔵は、大坂に潜伏する。それから中途の経緯は不明であるものの、戊辰戦争初期の慶応四年（一八六八）一月一六日、彼は小宮山勝蔵という変名を用いて赤報隊に入隊した。

当時の勝蔵は、美濃国大垣の大親分であった水野弥太郎（岐阜の弥太郎）の許に身を寄せていた。弥太郎は、元新撰組隊士で勤王派の伊東甲子太郎《いとうかしたろう》一派と親交があり、尊王運動のために農兵数百人を差し出す約束までしていたとされている。こうした流れから、伊東甲子太郎派に属した鈴木三樹三郎が主要メンバーとなった赤報隊に対しても弥太郎は協力し、彼の子分を同隊に加入させている。勝蔵も右記の動きに共鳴するところがあり、赤報隊へ一緒に参加したのであろう。

赤報隊は慶応四年一月一〇日に近江国で結成され、その構成員の多くは脱藩士や農商民らといった草莽《そうもう》の志士であった。官軍側の先鋒部隊として、関東攻略のため中山道を東方に向かって進軍していた。彼らが美濃国岩手村（現、岐阜県不破郡）陣屋に入った際、勝蔵らは合流したのである。

本来、倒幕・世直しのために結成された赤報隊であったが、陣屋周辺の在地社会のあいだでは、彼らは決して歓迎される存在ではなかった。博徒集団が多く隊に加わったことから、秩序面で不安視され、陣屋の諸道具類を強奪するなどの乱妨行為も実際に起きていた。『甲州黒駒勝蔵評判くどき』という史料によれば、勝蔵自身はともかくとして、その配下の者たちは「金の融通も出来難ければ、ねじり押し借り数重なれば」と、周辺住民への強引な無心行為があったと記している。

こうした赤報隊の「悪い噂」が広まり、また同隊一番隊隊長の相楽《さがら》総三《そうぞう》が布告した旧幕領の年貢半減令が官軍側にとって都合が悪くなったことで、同隊は一月下旬に帰洛、のちに解隊が命じられた。相楽総三は、「偽官軍」の汚名を着せられ、同年三月に処刑される。また、水野弥太郎も同年二月に捕縛され、牢内で自殺した。これは勝蔵の末路を暗示させる出来事でもあった。

赤報隊解隊にともなって、京都に移った勝蔵をはじめとした旧赤報隊士らは、四条隆謌《しじょうたかうた》に預けられ、取り調べを受けた。そうした縁からか、のちに勝蔵は駿府鎮撫総督《すんぷちんぶそうとく》となった四条隆謌に随行する徴兵七番隊に編入され、明治元年（一八六八）五月に、ともに京都を発足して東海道を下った。

彼らが清水を訪れた際、勝蔵は駿府町を統治した伏谷如水《ふせやじょすい》に対し、次郎長を晒《さら》し首にすることを要求した。次郎長は旧幕府が出した勝蔵の探索書を根拠に、彼の捕縛を訴え出た。勝蔵は官軍の威光を背後に、次郎長は旧幕府の命令を盾とし、両者の対立は形を変えて繰り広げられたのである。最終的には伏谷の周旋により、勝蔵は官軍の服装を脱ぎ、下馬をして清水を通行することで、両者の対決は未然に防がれた。

官軍に属した勝蔵はいつしか池田勝馬（勝之進）を名乗り、彼の属した徴兵七番隊は、戊辰戦争に従軍し、東北地方を転戦する。そして終戦後には、東京に凱旋した。明治二年に同隊は、第一遊軍隊と改称し、勝蔵も引きつづき同隊に在籍していた。

翌明治三年八月に勝蔵らは、甲州黒川金山の開発を明治政府に願い出、そのための休暇許可も取得し、甲斐国に戻った。だが、金山採掘の成果は思わしくなく、やがて休暇期限が切れても彼はそのまま甲州に滞在し、それが無断脱退の嫌疑を受ける理由とされてしまったのである。その連絡を受けても勝蔵は楽観的であった。同年一一月中には伊豆国蓮台寺《れんだいじ》温泉に湯治に出かけ、「口供書」によれば、「上京して謝罪をし、帰隊願いを出せば許されるだろう」といった認識であった。だが、その期待は間もなく裏切られる。

明治四年一月二五日、ついに勝蔵は、「池田勝馬」としてではなく「無宿黒駒村勝蔵」として、伊豆国畑毛村《はたけむら》（現、静岡県田方郡）で捕縛され（江川家文書「村方廻状留」）、同年二月二日、連行されて甲府で入牢。同年一〇月一四日、斬に処された。罪状書によれば、遊軍隊の無断脱退、黒川金山採掘にあたり「鉱山司官員」を偽称して事業資金を詐取したことなども悪事として書き上げられているが、処刑の主たる理由は、彼の博徒時代における三蔵との闘争、それにともなう三蔵子分の殺害であった。斬刑は武士に対する刑罰である。彼は無宿人として捕縛され、無宿人（博徒）時代の罪を問われ、最期は「池田勝馬」という武士として処刑されたことになる。享年四〇歳であった。

述べるまでもなく、勝蔵処刑の理由は、唐突かつ強引である。彼の死をめぐっては、未だ謎が多い。明治初年は政治・社会の大変革の途上であったことから、それを不満とする層も多く、大規模な内乱・騒動が頻発していた。新政府としては、博徒のような反社会的存在が彼らと結びつくのを恐れていた。

また、勝蔵の入牢前後期には、廃藩置県が断行され、新しい軍隊のあり方の模索や戊辰戦争以来の軍制の見直しが進められた時期であった。こうした動向に勝蔵のような存在は、新政府にとって邪魔でしかなかった。

高橋敏氏の言葉を借りれば、彼は時代変革の「ブラックホール」に飲み込まれてしまったといえよう。

## 等身大の勝蔵像を求めて

一方、清水次郎長は明治期に入ると、博徒稼業から足を洗い、社会事業に専念することを志した。その実現のために、明治一三年（一八八〇）六月一五日、江戸時代から対立が続いていた雲風亀吉・原田常吉との手打式の実現にこぎつけた。先述のとおり、亀吉は、勝蔵と同盟して次郎長と激しく闘った間柄である。そのため、当時の新聞はこの手打式について、「甲州の大親分黒駒身内と駿州清水身内の和解」(「函右日報」一八八〇年六月二四日)と報じた。勝蔵は死してなお、次郎長に脅威を与える存在と捉えられていたことを物語っている。ここに勝蔵と次郎長の長い抗争に終止符が打たれた。

その後は講談や芝居の影響で、勝蔵は次郎長の敵役としてのイメージが流布するようになり、とくに戊辰戦争期の活動は、忘却の彼方へと追いやられてしまった。こうした状況に大きな変化をもたらしたのが、勝蔵と同じ地元出身であり、政治家・実業家であった堀内良平(一八七〇〜一九四四年)による一連の勝蔵の顕彰活動である。なかでも彼が著した『勤王侠客黒駒勝蔵』は、新しい時代を開いた「草莽《そうもう》の志士」という視点から勝蔵の事績を評価し、一般に広めたもので、その意義は大きい。ただ、同書の内容は、事実とフィクションの区別が必ずしも明瞭ではないことは、留意する必要がある。

新史料を発掘し、既存の史料を異なる観点から読み解くという地道な作業が、等身大の勝蔵像の構築にあたり求められるのである。一例として、勝蔵が「草莽の志士」となった理由として、彼が、熱烈な勤王思想の持ち主であった上黒駒村の檜峰《ひみね》神社神主の武藤外記・藤太親子と親交があり、思想的に大きな影響を受けたことがすでに指摘されている。勝蔵は勤王思想に親近感を抱いていたことは間違いあるまい。ただ一方で、彼の活動を勤王思想で説明することがどこまで可能なのか、再検討の余地は残されている。

慶応四年(一八六八)三月、新撰組隊士からなる甲陽鎮撫《こうようちんぶ》隊《たい》と新政府軍とのあいだで、甲州勝沼の戦いが繰り広げられた。その際、新撰組隊士と自称する結城無二三《ゆうきむにぞう》は、幕府軍側の立場に立った使者として「黒駒の勝という親分」からの便宜を得たおかげで、甲斐から駿河へ無事に通行できたとされる。

当時の状況からすれば、これは勝蔵本人ではなく、子分の判断・行動である。注目されるのは、勝蔵が勤王思想の持ち主であったとしても、反幕府軍一辺倒の行動に出ていたわけではないことが示唆されている点である。勝蔵は思想に純粋に固執してはいなかった可能性も今後は検討する必要があろう。

また、彼が官軍に身を投じた理由として『甲州黒駒勝蔵評判くどき』では、雲風亀吉が勝蔵に対して「度胸定めて京都へ上り、たとえ京都の下役であろうと、家司《けいし》につくなら身の大慶」と勧めたからだとしている。亀吉も勝蔵同様に尾張藩が組織した集義隊という草莽部隊の隊長となり、戊辰戦争期に官軍として軍功を挙げ、武士身分となった。だが、その後については勝蔵同様、明治四年（一八七一）に急遽《きゅうきょ》、集義隊は解隊となり、時の政治権力から追い出されてしまっている。両者の相似性からすると、勝蔵の官軍参加に雲風亀吉の影響はあり得たであろう。同じような立場であった博徒の動向と比較しながら、勝蔵の活動を捉え直すことで、彼の人物像が異なった視点から浮き彫りにされるであろう。元尾張藩の草莽部隊に属した博徒たちは、のちに武士への復籍活動の延長として自由民権運動に身を投じたという。もしも処刑されていなければ、勝蔵は彼ら同様に、社会運動の闘士となり、民主政治の礎を築いた人物として、その名を残したのかもしれない。

勝蔵が歴史に果たした役割を追求する作業は、これからである。

（髙橋　修）

## 【列伝一〇】吉良仁吉——義理を通した若き三河博徒

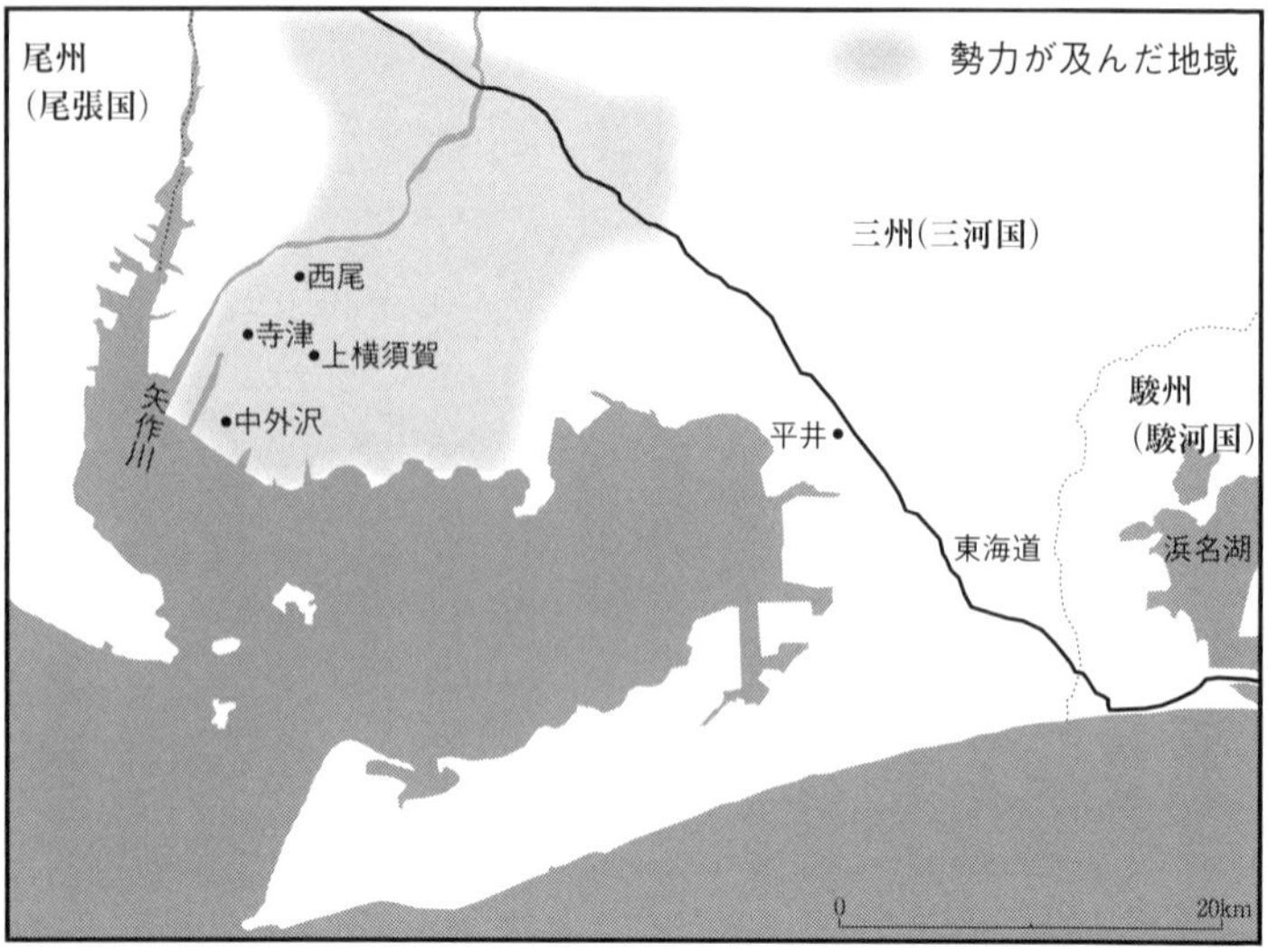


「吉良仁吉」調書

・博徒名　吉良仁吉《きらのにきち》
・姓名　太田仁吉
・生没年　天保一〇年（一八三九）〜
慶応二年（一八六六）
・享年　二八歳
・出生地　三州（三河国）幡豆《はず》郡上横須賀村
（愛知県西尾市吉良町上横須賀）
・出自　小作農
・最期　勢州高神山観音寺境内において喧嘩《けんか》死
・交流　友好：寺津間之助《てらづのまのすけ》・清水次郎長《しみずのじろちょう》（子分）、
神戸長吉《かんべのながきち》
敵対：雲風亀吉《くもかぜのかめきち》、穴太徳次郎《あのうのとくじろう》

## 仁吉売り出す

### 仁吉の出自

三州吉良仁吉《きらのにきち》は、天保一〇年（一八三九）、三河国幡豆《はず》郡上横須賀村御坊屋敷（現、愛知県西尾市）の太田善兵衛・りきの長男として生まれた。四歳上には「いち」という姉がいる。

上横須賀村は古くは横須賀村で、元禄赤穂事件で名高い旗本吉良上野介義央《きらこうずけのすけよしひさ》領であったが、元禄一五年（一七〇二）の事件後は、幕府領などを経て沼津藩領（水野氏）に変わった（このとき、上・下横須賀に分郷している）。

上横須賀村の戸数は、天保五年時で二〇一軒、人口は七九四人で、村高は一〇三四石であった。元禄期（一六八八〜一七〇四）のころより三河全域に綿づくりが盛んとなり、三河木綿として、回船により江戸送りが行われた。当地でも綿打ちが行われ、農家の換金作物としての副収入であった。上横須賀には古くから綿打《わたうち》という別称があり、「綿打」何某と刻まれた墓碑が現存する。また、矢作古川《やはぎふるかわ》西の隣町西尾市天竹町には、綿神を祀る天竹《てんじく》神社があり、現在も毎年一〇月には棉祖祭《めんそさい》神事が行われている。

さて、善兵衛夫婦といち・仁吉姉弟らの家は、上横須賀でどのような暮らしをしていたのであろうか。伝承によれば、善兵衛は綿の実買いを業とした小作農家で、御坊善と称した博徒でもあったという。仁吉は、子どものころに綿の実買いの手伝いをし、やがて知多郡半田村（現、愛知県半田市）の酢屋に奉公したという古老の話がある。小さいころから体格は大きいが吃音《きつおん》であったらしく、人との付き合いは苦手であったと思われる。非行に走ったのは、父親の博徒家業の影響も大きいが、吃音も影響したのかもしれない。その後、一五歳のときに半田村から帰った。このころは身体も大きく相撲も強くなったと伝わるので、大人と喧嘩《けんか》しても負けなかったと思われる。

## 寺津村の間之助親分と吉良一家

幡豆郡寺津村に、藤村甚助という通称寺津間之助《てらづのまのすけ》と名乗る博徒の親分がおり、仁吉はその子分となった。半田村からの帰郷後、仁吉が一五、六歳のころというと、嘉永六年（一八五三）ごろとなるが、そのころ間之助の子分となったのであろうか。

幕末の寺津村は、上横須賀村とともに沼津藩（のちに菊間藩）大浜陣屋（現、愛知県碧南市《へきなんし》）の支配下で、間之助は父親の跡を継いで藩から十手取り縄も預かっており、いわゆる博徒との二足草鞋《にそくのわらじ》を履いていた。五尺八寸（約一・七六メートル）、二四、五貫（九〇キロ強）と体も頑強で、近くの寺津港には百石船三艘を所有して海運業も手がけ、物資輸送で稼いでいた。

三河平野は三河木綿が盛んに栽培された一帯であることは、前述したとおりである。綿花や木綿、それに古くからの製塩「饗庭塩《あいばじお》」をはじめ海産物を扱う商人で、寺津村は繁昌していた。

間之助の性格は、人と争うことを好まない、博徒渡世人としては珍しく穏健だったようで、一家の者としてはむしろ物足りないと感じていたらしい。だが、前述のように運送などで稼いでおり、子分たちも十分潤っていたことで満足していたに違いない。

昭和二年（一九二七）発行の「名古屋地方裁判所管内博徒ニ関スル第二調査書」（以下「裁判所博徒調査書」）に、「吉良一家」の沿革が紹介されている。

概要を紹介すると、吉良一家は、嘉永期（一八四八〜五四）に初代治助が立ち上げて大いに勢力を振るい、清水次郎長は食客《しょっかく》となった。治助の跡目は（実弟の）藤村間之助で、次郎長と兄弟分となり、連携して勢力を拡大した。子分に太田仁吉がおり、「膂力《りょりょく》胆力群を抜く」存在となり、間之助は慶応のころに跡目を仁吉に譲った、とある。

しかし、間之助は明治初年でも藩命により活動したことが判明しているので、引退したわけではなく、「裁判所博徒調査書」は博徒からの聞き書きのため、勘違いも多少目につく。

ところで、間之助の孫の山田ろく女（現、西尾市、故人）は長生きをして、昭和三九年ごろに彼女が祖父間之助の思い出を語った記録があり、「吉良一家と云うのは後で便宜上つけたもので、間之助生前の頃は寺津身内で通っていた」と証言している。

幼い女子では、任侠の世界をすべて理解することは困難と思われるが、案外「吉良一家」などと呼ぶのは、仁吉が有名になり、後世になって区別するためにそう呼んだのか、あるいは跡継ぎを名乗る人たちが箔をつけるためにそう称したのかとも推測する。したがって、嘉永期から吉良一家と称したというのは、大正末期の博徒の思い込みではないかと思慮する。とくに、当時は浪曲講談で仁吉が人気者となり、映画や芝居でそう表現し、「身内」が自然と「一家」に変遷したと理解したい。

## 前田山に似ていた仁吉

仁吉はどのような人物であったのか、同時代の身内の証言がある。『清水次郎長』（昭和三〇年刊行）を書いた戸羽山瀚《とばやまかん》が、「あとがき」の「遊侠余談」で聞き書きを残しており、その身内とは、一六歳で幡豆郡中外沢村に嫁いだ仁吉の姉板倉いちの二男で、早くから上横須賀に移り住んでいた倉蔵である。戸羽山は昭和一〇年（一九三五）三月に吉良横須賀を訪れ、直接現地調査している。

倉蔵は安政四年（一八五七）五月生まれで、仁吉が亡くなったときわずか一〇歳だが、母親のいちに連れられ、亡くなった仁吉の遺体に対面している。荒神山《こうじんやま》の喧嘩も講釈種になるほどの事件ではないと述べ、仁吉はあばた面の大男であるが、評判の孝行者だったことなどを証言している。仁吉は幼いころ疱瘡《ほうそう》を患い、長じてもその跡が残っていたという。昭和一〇年のとき倉蔵は八〇歳という高齢だが、事件当時は子どもながらも、いちおう耳で聴き、目で見ているので、信憑性は低くはないと思われる。

なお、「吉良仁吉覚書」（昭和二七年旧横須賀村調査）にある「仁吉の風貌」という聞き取り記録によると、「六尺（約一・八メートル）の大身　筋骨逞しく顔は大きくあばた面だった　今の前田山に似ていたという」とある。前田山は大相撲力士で、第三九代横綱になった人だが、相撲ぶりは荒っぽく、精悍《せいかん》な顔つきで、そっくりという。それなら吉良一家の頭領となった仁吉は、若くても親分の貫禄は十分であろう。

## 清水港での修行

話は少し遡《さかのぼ》るが、仁吉は強靱な体力や腕力だけでなく、侠気《おとこぎ》を認められて間之助の子分となった。『東海遊侠伝』に、「會つて人を格殺し走て長五により遂に其家人と為る」とある。「格殺」とは、格闘して素手というより棒切れのようなもので打ち殴って殺害することであろう。清水へ逃走して次郎長の子分になったのであるが、当然間之助の指示である。しかし、仁吉がいつ、何歳のときに、どのような状況のもとで殺人を犯したのか、事件の概要はなにも記載されていない。ただし、仁吉は殺人を犯してから結果としては逃げ切っているので、相手は堅気の人ではなく無頼の浪人か博徒の類《たぐい》であろう。殺人現場も定かではないが、この事件でも仁吉は、若年ながら侠気を認められたはずである。

間之助は、仁吉を兄弟分の長五こと次郎長の元へ修行に出したのであるが、このことから、仁吉は間之助の子分だけでなく、次郎長の子分にもなった。時おり次郎長と兄弟分のような小説を多くみかけるが、この関係からでもあり得ない話である。

清水港修行時に、仁吉はあまり喋らなかったようで、「だんまり地蔵」と渾名《あだな》されるほど寡黙の人であったと伝わる。その清水でどのようなドラマがあったのか史料は少ないが、『次郎長巷談』(昭和二八年)に、次郎長の子分たちが米俵で力競べをしたとき、次郎長は腕を左右に携《ひっさ》げ、一俵口にくわえて庭をひと回りして喝采を博したが、仁吉は両手に一俵ずつ持ったうえ、両足にも一俵ずつ縛りつけて歩いたという逸話が紹介されている。

郷里横須賀の地元にも似たような逸話がある。古老の証言であるが、上横須賀上町で米屋が火事になったとき、仁吉は紋付《もんつき》羽織《ばおり》姿だったがすぐに駆けつけ、裾をはしょって米俵二俵を提げて外へ出し、ずいぶんの力持ちと評判になったという。さらに、仁吉の姉の子孫宅にも「仁吉は片手で米俵を一俵軽々と提げ

【列伝一〇】吉良仁吉

た」と伝わっている。仁吉は六尺の大身でもあり、力自慢は間違いのないところであろう。

清水一家での仁吉の活躍であるが、文久三年（一八六三）、次郎長は天竜川を挟んで黒駒勝蔵《くろこまのかつぞう》一党と対陣した。のちに仁吉の跡目を継いだ吉良勘蔵は参戦しているが、仁吉の姿はない。仁吉もすでに二五歳となり、そのころには実力を兼ね備えた男になっていたと思うが、なぜ不参加なのか不思議である。

『東海遊侠伝』に仁吉が登場するのは、三州宝飯《ほい》郡平井村（現、愛知県豊川市）の博徒雲風亀吉《くもかぜのかめきち》宅を襲撃したときである。次郎長は勝蔵が雲風宅に来るという情報をつかんだ。そのため元治元年（一八六四）六月五日払暁《ふつぎょう》、寺津港から船で出発して平井村近くの経塚へ上陸し、雲風宅を襲った。このとき、仁吉は子分三人を含めた一隊三四人で総攻撃を加えている。仁吉はこの事件で『東海遊侠伝』に初登場となるが、次郎長の子分で仁吉の跡目となった同郷の吉良勘蔵（太田姓）と比べると、じつに遅い出番である。

また、この騒動の直後には、雲風方が仕返しのために、横須賀の仁吉一家の本拠地を焼き討ちしたとの説がある（前出『次郎長巷談』）。横須賀にはこのような伝承は伝わっていないが、あり得る話である。仁吉が大舞台で活躍した証になる逸話である。

### 吉良一家の拠点

安政七年（一八六〇）ごろ、清水から帰郷した仁吉は、まだ二二歳と若く、しばらくのあいだは間之助のところで再度修行をしたことであろう。その後、力量を認められて、上横須賀吹貫で一家を構えることとなった。

仁吉の支援者は、吹貫の旦那衆矢内嘉蔵である。矢内は横須賀町で幕末のころから頭角を現しており、当時の横須賀町の町役人を調べると、上横須賀出身の作家尾﨑士郎《おざきしろう》の祖父長右衛門に続いて、組頭を担っている。その後、明治期には横須賀町の副戸長を担っており、仁吉に吉良一家の本拠地を提供するなど、なにかと支援できる財力はあった。町の名主クラスの人物である。

仁吉の本拠地を旧吉良町役場所蔵の土地台帳で確認すると、総坪数は四二九坪（一四一八平方メートル）となり、広大である。この仁吉本拠地の場所は、矢作古川および広田川に架けられた横須賀橋から東進する吉良吉田街道沿いで、南北に長い屋敷である。なお、当時はまだ橋が架けられてはいない。

屋敷構えについては、仁吉の姉いちの二女で上横須賀へ嫁いだ「たけ（明治二年〈一八六九〉生まれ）」は、「なんでも仁吉っつぁの一三回忌とかで、仁吉っつぁの家に行ったことがあるが、平屋建ての大きな家で同じような部屋がいくつもあってのう、戸惑ってしもうたわ。屋敷回りは槙囲いがしてあってな、ええ家だったずら」（昭和三九年当時）と述懐している。

仁吉の家は現在跡形もなく、土地の名義も人手に渡り、一般の民家である。往時新築された家屋の一部は、戦前の昭和一七年に愛知県額田郡幸田町坂崎の黒柳家に移築され、近年まで存在したが、平成一四年一月残念ながら取り壊されてしまった。

旧幡豆郡吉良町町史編纂室による取り壊し直前の調査によれば、建物は二階建てで、間口六間半（一一・八メートル）、奥行五間（九・一メートル）、建坪三一・五坪（一〇四・一平方メートル、一部廊下なし）となかなか大きい。多少、たけ女の話と食い違うが、子どものころの記憶だからやむを得まい。

## 荒神山騒動とその後

### 荒神山の喧嘩の前哨戦

慶応二年（一八六六）四月、世にいう「荒神山《こうじんやま》の喧嘩《けんか》」が一触即発の情勢となった。次郎長や寺津間之助と親しい勢州神戸《かんべ》町（現、三重県鈴鹿市）の神戸吉五郎という渡世人が、吉良上横須賀の仁吉に助けを求めてきたのである。

吉五郎は背が高く顔が長いので、長吉と呼ばれていた。本名を初芝才次郎といい、下総国浜野村（現、千葉市）の出身で、中年のころに伊勢へ来て頭角を現し、木田松という土地の親分に見込まれて縄張りを任されるようになった。ところが、その縄張りを勢州桑名の穴太徳次郎《あのうのとくじろう》（本名中野徳松、『東海遊侠伝』では安濃徳）が収奪したのである。

そもそもの発端は、元治元年（一八六四）三月二一日夜半、穴太徳の子分熊五郎を頭領として五名が、突然神戸町十日町の長吉一家へ乗り込んできたことにある。当日、長吉は博奕《ばくち》に負けて女郎屋へしけ込み不在であった。そのうえ才次郎はじめ腕利きの子分たちも出かけており、留守番はわずか三人の三下ばかり。不運にも、その空き間に熊五郎らに襲われたのである。攻める側の勢いもあって、長吉の住居は破壊され、子分どもも散々痛めつけられた。熊五郎らは意気揚々と引き上げて行った。

そこへ才次郎ら腕利きの子分が帰宅して惨状を聞き、ただちにあとを追っかけた。才次郎らは伊勢街道沿いの坂の下で追いつき、長脇差《ながどす》を振り回しての乱闘となった。才次郎らの働きもあって、穴太徳側の熊五郎は瀕死の重傷を負い、この怪我がもとで後日亡くなった。一方長吉側は、才次郎も傷を負い、ほかに一人死人が出ている。

この事件は「御座れ参れの喧嘩」と称されたが、あまり世間に知られていない。しかし、博徒仲間のあいだでは、「荒神山の喧嘩」よりも著名であったと語り継がれている。

## 喧嘩の勃発

この喧嘩の舞台となった地元の伊勢地域では、「荒神山騒動」を「高神山騒動」と称している。また、事件の現場一帯では古くから神事山と書いて「こうじやま」と表す。現地は山というよりも広大な丘陵地で、小松と雑木が生える程度の原野であった。もともと「荒神山」は、高神山観音寺の山号を表す「高神山」が正しい表記だが、次郎長らは文字がわからず、『東海遊侠伝』著者の山本（天田《あまだ》）愚案《ぐあん》が悩んだ末に当て字したものであろうが、浪曲・講談の評判から、表記はのちに「荒神山」に定着してしまった。

『東海遊侠伝』では、荒神山騒動のはじまりを「是ヨリ先、伊勢ノ吉五郎（長吉）故アリ三河ニ走ル。是ニ於テ大政又仁吉ト謀リ、之ヲ伊勢ニ復セント欲シ」としている。この「故アリ」とは、長吉が前述の事件に関与して騒ぎを起こしたことを指している。そのため、神戸藩から追求されるようになり、才次郎ら子分どもを引き連れて伊勢国を売り、他国へ移ることとなったのである。

はじめは長吉の故郷である下総へ逃げ込んだのであろう。しかし、ほとぼりが冷めてからは三河へ戻って様子見をしていたと思われる。子分の才次郎の妻たいは、三河岡崎城下両町《りょうまち》の祐伝寺《ゆうでんじ》柴田孝全の娘である。祐伝寺は愛知県岡崎市に現存する真宗高田派の寺院であるが、徳川家ゆかりの寺で、凶状持ちにとっては逃げ込みやすいところであった。警察権も異なるので、神戸藩の追求から逃れることができたのであろう。おそらく寺津村間之助一家や横須賀の吉良仁吉・吉良勘蔵のところをひそかに巡回していたのではないだろうか。

したがって、空き家になった神戸の縄張りは、桑名を拠点とする穴太徳次郎がまんまとせしめたのである。その状況を知って、長吉らは穴太徳に返還を打診したであろう。しかし、穴太徳側がもともと喧嘩を仕かけたのだから、長吉が神戸の縄張りをみずから放棄したのをもっけの幸いとして、返還に応じないことは当然である。

一方、騒動の一か月前の慶応二年（一八六六）三月、信州飯田在駒場村（現、長野県伊那郡）から三河へ帰還して、寺津村の間之助宅に厄介になっていた清水一家の大政らは、宝飯郡平井村の雲風亀吉の襲撃から仁吉一家を守ろうと、寺津から横須賀へ移動してきた。長吉が仁吉に助けを求めてきたとき、大政らもたまたま同居していたのである。

こうして大政・仁吉らは、ただちに長吉を助けようと立ち上がった。

## 荒神山騒動への参戦者

三河から荒神山へ出立した人数だが、『東海遊侠伝』は「一行二二人」としている。この人数も諸書に

■荒神山参戦者

神戸一家側 23名（三河から行った者）

| 清水一家（9名） | 吉良一家（7名） | 神戸一家（7名） |
|---|---|---|
| 山本政五郎（大政）35歳 | 吉良仁吉 28歳 | 神戸長吉（初芝才次郎）53歳 |
| 綱五郎（大瀬半五郎）24歳 | 松坂米太郎（紙谷姓）24歳 | 四日市敬次郎 |
| 大五郎 | 龍作（柳作） | 久居才次郎（浅野姓）23歳 |
| 保太郎 | 伏見桃太郎 | 糸屋市五郎（伊藤姓） |
| 桶屋吉五郎（鬼吉） | 船木幸太郎 | 神戸宇吉 |
| 勝太郎 | 小山田丹蔵 | ほか2名 |
| 菊太郎 | 中畑由五郎（稲垣姓）26歳 | |
| 清次郎 | | |
| 清龍 | | |

対

穴太徳次郎側 40余名（人数は『豊秋雑筆』による）

穴太徳側は、穴太徳次郎44歳をはじめ、角井門之助、阿下喜玉五郎、高尾善兵衛、鷲尾宗五郎26歳、駒沢小次郎らに、雲風亀吉子分20余名が加わる。

より食い違いがあるが、これはやはり襲った側の『東海遊侠伝』の数字を信じたい。一行の名前が記載されているが、不揃いのため特定しにくいので、博徒一家の所属別に分類してみた（上図）。ただし、『東海遊侠伝』に記された顔ぶれでは、一人数が足りない。前出「裁判所博徒調査書」には、中畑由五郎も参加したと記述されているので、吉良一家へ加えるとちょうど総員二三名となる。

『東海遊侠伝』には「是ニ於テ大政又仁吉ト謀リ」とあるが、大政は清水へ戻った次郎長（このとき四六歳）とはすみやかに話し合えないものの、盟友寺津間之助（四七歳）にも相談しないで、仁吉とのみ協議をしたのであろうか。神戸長吉という次郎長派のはるか先輩渡世人から助けを求められて、次郎長の兄貴分でもある寺津間之助を差しおいて、仁吉と二人だけで「伊勢征伐」ともいうべき大戦さを決定できたのであろうか。

しかし、彼らの年齢差をみれば、長吉がまず訪ねる先は、まぎれもなく間之助のところであろう。それでも大政は、仁吉と二人で伊勢行きを決めている。その理由は、すでに仁吉が二人の親分に委任されるほどの実力と信頼があったからではないか。そのために、『東海遊侠伝』では当たり前のこととして書いていると推測したい。

いよいよ荒神山の縄張り奪還を求めて、伊勢へ向かうことになった。仁吉の本拠地である吉良一家のすぐ西に矢作古川がある（現在は広田川が延伸されて平行しているが、当時は合流していた）。当時、横須賀橋はなく、「渡船場」という字名が今も残るように渡し場があり、近くに標石も建てられている。仁吉一家は船便を多用したと思われる。伊勢行きはおそらく二手に分かれ、二、三艘の船で武器や晒《さら》しなどを携えたうえ二三名がそれぞれに乗り込み、矢作古川から三河湾へ出て知多半島西側に沿って伊勢湾を渡ったと思われる（漁協関係者の説）。

慶応二年（一八六六）四月六日、長吉一行は伊勢国三重郡四日市港へ上がろうとした。四月六日は旧暦で、これを太陽暦に換算すると五月二〇日となる。季節は初夏のころで、寒くもなくいちばん心地よい季節である。上陸を試みた四日市港は天領で、すでに地元の目明しが見張っていて阻止され、南岸の日永村《ひながむら》大井《おい》の川《かわ》（現、三重県四日市市）へ上陸した。仁吉ら一行は、晒しを体に巻き付け、刀や槍、鉄砲などの武器を長持へ入れて注連縄《しめなわ》を張り、鈴鹿郡加佐登《かさど》の加佐登神社へ参拝すると称して堂々と行進した。そして、東海道の日永追分から亀山方面へ向かい、石薬師宿《いしやくししゅく》（現、鈴鹿市）に留まった。

七日朝、長吉一行は加佐登神社裏の白鳥塚に陣取った。地元に残った長吉の子分や仲間も騒動に加わったことは当然であろう。

## 荒神山の縄張り

荒神山一帯では、四月上旬に祭りが続く。まず六日に野登山《ののぼりやま》の祭礼、翌七日に高神山観音寺の黒観音ご開帳、八日に加佐登神社の祭礼と、三日間お祭り続きで、そうとうな賑《にぎ》わいがあったと伝わる。

このような賑わうところには必ず野天博奕《ばくち》が開かれたが、とくにこの三日間続く祭礼は、「加佐登山の高市《たかまち》」として有名だったという。諸国の博徒が集まって賭場を開く。博徒集団は互いに勢力を競い合うため、数十里（二〇〇キロ近く）も離れた遠くから子分を連れて乗り込んでくる。

野天博奕は、外に畳を並べてつなぎ、鋲で止めて固定する。あるいは茣蓙《ござ》を敷く。これを盆胡座《ぼんござ》といい、中央に親分が座り、向かいに中盆、壺振りが座り、丁を張る丁座、半を張る半座とに分かれる。荒神山ではこの盆胡座がいくつも並んだという。ちなみに、間抜けな人間を「ボンクラ」と呼ぶが、漢字で「盆暗」と書く。つまり、賭博で盆胡座の勘定が暗い、間抜け、という意味である。

勢力の強い者が高市の盆割を仕切ることになるので、博徒集団（一家）はこれを争い、喧嘩を起こすことになるのである。

なお、仁吉らはただちに喧嘩をはじめたわけではない。四日市の北町に三好屋、南町に梅屋という十手持ちがおり、翌七日に仲裁に入ったが双方とも聞き入れず、その結果、ついに喧嘩は避けられなくなったのである。いよいよ世にいう「荒神山の喧嘩」の戦闘開始である。

## 荒神山の喧嘩の激闘

高神山観音寺周辺の今に残る地形を、明治三一年（一八九八）陸地測量部地図で想定しながら紹介すると、観音寺の東方では、東海道石薬師宿から曲がりくねった狭い道路を西進すると鈴鹿郡上田村にたどりつく。さらに西進すると、山の花村を通って加佐登山に鎮座する加佐登神社裏に出る。そこから西へ一一町（約一一〇〇メートル）ほど進むと高神山観音寺に到達する。

一方、観音寺の西方四町（四〇〇メートル）ほどのところに、標高八五メートルの高塚山がそびえる。北方から流れる椎山《しいやま》川が、東側の山麓を回って観音寺前を通り、鈴鹿川へ流れ込んでいる。

加佐登神社裏の白鳥塚に陣取った長吉側に対して、相対する穴太徳側は高塚山に陣取った。標高がいちばん高く、見晴らしのよい位置となる。長吉陣との距離は一五町（約一・五キロ）ほどであった。

長吉側は、三河からの助っ人を合わせた二三名に、地元にいた長吉の子分や仲間が加わって総勢三〇名を超えたのではないか。敵陣穴太徳側は、直前になって三河から平井村の雲風亀吉が二〇名ほど引き連れて参戦した。『東海遊侠伝』は、穴太徳側が総勢が一三〇名を超えたと伝えるが、穴太徳側の記録はなく定かではない。次郎長は多分に敵陣を大目に表現したと推測する。

四月八日朝、戦いの火蓋が切られた。高塚山から穴太徳組が、白鳥塚から長吉組が威勢よく走り出た。双方は混戦となったが、穴太徳側は猟師に鉄砲を持たせて「先ず肥大の者を撃て」と、大政と仁吉を狙い撃ちさせたところ、仁吉が撃たれた。仁吉が木々の根元にしゃがみ、槍を肩にかけて苦しんでいると、穴太徳側の角井門之助が仁吉を見つけて斬りかけた。仁吉がとっさに槍を突きだして防いだところ、門之助は逆襲に驚いて少し退いた。

神戸側の後日談では、そこへ仁吉を探していた長吉の子分久居才次郎が駆けつけ、門之助を斬り倒したという。しかし『東海遊侠伝』では、大政がただちに救いに向かったがつまずいて転倒。これを見た門之助が大政に斬りかかったが、大政が寝たまま槍を繰り出すと、槍が門之助の股間を貫き絶命した。大政は「敵将門之助を討ち取った」と宣言、穴太徳側は戦意を失い逃走したとある。

『東海遊侠伝』が記す騒動の戦況と、神戸側の話とでは、まったく食い違う。『東海遊侠伝』はいささか自慢話も含まれていると想像するが、諸説入り乱れ、真相は藪の中である。

ところで、『三重県史資料編近世四(下)』に「博徒の活動」として、荒神山騒動に関して、次のような古文書が掲載されている。荒神山騒動にかかわる古文書は少なく貴重である。

長刀者出入之事　四月八日笠殿辺り荒神山にて長刀者の出入あり。穴太村徳方と長吉と出会いなり。徳方には門之介入道とて名有り。長吉方には三州吉良之巳吉とて門人三百人も有ける者味方す。徳方凡四十人余、長吉方は漸く弐十人計りなり。彼の門之介鉄砲にて巳吉を討留ければ又長吉方すすみ門之介を討留める、其の外徳方三四人討れば逃げ出しける。徳方は鉢かね着込具足にて身をかためける。長吉方は常のままなり。巳吉は手負故三州迄駕籠にてかへり直に落命なす。徳方は即死五人、長吉方は三人、都合八人死人なり。誠に大分の口論なり。
(『豊秋雑筆《ほうしゅう》』桑名市鎮国守国神社蔵)

この文書は、まさに騒動直後の戦いの概況に関するものである。しかし、「徳方凡四十人余」は『東海遊侠伝』と比較するとかなり少ない。だが、これが真相に近いのではないか。仁吉一家の「門人三百人も有ける」ほど仁吉に子分はいなかったと思うが、この騒動における長吉側の二〇人は少なすぎる人数である。『東海遊侠伝』は決戦に向かうとき「一隊二二名」と記しているが、三河吉良から出発したときのままではないはずで、長吉側の応援隊もいるはずだ。この騒動は事前に噂となり、見物人も多かったと伝わるが、確実な参戦人数は容易にわかるはずはない。いずれにしても聞き書きのため誤謬《ごびゅう》も多い。「にきち」ではなく「みきち」と書かれているが、これは仁吉が「吉良」の「仁吉」と呼ばれていた証でもある。

なお、この雑筆を残した筆者の豊秋は、本名を稲川吉兵衛という。桑名城下福江町に住んでいた角屋《かどや》の主人で、「豊秋園主人」「古瓢庵《こひょうあん》主人」などと号し、好奇心が旺盛なのか、筆者三八歳の天保五年（一八三四）から明治一一年（一八七八）の四五年間にわたって、町内外の出来事をはじめ社会情勢までを幅広く書き残している。豊秋はおそらく吉良仁吉の名を初めて聞き、そのために吉良之巳吉と誤って記したのであろうが、彼の耳日に届いたということは、当時の伊勢地域における世間の関心事であったのは相違ない。

## 仁吉の戦死

仁吉は前述のとおり、荒神山騒動で重傷を負った。戸板で山下まで運ばれたが、鈴鹿郡上田村から石薬師に至る途中の畑で絶命したという。穴太徳用心棒角井門之助の雇った猟師の鉄砲で撃たれた傷が、致命傷となった。享年二八歳という若さであった。

すでに各藩の捕り方は動きはじめた。長吉一家は早々に現場から立ち去った。清水・吉良連合は、戸板や駕籠《かご》を確保し、重傷者や死亡した者を載せて海岸に向かった。途中、東海道追分を過ぎたあたりの日永《ひなが》村《むら》（現、四日市市）に真宗寺院興正寺《こうしょうじ》があり、亡くなった仁吉らに対して、当時の天白住職が読経したと伝わり、今も境内にはその説明板が掲げられている。

彼らは地元の船頭らに頼み込み、再び大井の川から出航し、長吉組を除く一五名の連中は即日三河へ帰った。なお、講釈師の清龍《せいりゅう》は次郎長に報告するため、ひと足先に清水へ向かっている。

騒動で即死した者は、穴太徳側は角井門之助をはじめ五名だが、ほかの名は不詳である。彼らはいっせいに逃走したため、戦闘道具も散乱したまま置いていったばかりか、死体も置き去りであった。一方、長吉側では、仁吉の子分船木幸太郎、清水一家の大五郎の二人という。

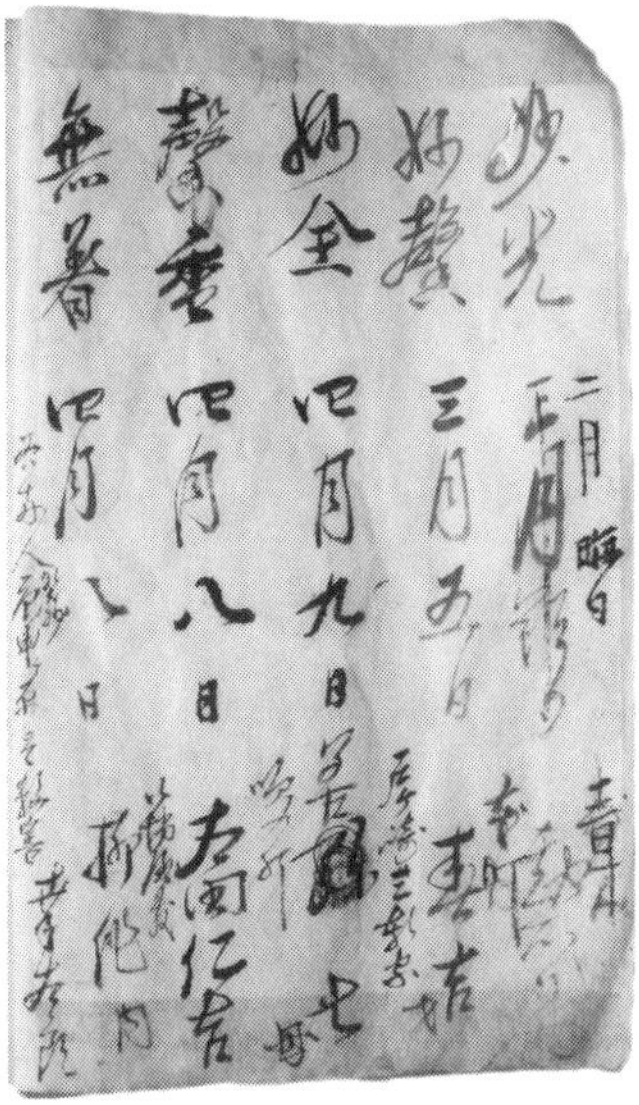

源徳寺の過去帳　「(釈) 馨香」「吹〆町太田仁吉」と子分「無着」「御坊屋舗柳作内」、欄外に「各両人勢州庚申ケ原ニて殺害」とある。

鈴鹿市神戸西条町の妙祝寺に、二つの墓が現存する。墓碑には、「慶応二寅歳四月八日泰進信士」と「慶応二寅歳四月八日厳進信士」とある。寺院所蔵の過去帳では、「笠殿山ニテ切リ死ス長吉子分」と添え書きがあり、日付から荒神山騒動で死亡したことは明白である。『東海遊侠伝』の神戸方にも「外二名失念」とあり、この二人と思われる。結果として、長吉側は四名の戦死であった。

また、重傷の者は、吉良仁吉以外に三名いる。清水一家の大瀬綱五郎・清次郎、長吉一家の糸屋市五郎である。軽傷者は、清水一家が保太郎・勝太郎・清五郎、吉良一家が松坂米太郎・伏見桃太郎・小山田丹蔵、長吉一家が四日市敬次郎・久居才次郎・神戸宇吉の合わせて九名で、それぞれが痛手を被っている。

ところで、仁吉にかかわる多くの物語では、仁吉の妻は穴太徳の妹きくとされ、荒神山へ出かける直前に、仁吉は新妻であるにもかかわらず離縁して決意を固めたとしている。つまり、「義理と人情」のために命を落としたことが任侠道の鏡と称えられ、後世まで美化されてきた由縁である。なかでもこの場面が、お涙頂戴のクライマックスであった。

しかし、仁吉の姉いちの子孫は、仁吉の妻の存在を否定している。とくに仁吉の甥の板倉倉蔵（安政四年生まれ、仁吉死亡時一〇歳）は、仁吉には真の女房というものはなかった、と語っている。

さらに逸話もある。戦前の昭和一三年（一九三八）ごろ、松竹映画の大谷社長から横須賀村役場へ、妻きくの銅像を寄贈したいという申し出があった。だが、村長および議会は「実在しない者の銅像は造っても仕方がない」と断ったという。仁吉の菩提寺源徳寺（西尾市吉良町上横須賀）の藤原住職によれば、最近でも仁吉やきくの銅像を造りたいという申し出があり、断るのに骨が折れると苦笑していた。

義理を通して若くして逝った吉良仁吉の生き方が、今も人びとの心の琴線に触れるのかもしれない。

（冨永　行男）

# 【列伝一二】原田常吉——一〇余年の遠島に服すも八五年の生涯を全うした真の遊侠

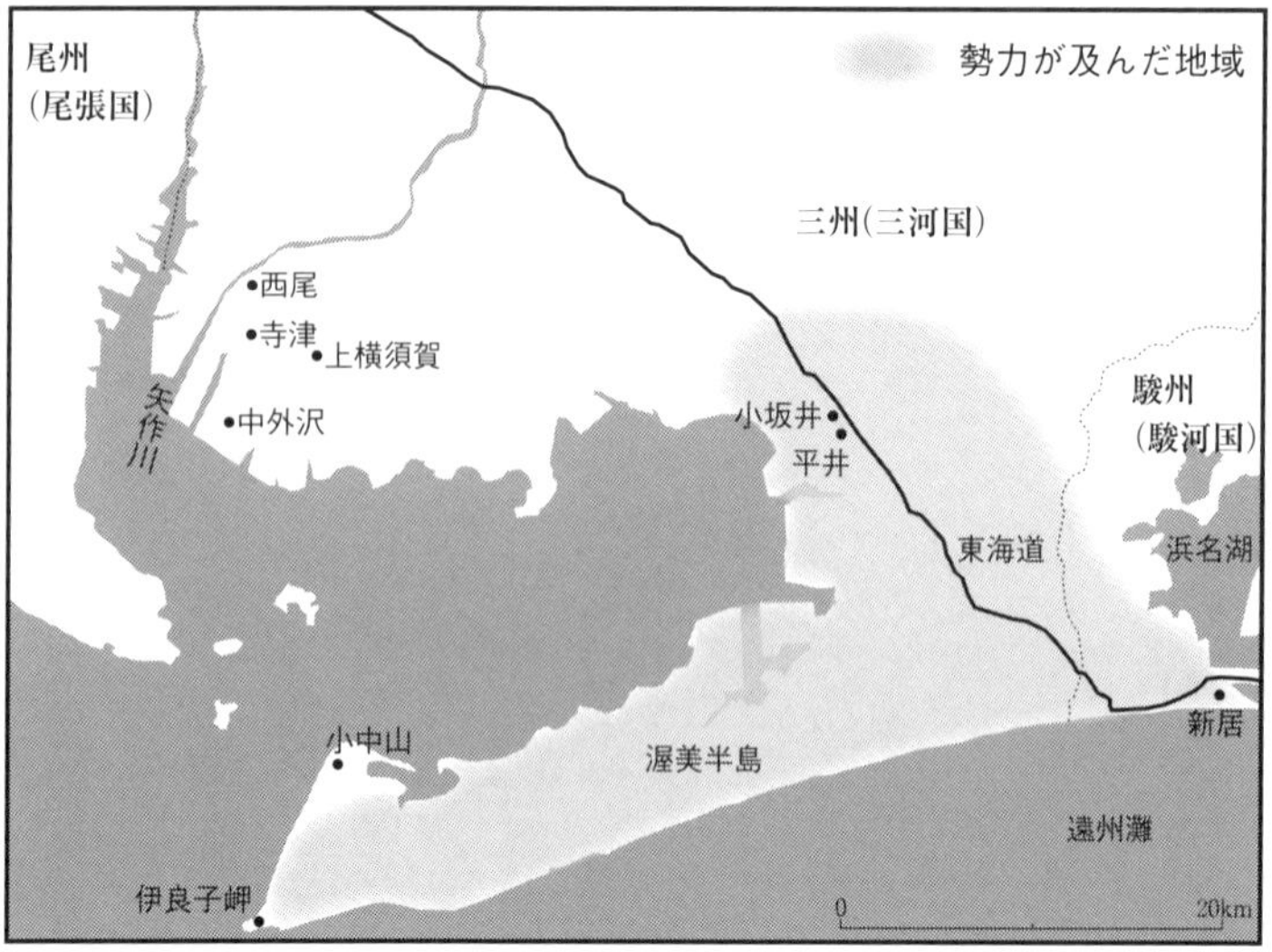


## 「原田常吉」調書

・博徒名　平井常吉《ひらいのつねきち》
・姓名　原田常吉（旧姓：大林）
・生没年　天保二年（一八三一）〜
　大正四年（一九一五）
・享年　八五歳
・出生地　三州（三河国）宝飯《ほい》郡平井村
　（愛知県豊川市平井）
・出自　自小作農
・最期　平井の隠居として大往生
・交流　友好：兄が雲風《くもかぜの》（平井）亀吉《かめきち》、
　間《あい》の川又五郎《かわまたごろう》
　敵対：形原斧八、
　清水次郎長《しみずのじろちょう》（のちに手打ち）

## はじめに

原田常吉は通称「平井の常吉」と呼ばれ、幕末期から明治期にかけて、愛知県宝飯《ほい》郡小坂井町平井を本拠として、東三河地方一円に勢力を有した「平井一家」の親分として、その名を知られていた人物である。「平井一家」について、「愛知県博徒要覧」(昭和六年七月、愛知県警察部刑事課編)は、つぎのごとくしるす。

平井一家ハ吉良一家ト共ニ三河部ニ於ケル古キ一家ナリ。幕末ノ頃小中山《こなかやま》ニ七五三蔵《しめぞう》ナル者博徒ノ親分トナリ威勢近隣ニ振フ。ソノ乾児《こぶん》ニ雲風事平井亀吉ナル者アリ、大担ニシテ好ク衆ヲ率イ勢力アリ。配下ノ者多カリシガ文久ヨリ慶応ニ至ル間ニ於テ七五三蔵ノ跡目ヲ承継シ二代目親分トナリ平井一家ト称ス。明治維新ノ際尾張侯ノ集義隊ニ加ハリ越後ニ遠征シ、平井ノ姓ヲ得タリト云フ。清水次郎長ノ終生ノ敵ナリシ甲州ノ大親分黒駒勝蔵ト兄弟分ノ縁アリ。黒駒ハ清水一家ノ攻ムル処トナリ遁レテ亀吉ヲ頼ミ此一家ニ匿ル。茲ニ於テ次郎長ト抗シ大イニ奮闘シタルコトアリ。其後年月不詳遂ニ死亡シタリ。亀吉ノ実弟原田常吉ナル者明治維新前遠州新居ノ番所ニ発砲シ遠島ノ刑ニ処セラレシガ維新後赦サレテ帰郷シ実兄亀吉ノ跡目ヲ相続シテ三代目親分ト為リ、清水一家ト和ヲ講ジ身内ヲ結束シテ大ニ羽翼ヲ張リ全盛ヲ極メタリ。

右の文に見られるように、原田常吉は、小中山の七五三蔵を始祖とし、雲風の亀吉を二代目とする「平井一家」の跡目を兄亀吉から継いで三代目となったわけで、彼の代になってその乾分たちにより土屋、下条、下五井の諸派が生じている。

明治十七年（一八八四）一月、太政官布告として出された「賭博犯処分規則」の施行については、すでに本誌第五号の拙稿「明治十七年の博徒大刈込」のなかで詳述したごとく、静岡県下では、著名な清水の次郎長こと山本長五郎が懲役七年、過料金四百円に処せられているが、原田常吉の場合、刑期は次郎長と同じ七年、過料金は三百五十円の判決となっており、愛知県下では最高の刑期及び過料金であって、これだけを見ても、彼の博徒親分としてのランク付けがトップクラスであったことを如実に物語っているといえよう。

ところで、博徒親分の伝記といえば、清水の次郎長の『東海遊侠伝』が想起されるが、原田常吉にも、「侠客原田常吉」と題する一書があり、すでに長谷川昇氏が著書『博徒と自由民権』の中で紹介されている。

この伝記は、大正二年（一九一三）、中尾霞生（のち霞山と号す）という当時、名古屋新聞の記者によって、原田常吉が未だ生存中に、本人とその周辺から聞きとりを行ない、その前半生を名古屋新聞紙上に四十八回にわたり連載したもので、その内容の信憑性は非常に高く、原田常吉の「実歴談」と看做《みな》してよいであろう。

編者の中尾霞生は本名済、岡山県の出身で、はじめ、名古屋出身の小説家で大阪に在住した渡辺霞亭方に書生として住込み、のち、その紹介で名古屋新聞社に入社、最初から文筆家志望であったので記者のかたわら、新聞小説なども手掛けて好評を得ていた。「侠客原田常吉」は、実録読物として達意の文章で綴られている。
そこで、この「侠客原田常吉」（以下「常吉実歴談」と記す）を主軸にして、彼の前半生を追い求め、後半生については別の史料で補足して、波瀾な彼の境涯を可能なかぎり辿ってみることとしたい。

## 生い立ち

彼は、天保二年（一八三一）十月十日、三河国宝飯郡平井村（現、愛知県宝飯郡）の農業大林常次郎の三男として生れた。長兄は惣三郎、次兄は亀吉といい、弟に善六があった。生家は五反程度の自小作農であったという。

「原田」姓になったのは、明治元年（一八六八）、母方の縁戚であった原田市作家の相続人となったためである。

原田家は、平井村でも指折りの旧家で、菩提寺である仁長寺の過去帳によれば、「釈唯信、正徳元年（一七一一）十一月二十五日歿平井村、市平」と見えるのを初代として連綿百数十年、五代を経て六代目市作に至り、明治元年その長男長作が三十四歳にて死亡、嗣子なきにより、折しも流刑を維新の大赦で十年振りに故村に帰った常吉が養嗣となって原田家をついだのであった。従って生家は「大林」姓であったが、それ以後は「原田」姓を名乗っている。

さて、常吉について、幼時のことは明らかになし得ないが、ともあれ、次兄の亀吉が江戸相撲へ入門し、「雲風」の四股名で土俵に上がっていたものの、嘉永六年（一八五三）の春、序二段十九枚目限りで見切りをつけて廃業し、帰郷して当時奥三河（渥美郡）で売り出し中の親分、小中山の七五三蔵の身内となっていたので、常吉も次兄にならっていつとはなく、博徒社会に足を踏み入れ、七五三蔵の乾分となったのだと伝えられている。

ここで、当時の彼の動静について、「常吉実歴談」から引用して紹介してみよう。

　彼は極力時の権力や腕力を利用して弱者を圧伏しようとする者に対しては、誰彼の容赦なく反抗を試みた。そして丁度其の頃、駿河国清水港の山本長五郎という常吉に劣らぬ気勢い者が三河に入り込んで来て、盛んに常吉の此の反抗戦に加勢した。至る所の賭場を捻《ね》じる、旧藩の番人を威嚇する。血気に燃えた二人は東三五郡の町から村へ、村から町へ縦横無尽に荒し廻った。

　此の山本長五郎は、のちに清水の次郎長と云って東海全道を風靡した侠客であるが、当時は未だ名も無い一介の若者、斯くして常吉と共に東三地方を流浪したものであった。ところが、此の反抗は役人共の怒りを挑発して、忽ち両人追捕の命令が番所番所に伝えられた。

「常吉実歴談」では、三河入りをして諸所を放浪していた若き日の次郎長と知り合った常吉は、二人で共同作戦を張って三河諸藩の中間《ちゆうげん》部屋の賭場荒らしなどに明け暮れる毎日であったとしているが、次郎長側の『東海遊侠伝』には、ちょうどこの時期の次郎長の行動については、空白となっており、これは次郎長が当時の行状を都合悪しと故意に語らなかったため、『東海遊侠伝』が逸しているのであろう。

しかし、常吉と次郎長が行動を共にしていることについては、のち、常吉が逮捕されて、江戸送りとなり、唐丸籠で東海道を通過し、たまたま清水に逗留の際、次郎長が夜陰に乗じて、密かに唐丸籠の常吉に近づき、短刀を彼に渡し、それで籠を破って脱走するように、すすめているが、常吉は兄亀吉に累が及ぶのを恐れて、脱走をあきらめ、次郎長の申し出を丁重にことわったという、ことの次第を、『東海遊侠伝』は記述しており、次郎長が危険をおかしてまでも、そのような行動に出たのは、かつての仲間意識があった故で、ここに両者の間に深いつながりがあったものと見られよう。

話をもとに戻して、一時追捕の手を逃れて、信州路にまで足を延ばした常吉と次郎長ではあったが、再び三河に帰り、田原藩の中間部屋荒しをして、一層役人の目がきびしくなったので、次郎長はここで常吉と別れて駿州に帰った。

それより、一人となった常吉は遠州新居の宿場に身をひそめたがここではからずも、新居の番所に火縄銃を打ちこむという事件を引き起した。安政二年（一八五五）九月のことである。

もとより人を殺《あや》めようなどと考えたわけではなく、持って生れた「向う見ず」の性格から、ただ、番所の役人の胆を冷やしておけばことが足りると考えたすえの威嚇のための発砲であったが、それよりのちは、いよいよ「お尋ね者」としての追捕の命令はきびしく、身の置きどころとてないありさまであった。

ひとまず生国の三河に入ったが、もちろん足を留めて兄亀吉に逢って後事を托する余裕はなく、尾張国へ出て暫し潜んだが、さらに伊勢路を経て、丹波国福知山の近在に知人があったのを幸い、彼はそこに身を寄せて、生国の兄の許へ音便《おんびん》を出して捜査の手の緩まるのを待った。

同所に潜伏すること数ヶ月、安政三年（一八五六）の春を迎え、兄亀吉から、公然と帰って来ては許されぬまでも、本人さえ用心して其の筋の者の目に触れなければ、故郷近くに隠れ住むこともできよう、との便りを手にした常吉は、念のために武家姿に変装し、身には、割羽織《さきばおり》に野袴を着け、深編笠で面を隠して、東海道「七里の渡し」から、尾州宮の宿に至ったが、ちょうど此所に張込んでいた捕り方に取押えられて縄目をうけ、赤坂の牢屋に繋がれるはめとなった。

かくして発砲事件から三年目の安政五年（一八五八）四月、伊豆新島へ流罪と判決がくだり、明治維新の大赦まで、約十年間、流人生活を送る身となったのである。

## 伊豆新島に流罪となる

昭和十六年（一九四一）、新島郷土館で刊行された、「新島流人帳」によると、寛文八年（一六六八）四月から、明治四年（一八七一）十二月に至る二百四年間に、新島へ流罪になった者は一千三百三十三名で、その中に、

安政五午年四月流罪　平井村無宿　常吉　午二十七歳
慶応四辰年十月十五日御赦免

と、常吉の名が見えている。また、「常吉実歴談」には、次のようにある。

常吉が新島に着いた時には、既に二百人近い罪人が島内に居住して居たが、それ等の囚人を収容する流人小屋といっても、全島に唯一軒あるばかりで、しかも手入れの不行届から屋根は破れて雨露の漏るにまかせ、朝夕名にしおう太平洋の浪を煽って吹きつける磯風は処々はげ落ちた壁の隙間から入るにまかせるという風、ほとんど住家とは思はれぬ程荒れ果てた破れ家のうちに、その二百人近い多数の罪人が起居して居るのであった。而して罪人などと云へば、ほとんど虫けらか獣類の如くに心得、人間並の扱いをしなかった。それ等の沢山な罪人達に対しても、右の流人小屋をあてがった他には、一飯の食だに与へず、流されて来た者は貴賤上下の別なく役人達の監視を受けつつ、自ら働いて自分の口を濡さねばならなかったのであった。そこで囚人共は各々伝手を求めて島民の家に雇はれ、種々の土木工事や田畑の耕作のために昼はそこに行って働き、夜は流人小屋に帰って寝ると云ふ一種の奴隷的生活をして僅かに露命を繋いで居たが、何を云ふにも総面積が三方里にも足らぬ最爾たる小島で、住民の数も少く従って然う云ふ囚人の働き場所になるような仕事口は幾らも無かったため、新に島へ送られて来た流人は、誰でも一時は餓鬼道の苦しみをしつつ糊口の途を捜し歩かねばならなかった。

とあって、新島での流人ぐらしは悲惨なもので、これらは、常吉の晩年の思い出ばなしをもとに綴られたのであってみれば、恐らく事実と見られよう。

そうした苦しい生活の中にも、月日は流れて早くも数ヶ月が経過したが、常吉は、島へ送られて来ると同時に、何事も天命とあきらめ、己れの分を知ってひたすら従順に立ち働いたため、渡島間もなく、まず島奉行をはじめ役人たちの信用を得た。

さらに、仲間同士の喧嘩などがある時には、何時も自ら進んで仲に入って口を利いてやったり、囚人の中で病気に罹って困っている者などには、乏しい自分の懐から身銭を出して薬や食物を買い整え養生につとめるよう励ますのであった。

そして、囚人の衆望はもとより、役人や島民からの信頼は日毎に厚くなり、その年の暮には、流人頭として二百人近い囚人の取締りを命ぜられるに至ったのである。

多年一方の親分株として博徒の群を縦横につかいこなしてきた彼の手腕は、こうした一筋縄ではいかぬ荒くれ者の制御には、最もよく適していたと見えて、常吉が流人頭になると同時に囚人達が生れ変った様におとなしくなったという。

かくして、しばらくの間、流人頭をつとめたが、たまたま島内の一寺院の住職から、島奉行のもとに、囚人の中から心がけのよさそうな者を一人選んで、寺の使い走りなどをする寺男として斡旋して欲しい、との要望があり、常吉は、島奉行の好意あるはからいにより、寺男として雇われることになった。

これが、普通の社会であったものならば、寺男などむしろ賎むべき身分であるが、囚人の身としては全く破格のことで、寺に雇われることとなれば、云うまでもなく、これまでの役人の監視を離れて普通の島民と同様の生活に入るのであるから、よほど信用のある者でなければ、島奉行が許すはずもなく、島へ渡ってから一年たらずの間に、彼はそれだけの信頼を得ていたのである。

寺男となってからの常吉は、今までにも増して骨身を惜まず忠実に働いたので、住職はもとより、寺の檀家の島人からも、無二の寺男として称賛をうけるようになり、そのうち、ふとしたことから、島の娘と恋愛のすえ、結ばれるという一幕があった。そのあたりの経緯について、「常吉実歴談」の描くところを引用しておこう。

ちょうどそのころ、寺の直ぐ近所に、お鶴と呼ぶ娘があって、家に相応の資産もありながら、不幸にして早く両親に死に別れ、幼い弟の伝次郎と云ふのを相手に、としごろの身を縁付きもせず家計を切り廻していた。そして最初は一般の島人と同様、常吉の噂を耳にしても容易に信用しないばかりか、近所の檀那寺へ流人の寺男が来たことを内々嫌がりもし、恐れてもいたほどであったが、種々の用事で常吉が屡々其の家へ出入りするうちに、そうした憎悪の心が漸々《やくやく》なくなると共に、彼のキビ〳〵した男らしい気性や親切な物腰などが、ちょうど若草の葉裏を蒸す和やかな春のひかげのように知らず〳〵其の心の底に泌《し》み入って、寺の和尚や村の人々がする好もしい常吉の取り沙汰を、さも自分の事でも褒めらるるように、我にもなく胸を躍らせながら一心に聞入ったり彼の姿に逢わぬ日の物足りなさを終日思いわびた末、眼鼻立ちの整った凛々しい其の面影を幻に描いて、思はず恍惚と夢見心地になることすら度々あるようになった。

無論、常吉とてもこれ程の切なる情を悟らぬはずはなく、お鶴の素振りを早くから知っていたのであったが、身は天下の法を犯した重罪人、なまじ情を交して濁りに染まぬ娘一人を傷物にしたとあっては、お上への虞れもあり、何くれと目をかけて呉れる寺の和尚をはじめ、村人に対しても申し訳のない次第と、お鶴から打ち明けて云はぬのをよいことに、何処までも知らぬ顔を装うておるので、相思う心と心の隔ても今は僅かに紙一重の近さに等しく、二人はその薄い隔ての垣を押しつ戻しつ他愛も無い運命の神のいたづらに苦しめられておるのであった。

ところが、まもなく二人の愛を結び合せる時がめぐってきた。それは誰よりも、お鶴の様子に目をつけた住職が、彼女をそっと呼んで真意をただすと、前にも云う切ない心の数々を打ち明け、命をかけても常吉に添いたいとの申し出に、遅かれ、早かれ、婿をとらねばならぬ身であれば、忠実一途の常吉とは、似合いの夫婦になる事うけ合いと、早速、重だった村人とも相談の上、晴れて常吉をお鶴の家へ婿入りさせたのである。

お鶴と所帯を持ってからの常吉は、故郷に居るころ多少染物の手心を習い覚えていたのを幸い、農業の片手間にささやかな染物屋をはじめたところ、たちまち島民の信用を得て、思いのほか繁昌し、何不足なく暮すことのできる身の上となり、愛妻お鶴との間に子供も生れて、五、六年の歳月はまたたく間に流れている。

もしいつまでも、このままに打ち過ぎたならば、常吉も普通の島民と同様に何事も知らずに、勤勉な染物屋の主人として新島にその一生を送ったであろうが、運命の数奇は再び彼を博徒社会に復帰せしめるに至ったのであった。

それは、彼が新島に流罪となってから満十年を経た明治元年（一八六八）の秋、明治維新に際して全国の囚人に大赦が行われ、彼もまたその恩典に浴したのである。

終身許されるべき望みがなければこそ、男らしくあきらめ、島の娘と所帯を持ったが、一旦許されたとあってみれば、一時も早く故郷の土を踏み、永年相見ぬ知己や親戚に逢いたいというのが人情と云うべく、即座に妻と子供を連れて、三河に帰る手筈であったが、妻のお鶴は、祖先以来の永住の地を捨てるにしのびず、同行を断念したので、やむなく二人の子供を妻に托して、常吉は単身故郷の平井村に帰った。

その頃、兄の亀吉は、戊辰戦役にあたり、尾張藩の集義隊に従軍して越後方面を転戦し、解隊後も名古屋に居を定めていたので、故郷では、亀吉に代って末弟の善六が平井一家を支えていたが、その善六も形の原一家の食客のため謀殺され、一家の乾分は離散して見る影もなかった。

然るに、常吉が帰ると、彼を慕ってかつての身内が一人二人と戻り、次第に勢力をもり返して、東三河一帯を縄張りとし、平井一家として再び渡世人仲間では知られるようになった。

さて、話を少し戻し、常吉が新島に流罪中にかつての盟友清水の次郎長は、日の出の勢いで海道筋にその侠名を馳せ、甲州黒駒勝蔵と縄張争いを続けていたが、たまたま勝蔵が常吉の兄亀吉方に寄宿中に襲撃して、勝蔵及び亀吉の乾分合せて五人の死者を出した。

従って、常吉が島から帰ってからも、次郎長の清水一家と常吉の平井一家の確執は尾を引いていたが、次第に両者を仲直りさせようという動きが生じて、まず明治六年に次郎長と常吉が東海道御油宿《ごゆじゅく》の「こい屋」という旅籠で面会し、懐古談を語り合って和解の糸口がつけられ、その後紆余曲折を経て、明治十三年六月、遠州浜松の料亭「島屋」に於いて、清水一家と平井一家の手打式が行われた。この時の模様を「常吉実歴談」は克明に書き残しており、遺漏するところがない。

## 常吉の獄中生活

浜松の手打式のあと、常吉は天竜川以西だれに邪魔されることもなく、隠然たる勢力をのばし、千余人の身内を擁する東三河最大の大親分にのし上って行く。

然るに、冒頭でもふれたが、明治十七年一月、太政官布告として出された「賭博犯処分規則」の施行にともない、捕縛された常吉はその年の六月二十七日、御油警察署より、懲役七年、罰金三百五十円の判決をうけて、名古屋監獄に収監されるに至っている。

ところで、常吉の在監中の動静について、その行状を詳細に綴った「第二十四号行状録」（名古屋刑務所文書）という記録があり、これはかつて、長谷川昇氏が調査された貴重な史料であるが、幸い同氏のご了解を得て、筆写させていただくことができた。

この史料によれば、名古屋監獄に於ける常吉の行状は、品行・就業など収監囚の模範者としてその成績の秀抜であったことを充分に知ることができるが、この史料を発掘された長谷川昇氏は、「変革期に於ける庶民エネルギーの原泉」と題する論考の中で、つぎの如く述べられている。

「明治十七年の大刈込」で懲罰七年・過料三五〇円の刑を受けて名古屋刑務所に服役中の三河「平

井一家」の親分原田常吉の行状を記した「第二十四号行状録」というものがある。それによると常吉の獄中の行状は、「大刈込」で収監されていた群百の博徒中で群を抜いた存在であったらしく、多くの博徒に接してその実態に通暁している筈の看守達にも「衆中ニ卓絶」或いは「泥中ノ蓮」と書きしめる程の尊敬感を抱かすに至っている。例えば、「試ミノタメ常吉ヲ汚穢《おわい》極マル病人ノ看病夫ニ使役スルニ、聊《いささか》カモ忌避《きひ》ノ色ナク病者ノ常ニ屈心セザル様、言葉優シク懇々《こんこん》慰問シ、自ラ糞尿ニ接シ汚物ヲ洗イ、夜間寝スルモ衣帯ヲ解カズ薬石ヲ投与スル等ノ身労ヲ意トセズ」という具合である。そして模範囚として伝告者に任ぜられ賞表三個をも与えられている。看守はこの常吉を「素ヨリ教育ノ有ルト云フニアラザレドモ、天然ノ義気を備ヘテヨク衆人ヲ統轄スル器」と評し、「其ノ美挙ヲ見テ黙止スルニ忍ビズ」として愛知県知事勝間田稔宛ニ「仮免ノ儀ニ付具状」を差出すという異例のことを行っている。（傍点は原論考のまま）

長谷川氏の論考にも見られるように、服役中の常吉の態度は、看守たちが従来博徒に対して抱いていた「無頼ノ徒」という考えを、彼に関する限り根本的に改めさせたのみならず、さらに一種の尊敬にも似た感情を常吉に寄せた看守たちは、相談のうえ、仮釈放の手続きを副典獄に申請するに至っているが、これは、とりもなおさず常吉の種々の行為が決して見せかけのものでなかったことを如実に物語っているものと見做される。

仮釈放のための上申書とも云うべき「仮免ノ限ニ付具状」は、縷縷《るる》として綴られたかなり長きに渉るものだが、服役中の常吉の動静が手にとるように述べられ、減刑（仮釈放）を願って、看守が寄せた常吉に対する好意の情感は、担当の職務を越えているとさえ思われるまでに、その紙背から読みとることができるといえよう。加えて、この「具状」（上申書）には、さらにつぎのような「附言」が添えられている。

附言　原田常吉ハ博徒社会中義気アツテ頗《すこぶ》ル至考ノ者ト予テ聞知スル処、恰《あたか》モ吻合《ふんごう》スル一事アリ、是レハ既往ノ事ニテ右具状スルニ当り敢テ必要ヲ感セザル処ナレドモ、其ノ美挙黙止スルニ忍ビザル所以ハ、過ル明治廿年五月頃、「愛知絵入新聞」ヲ閲スルニ、「近世水滸伝」第三十八章ニ曰ク

として、本稿「生いたら」の項でふれた、常吉が新島に流刑のため護送中に、清水の次郎長が短刀を差し出し、唐丸籠を破って逃走を勧めたが、常吉は兄亀吉に累の及ぶのを恐れて、その申出を拒否したという例の挿話を引用して、常吉の従順な人柄を察知する一助にしているのは、至って興味深いことと云わねばなるまい。

なお、『近世水滸伝』は、天田愚庵の著作になる『東海遊侠伝』を骨子として、通俗的に筆を加え、新聞連載の読物とした「次郎長」の伝記である。

附言には、常吉が如何にものの道理をわきまえた人物であるかということを証拠立てるために、新聞に連載された「近世水滸伝」まで引用し、また、既に静岡県下では清水の次郎長が放免されて正業についているという、前例を引いて、されば常吉も仮釈放あって然るべき旨が述べられている。

このような附言まで添えられた上申書が提出された例は恐らく他に例を見ないであろう。

斯くまでして、上申書が書かれるに至ったのは、常吉の人並すぐれた統轄力はもとより、看病夫に任ぜられた時の病人に対する献身的な奉仕精神、塗工時代の真摯な作業態度など、他の服役囚には見られない彼の立ち居振舞いが、看守の心をつき動かしたものと忖度される。

ところで、二人の看守によって、副典獄へ提出された上申書は、充分な検討がなされた上、愛知県知事勝間田稔宛に差出され、これが認可される運びとなって、明治二十一年六月七日、満四年の獄中生活を終えた常吉は、晴れて仮釈放の身となったのである。

## 晩年の常吉

出獄してからの常吉は、足を洗って堅気になったわけではなかったが、前半生の血気にはやった頃とは打って変って、もの静かな境地で日々を送り、数年後の明治二十六年三月に、名古屋に居た兄の亀吉が、常吉の住んだ平井とはほど遠からぬ宝飯郡下佐脇に帰って病歿したので、その三十五日の法要を盛大にとり行ない、その際に自分も隠退して、跡目を弟善六の長男善吉に譲っている。

ところで、彼の晩年について、扶桑新聞（明治三十一年十月二十八日附）にはつぎのようにある。


〈侠客の美挙〉

三河国宝飯郡豊秋村大字平井、原田常吉は名を遠近に知られたる侠客なるが、去る頃より専ら教育等公共事業に熱心にて、此程同じ村の第二尋常小学校へオルガン（代金二十円）、また伊奈村外二ケ村組合高等小学校へ木銃百挺を寄附せり、奇特なると云ふべし。

つぎに、今から約二十年前に、宝飯郡小坂井町平井に赴き、彼の家の東隣に住んでいた藤田東洲氏（明治十二年生れ、小学校々長、教育長などを歴任、昭和四十四年歿）を訪ねて、想い出話を伺ったことがあるので、記しみよう。（昭和四十年七月四日聞きとり）

親分さんは、背丈が五尺六寸ほどあり、スンナリとした体つきで、若い頃は仲々の好男子であったとのことです。一家の人たちはもとより、近所の人なども、親分さんのことを「ご隠居」と呼んで居りました。ことのほか、物腰の柔らかな温厚な人柄で、田圃《たんぼ》のあぜ道で野良帰りの村の人と出会うと、必ず道を譲り、「ご精が出ますな」と愛想よく言葉をかけ、たまに所用で豊橋あたりへ出掛けて、帰りは人力車で帰ることがあっても、必ず村境で下り歩いて家へ帰られるのが常で、決して門口へ乗りつけたりはされず、不思議に思って訊ねたところ、「村の衆たらが一生懸命に働いているのに、無職渡世であった自分が車で乗り切っては相すまぬ」との返事で、そうした「ご隠居」のさりげない心遣いが村の人たちにも通じたと見え、誰からも親しまれ、農産物の初物など、まず「ご隠居」に届けて賞味してもらうのが通例でもありました。それにすでに隠居の身ではあっても、かつての「ご隠居」の侠名を慕って、時おり旅修業の渡世人が立ち寄ることもありましたが、そんな時には必ず何がしか

晩年の原田常吉・きみ夫妻

の草鞋《わらじ》銭を渡した上、「渡世人は決して堅気の人に嫌われるような行ないをしてはいけない」と諭しておられ、これが「ご隠居」の信条でもあったようです。
またある時、初老を過ぎた物乞が幼い子供を連れて門口に立ったことがありました。親子ともに着ているものはボロボロで、おまけに子供の頭は毛じらみでいっぱいでした。「ご隠居」は見かねて、衣類を与えて着替えをさせ、さらに湯を沸かして庭先で子供の頭の洗髪をしてやりなされました。親子ともども非常に感謝して帰ったことは云うまでもないことですが、ともあれ、そんな行為も厭わぬ慈悲深い親分さんでした。

とあり、かつて新島流罪中、あるいは名古屋監獄時代に示された姿勢が崩されることなく終生にわたって貫かれた模様である。

## おわりに

改製原戸籍によれば、原田常吉が波瀾の境涯を閉じだのは、大正四年（一九一五）二月六日午前一時で、享年八十五歳であった。

彼の前半生について詳述された「常吉実歴談」の史料的価値について検討を加えてみるならば、「実歴談」といっても、ある程度の粉飾が施されているものと見なければばならないが、例えば、「実歴談」にある常吉が新島流刑中に、病気に罹っている囚人を介抱したり、仲間同士の喧嘩騒ぎを進んで鎮撫したりして、それらの人柄を見込まれて流人頭に選ばれ、さらに望まれて寺男をつとめ、また島の娘から思慕されたうえ婿入りする話などは、必ずしも事実無根のことではなかったのではないかと考えられる。

それは、さきにふれた看守によって書かれた「上申書」の中に見られる常吉の持って生れた資質からすれば、当然ありうる話として首肯することができるからである。従って、「実歴談」を公的な文書ともいえる「上申書」に照射してみたとき、「実歴談」が俄然と真実味を帯びてくるように思われてならない。

ともあれ、この稿をまとめる一つの目的として、世間一般に「博徒」というと、イコール「無頼の徒」のイメージが強いが、稀には常吉の如き、生涯「天然ノ義気」を有し、代償を求めることなく、ひたすら弱者の味方となり、「弱きを助け、強きを挫く」という、所謂〝侠客〟或いは、〝仁侠の徒〟の標榜を身をもって、実践なし得た博徒親分の実在したことを明らかにしたかったのである。

ところで、最後になったが、「常吉実歴談」の中に、常吉が新島に流罪中に所帯を持った「お鶴」の弟に、伝次郎という者が登場するが、この伝次郎はのち、名古屋事件に連座して「無期徒刑」の判決をうけた青沼伝次郎のことではないかと、ここに推定しておく。

長谷川昇氏の『博徒と自由民権』によれば青沼伝次郎は、伊豆新島の生れで、常吉の縁をたよって本土に渡り平井一家に草鞋を脱いだ男とのことで、法務図書館蔵の「愛知県大島渚等強盗事件書類」に収録されている「警察調書」には、事件当時（明治十七年）には、年齢が三十五歳とあり、そうしてみると、常吉が新島に流罪になった安政五年（一八五八）には、まだ九歳で、「実歴談」にある〝幼い弟の伝次郎〟という表現に一致し、また、「囚人名籍」に、「元紺屋職」と見えるところから、これは伝次郎が常吉のやっていた染物屋を手伝っていたものとも考えられ、同人であるという可能性が見られるのである。

青沼伝次郎は、明治十七年の博徒大刈込みにより、親分常吉が捕縛されると、止宿中の常吉方を去り、名古屋に赴いて、大島渚ほか同志の者と共に、明治十七年八月十七日夜の「平田橋巡査故殺事件」をかわきりに、資金調達のための強盗及び未遂の犯行を数回重ね、「単純な故殺」の罪状で、無期徒刑に処せられ、北海道の空知監獄に送られているが、その後の消息は杳として定かでない。

「常吉実歴談」にある常吉の義弟であった伝次郎が、名古屋事件に関係した青沼伝次郎であるという確認は、いまにわかに得られないが、参考に書き添え、他日を期して考証を俟つこととしたい。

（水谷　藤博）

――本稿は、「原田常吉の生涯――『実歴談』に見る幕末明治期博徒親分の動向――」（東海近代史研究第八号、一九八七年）を改題しました。

# おわりに

本書は、歴史系博物館の江戸のアウトローの展示に端を発している。アウトローをテーマに、企画立案し、資料を収集、まして公開展示を実現することはきわめてむずかしい。二〇〇四年に国立歴史民俗博物館で開催した「民衆文化とつくられたヒーローたち――アウトローの幕末維新史」の移動展示が、内諾を得ていた群馬県立歴史博物館の当時の峰岸純夫館長からオープン直前、公序良俗に反する怖れありと拒絶されたことから、身にしみて体感していた。アウトローへの拒否反応は、自主規制となっていた。

三か月に及んだメイン展示は心配されたその筋との一切のトラブルもなく、好評のうちに無事終わった。これが最初で最後の展示と覚悟していたところ、二〇一一年、突然、府中市郷土の森博物館若手の花木知子学芸員から、博徒小金井小次郎を取り上げ、「アウトローたちの江戸時代――19世紀の府中の世相」の展示をしたいと相談をもちかけられた。驚いて府中博を訪れ、館長さんにお会いし、その勇気に敬意を表し、全面的に協力を申し出た。展示は地味なフィールドワークを重ねた府中宿と、その周辺の分析から旧来の小次郎を一新した実像に迫るもので、地域の人びとに喜ばれ、なんら問題もなかったと聞いている。

二年後の二〇一三年、甲州博徒の金城湯池《きんじょうとうち》山梨県の県立博物館で、そのものズバリの「黒駒勝蔵 対 清水次郎長――時代を動かしたアウトローたち」が企画され、大々的に開催された。平川南館長・担当した若手高橋修学芸員以下、館を挙げた周到な準備体制のもと、私も助言をし、北杜市在住の菅原文太さんを引っ張り出すなど、及ばずながら協力した。

展示は広く好評をもって迎えられ、なかでも高橋修氏の勝蔵をはじめとする博徒群の個別分析は、アウトロー研究に新たな地平を展望するものとなった。この厳しい状況のなか、アウトローの展示に踏み切った、若手研究者の勇断をこのまま終わらせてしまってはならない。展示の土台となった研究成果を、「遊侠列伝」にして記憶に留めておきたいと、博徒史研究会なる小結社を思い立った。

花木知子・高橋修両氏に、すでに一九九三年千葉県立大利根博物館で「天保水滸伝の世界」の展示を担当した実績がある米谷博氏、武州多摩の博徒史に新境地を拓いている若手高尾善希氏、愛知県吉良町に根を下ろして三河博徒史、とくに吉良仁吉をライフワークとする冨永行男氏に呼びかけ、花木氏に事務局をお願いした。かれこれ五年、高尾氏の尽力による立正大学での研究会など、中断もあったが重ねた。

かくして国定忠治以下一〇名の執筆に漕ぎつけたが、彼らに加えて、博徒史研究なかば四八歳の若さで亡くなった水谷藤博氏の遺稿「原田常吉」を、ご遺族の了解を得て収録することを決断した。一一名の「近世遊侠列伝」を、出版事情厳しきなか、敬文舎柳町敬直社長の甚大なるご厚意に甘え、上梓の運びとなった。編集担当の阿部いづみ氏には微に入り細にわたって大変な御苦労をおかけすることになった。付記して感謝申し上げたい。

アウトローたちよ、漆黒の闇から甦《よみがえ》って公序良俗に汲々《きゅうきゅう》とする現世を睥睨《へいげい》せよ！

二〇一六年八月

高橋　敏

# アウトロー関連年表

| 年号 | 年 | 西暦 | 社会のできごと（太字は博徒関連事項） | 掲載博徒関連事項 |
|---|---|---|---|---|
| 宝永 | 6 | 1709 | **「無宿片付之事」発令** | |
| 安永 | 7 | 1778 | **関東に無宿者徘徊につき取締令** | |
| 寛政 | 4 | 1792 | ロシアのラクスマン、根室に来航 | 飯岡助五郎、生まれる |
| | 6 | 1794 | **百姓から「取締役」を選定し、長脇差を差した者を取り締まる法令** | |
| | 9 | 1797 | 蔦屋重三郎死去 | **西保周太郎**、生まれる |
| | 10 | 1798 | **「通り者」の取締令** | |
| | 11 | 1799 | 高田屋嘉兵衛、択捉島渡海に成功 | |
| | 12 | 1800 | 伊能忠敬、蝦夷地の地図を幕府に献上 | |
| (享和) | 13 1 | 1801 | **暴力集団の取り締まり、無宿二人獄門** | |
| 享和 | 2 | 1802 | 木村蒹葭堂死去 | |
| | 3 | 1803 | 伊能忠敬、東海・北陸・佐渡の測量に | |
| (文化) | 4 1 | 1804 | ロシア使節レザノフ来航 | |
| 文化 | 2 | 1805 | **関東取締出役（八名）を設置** | 小川幸八、生まれる |
| | 3 | 1806 | 丙寅の大火 | **佐原喜三郎**、生まれる |
| | 4 | 1807 | **関東取締出役を一〇名に増員** | |
| | 5 | 1808 | フェートン号、長崎港に侵入 | |
| | 6 | 1809 | 式亭三馬『浮世風呂』前編刊行 | |
| | 7 | 1810 | 高橋景保「新訂万国全図」を作成 | **国定忠治**、生まれる／笹川繁蔵、生まれる |
| | 8 | 1811 | 雷電為右衛門引退 | **竹居安五郎**、生まれる |
| | 9 | 1812 | 村を徘徊する浪人の取り締まり強化 | |
| | 10 | 1813 | ロシア艦長ゴロブニンを釈放 | |
| | 11 | 1814 | 曲亭馬琴『南総里見八犬伝』初編刊行 | |

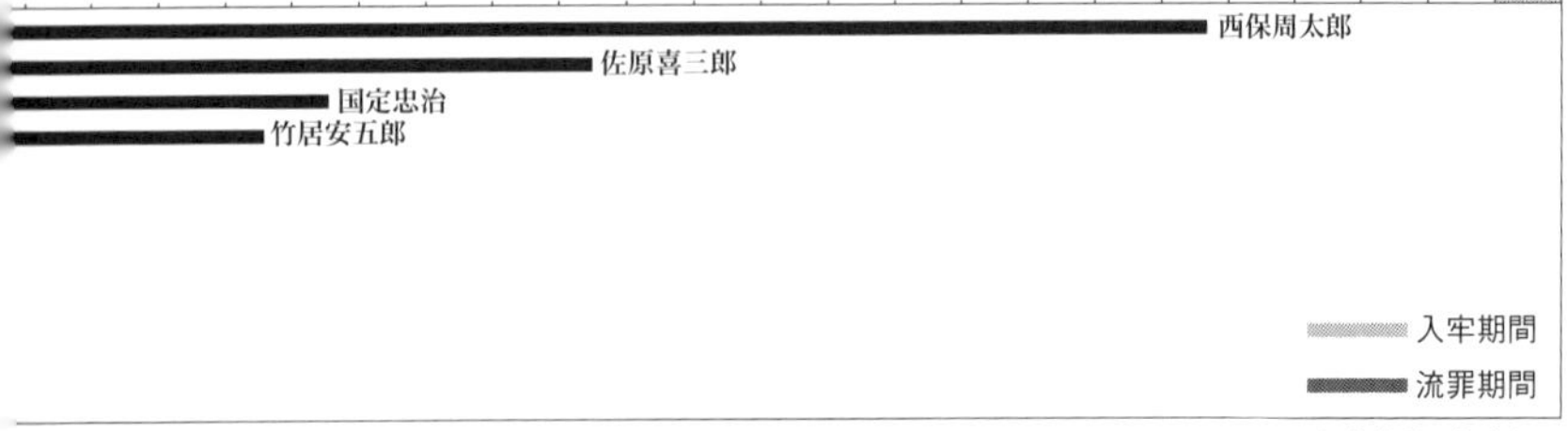


年表作成／花木知子

| 年号 | 年 | 西暦 | 事項 | 人物 |
|---|---|---|---|---|
| | 12 | 1815 | 伊能忠敬、測量隊を伊豆七島に派遣 | |
| | 13 | 1816 | **関東取締出役を一三名に増員** | |
| | 13 | 1817 | 諸国で大旱魃発生 | |
| (文政) | 1 15 | 1818 | 伊能忠敬死去 | **小金井小次郎**、生まれる |
| 文政 | 2 | 1819 | 糸魚川で郡代の悪政を訴え打ちこわし（黒川騒動） | |
| | 3 | 1820 | 米市場での不正取り引き禁止 | 清水次郎長、生まれる |
| | 4 | 1821 | 『大日本沿海輿地全図』完成 | **西保周太郎**、博徒間の抗争で死去 |
| | 5 | 1822 | **関東取締出役の鑓・長刀などの研師に職務精勤を命じる** | **勢力富五郎**、生まれる／**石原村幸次郎**、生まれる |
| | 6 | 1823 | 摂津・河内の百姓、木綿売りさばきで勝訴 | |
| | 7 | 1824 | 盗賊警戒令 | |
| | 8 | 1825 | 異国船打払令 | |
| | 9 | 1826 | **長脇差禁止令** | |
| | 10 | 1827 | **文政改革により組合村をつくる** | |
| | 11 | 1828 | 諸国に人別帳の提出を命じる | |
| | 12 | 1829 | 己丑の大火／赤痢大流行 | |
| (天保) | 1 13 | 1830 | 御蔭参り流行／路上賭け事禁止 | |
| 天保 | 2 | 1831 | 俵物（煎海鼠）の密売禁止 | 小川幸八の子**小川幸蔵**、生まれる／**原田常吉**、生まれる |
| | 3 | 1832 | 鼠小僧、市中引き廻しのうえ獄門 | **黒駒勝蔵**、生まれる |
| | 4 | 1833 | 米価高騰で窮民が暴動 | |
| | 5 | 1834 | 町会所、窮民三三万人余に施米 | **国定忠治**、島村伊三郎を殺害して一大盗区を形成 |
| | 6 | 1835 | 大原幽学、総州香取郡で性学を講義 | |
| | 7 | 1836 | **甲州の天保騒動に博徒が加わる** | **佐原喜三郎**、八丈島へ流罪となる |
| | 8 | 1837 | 大塩平八郎の乱／モリソン号事件 | **竹居安五郎**、暴力沙汰を起こし、内済で落着 |

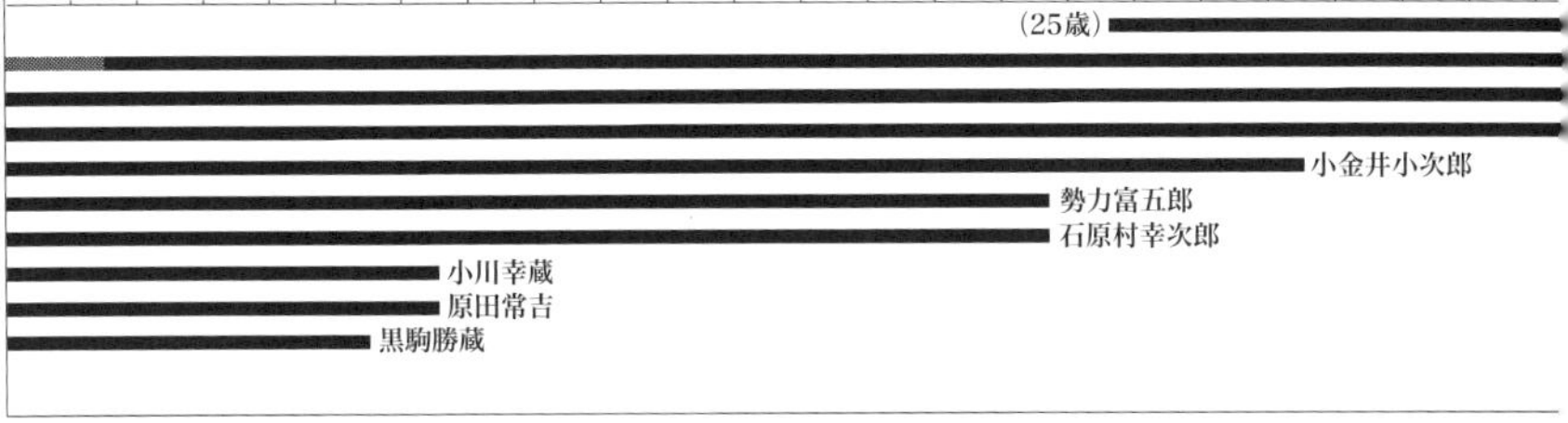

# アウトロー関連年表

| 年号 | 年 | 西暦 | 社会のできごと（太字は博徒関連事項） | 掲載博徒関連事項 |
|---|---|---|---|---|
| 天保 | 9 | 1838 | 江戸城西の丸全焼 | **佐原喜三郎**、八丈島から島抜けし江戸で捕縛、死罪判決 |
| | 10 | 1839 | 渡辺崋山・高野長英、捕縛（蛮社の獄） | **吉良仁吉**、生まれる |
| | 11 | 1840 | **伊豆韮山代官江川英龍、伊豆諸島支配に** | **小金井小次郎**一派、小川幸八一派と抗争／**竹居安五郎**、博奕の咎で中追放 |
| | 12 | 1841 | 天保改革はじまる | 竹居安五郎、筒取博奕で重敲き |
| | 13 | 1842 | **江戸市中徘徊の無宿人に帰農を奨励** | **国定忠治**、三室勘助を謀殺／**佐原喜三郎**、宥免され永牢に／小川幸八、辰五郎を殺害 |
| | 14 | 1843 | 江戸の人別帳にない百姓に帰村命令 | |
| （弘化） | 15 1 | 1844 | **道案内、関東取締出役の体制下に** | **小金井小次郎**、佃送り／小川幸八、八丈島へ遠島／笹川繁蔵と飯岡助五郎、利根河原で決闘／助五郎、繁蔵を急襲、敗走／**内田佐左衛門**、道案内に |
| 弘化 | 2 | 1845 | 水野忠邦、山形に転封・蟄居 | **佐原喜三郎**死去／**竹居安五郎**、津向文吉と鰍沢でぶつかる |
| | 3 | 1846 | 江川英龍、伊豆七島巡視に | **小金井小次郎**、新門辰五郎と石川島に及ぶ大火を消し御赦免に |
| | 4 | 1847 | 信濃大地震、善光寺参詣者の死者多数 | 笹川繁蔵、飯岡助五郎の息子らに闇討ちにされる |
| （嘉永） | 5 1 | 1848 | 異国船対処のため、江戸湾警備を強化 | **石原村幸次郎**一味、伊勢松坂の半兵衛を殺害 |
| 嘉永 | 2 | 1849 | 総州小金原で将軍家慶の鹿狩り | **勢力富五郎**、金毘羅山で関東取締出役と対峙後自害／**石原村幸次郎**磔刑 |
| | 3 | 1850 | **宝井琴凌の『天保水滸伝』が高座に** | **国定忠治**磔刑 |
| | 4 | 1851 | 力士一〇〇余人、取組の不平から回向院に籠城 | **竹居安五郎**、伊豆新島へ遠島 |
| | 5 | 1852 | オランダ商館長、アメリカ使節来航を予告 | |
| | 6 | 1853 | ペリー、浦賀に来航 | **竹居安五郎**、伊豆新島から島抜け／甲州博徒の国分三蔵・祐天仙之助と武州博徒の田中岩五郎が対立 |
| （安政） | 7 1 | 1854 | 日米和親条約締結 | |
| 安政 | 2 | 1855 | **伊豆韮山代官の江川英龍が急逝** | **小金井小次郎**、八王子で捕縛／**原田常吉**、遠州新居の番所に火縄銃を打ち込む |
| | 3 | 1856 | アメリカ駐日総領事ハリス来航 | **小金井小次郎**、三宅島へ遠島／**黒駒勝蔵**、**竹居安五郎**の子分に／**小川幸蔵**、傷害事件で無宿に／**原田常吉**、尾州宮宿で捕縛 |
| | 4 | 1857 | 韮山反射炉完成 | 甲州博徒の三井卯吉、惨殺される |
| | 5 | 1858 | 日米修好通商条約締結／コレラ大流行 | **原田常吉**、新島へ遠島 |
| | 6 | 1859 | 横浜開港 | 飯岡助五郎死去／祐天仙之助、三井卯吉の仇を討ち勢力を継承 |

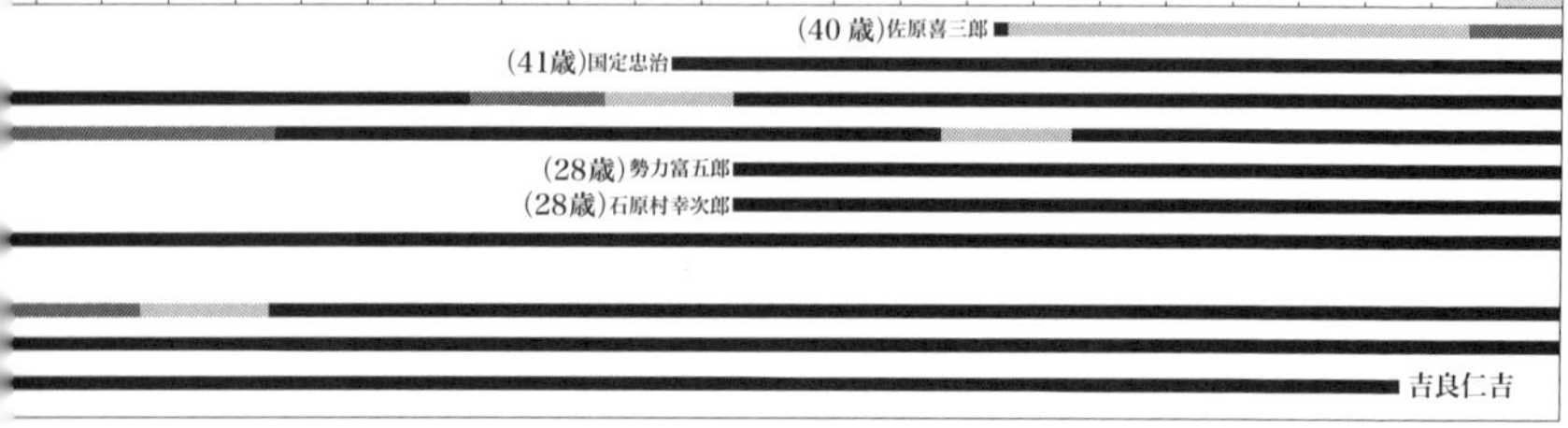

| 元号 | 年 | 西暦 | 主な出来事 | 博徒関連 |
|---|---|---|---|---|
| (万延) | 1 7 | 1860 | 咸臨丸、品川を出港／桜田門外の変 | 小川幸八、八丈島からの島抜けに失敗、樫立村名主を殺害して自害 |
| 万延(文久) | 1 2 | 1861 | 皇女和宮、京を出立し江戸に向かう | **竹居安五郎**捕縛／**黒駒勝蔵**、国分三蔵との闘争で東海地方へ逃走 |
| 文久 | 2 | 1862 | **歌川豊国、錦絵『近世水滸伝』を上梓** | **竹居安五郎**、石和代官所牢内で獄死／祐天仙之助、新徴組に入隊 |
|  | 3 | 1863 | 近藤勇ら、浪士組に参加 | 祐天仙之助、仇討ちにより死亡／**黒駒勝蔵**、清水次郎長と天竜川を挟み対陣 |
| (元治) | 1 4 | 1864 | 天狗党の乱／禁門の変 | **黒駒勝蔵**、**原田常吉**の兄宅で清水次郎長に襲撃される、**吉良仁吉**初参戦／**黒駒勝蔵**、討幕を掲げて甲府城攻略を計画、上黒駒村で博徒と浪士を集める |
| 元治(慶応) | 1 2 | 1865 | パリ万博への参加決定 |  |
| 慶応 | 2 | 1866 | 各地で打ちこわし発生 | **黒駒勝蔵**、荒神山で清水次郎長と対決／**吉良仁吉**、荒神山の喧嘩で死去 **小川幸蔵**、武州世直し一揆鎮圧に貢献、帰村が許され有宿に |
|  | 3 | 1867 | 大政奉還 |  |
| (明治) | 1 4 | 1868 | 戊辰戦争勃発 | **小金井小次郎**、御赦免で三宅島より帰郷／**黒駒勝蔵**、赤報隊に入隊／**原田常吉**、大赦で新島より帰郷／**黒駒勝蔵**、徴兵七番隊に編入 |
| 明治 | 2 | 1869 | 版籍奉還 | **小川幸蔵**、韮山県より治安維持の役目を申し付けられる |
|  | 3 | 1870 | 平民に苗字の使用許可 |  |
|  | 4 | 1871 | 廃藩置県 | **黒駒勝蔵**、甲府で斬首／**小川幸蔵**、准流5か年の刑に |
|  | 13 | 1880 | 国会開設の請願書、受理されず | 平井（**原田常吉**）一家と清水一家との手打式 |
|  | 14 | 1881 | 大隈重信、罷免(明治一四年の政変) | **小金井小次郎**死去 |
|  | 15 | 1882 | 東京馬車鉄道、新橋—日本橋間に開通 | **小金井小次郎**が主人公の三世柳亭種彦『落花清風慶応水滸伝』刊行 |
|  | 17 | 1884 | 「賭博犯処分規則」（博徒大刈込）発令 | 清水次郎長捕縛／**原田常吉**捕縛／『東海遊侠伝』刊行／**小川幸蔵**、服役中に病死 |
|  | 18 | 1885 | 第一次伊藤博文内閣成立 | 清水次郎長、山岡鉄舟らの尽力で仮釈放 |
|  | 21 | 1888 | 大日本帝国憲法発布 | **原田常吉**、仮釈放 |
|  | 23 | 1890 | 第一回衆議院議員選挙総選挙 | 江戸時代の博徒の番付「近世侠客有名鏡」刊行 |
|  | 26 | 1893 | 上野—直江津間の鉄道、全通 | 清水次郎長死去 |
|  | 27 | 1894 | 日清戦争はじまる（～95年） | 市村座で『新門辰巳小金井』上演 |
| 大正 | 4 | 1915 | 前年より第一次世界大戦はじまる | **原田常吉**死去 |

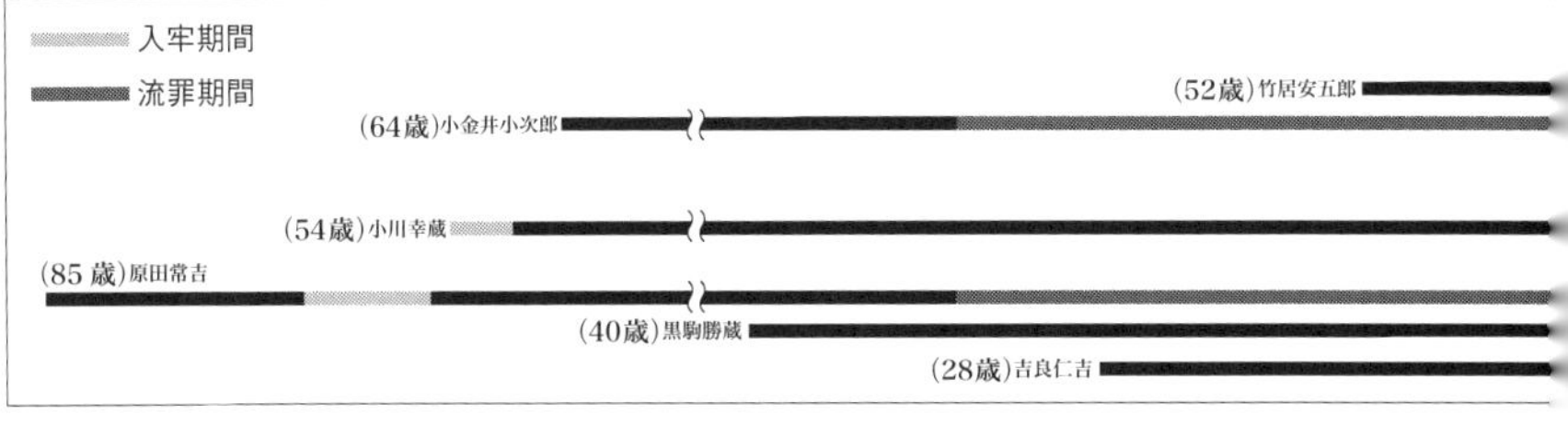

# 執筆者一覧

**高橋　敏**（たかはし　さとし）
1940年生まれ。東京教育大学大学院文学研究科修士課程修了、文学博士、国立歴史民俗博物館名誉教授。主要著書は、『国定忠治の時代』（平凡社選書、1990年のち2012年ちくま文庫）、『清水次郎長』（岩波新書、2010年）、『江戸の平和力――戦争をしなかった250年』（敬文舎、2015年）他。

**米谷　博**（こめたに　ひろし）
1963年生まれ。立正大学大学院文学研究科修士課程修了、千葉県職員、銚子市文化財審議会委員。主要著書は、「近世東下総における悪党の捕縛と組合村」（千葉県史研究11号別冊近世特集号、2003年）、「利根川下流域の河岸遊廓と地域社会」（『シリーズ遊廓社会1　三都と地方都市』吉川弘文館、2013年）、「無宿勢力一件から『天保水滸伝』へ」（利根川文化研究39号、2015年）他。

**高尾善希**（たかお　よしき）
1974年生まれ。立正大学大学院文学研究科史学専攻博士後期課程研究指導修了満期退学、博士（文学）、立正大学文学部史学科非常勤講師。主要著書は、『驚きの江戸時代―目付は直角に曲がった』（柏書房、2014年）、「融通の村落社会史」（『関東近世史研究論集』第1巻村落、岩田書院、2012年）、「村の中の『江戸』―都市・村落の社会関係―」（竹内誠編『徳川幕府と巨大都市江戸』、東京堂出版、2003年）他。

**髙橋　修**（たかはし　おさむ）
1971年生まれ。東北大学大学院文学研究科博士課程後期修了、博士（文学）、東京女子大学現代教養学部准教授。主要著作は、「甲州博徒論の構想」（平川新編『江戸時代の政治と地域社会　第2巻　地域社会と文化』清文堂、2015年）、「甲州博徒抗争史論」（『山梨県立博物館研究紀要』7、2013年）、「近世甲府城下料理屋論序説」（山梨県立博物館展示図録『甲州食べもの紀行』2008年）他。

**冨永行男**（とみなが　ゆきお）
1947年生まれ。愛知県立西尾実業高校（現・鶴城ケ丘高校）農業土木科卒業、吉良土地改良区副理事長、元吉良町副町長。勤めのかたわら愛知県三河地域の相撲史・博徒史を研究。主要著書は、「西三河の相撲史跡」（『相撲の史跡』6、1993年）、私家版『東海道相撲史談』（2003年）、「三河の相撲と博徒を探る」（国立歴史民俗博物館展示図録『民衆文化とつくられたヒーローたち』2004年）、「吉良の相撲史」（『吉良の人物史』2008年）他。

**花木知子**（はなき　ともこ）
1969年生まれ。埼玉大学大学院教育学研究科修士課程修了、教育学修士、府中市郷土の森博物館学芸員。主要著書は、「近世在方における行倒人の取扱いと対策」（『近世・近代日本社会の展開と社会諸科学の現在』新泉社、2007年）、『府中市郷土の森ブックレット14　アウトローたちの江戸時代』（府中市郷土の森博物館、2011年）、「史料にみるアウトローたち―小金井小次郎、藤屋万吉」（『多摩のあゆみ』150号、たましん地域文化財団、2013年）他。

**水谷藤博**（みずたに　ふじひろ）
故人、1940年～87年。東海地方をフィールドにした博徒史研究の先駆者として知られる。主要著作は、「高神山騒動余聞―伊勢路に於ける維新期博徒親分の動向」（東海近代史研究4号、1983年）、「明治十七年の博徒大刈込―静岡県下の状況を中心に」（同上5号1984年）他。

## 参考文献


■列伝1　国定忠治

高橋敏『国定忠治』岩波新書、2000／山口隆『赤城山残照　国定忠治一代記』上毛新聞社、2014

■列伝2　竹居安五郎

国立歴史民俗博物館展示図録『民衆文化とつくられたヒーローたち―アウトローの幕末維新史』2004／高橋敏『博徒の幕末維新』ちくま新書、2004

■列伝3　勢力冨五郎

『海上町史史料編Ⅱ近世2』海上町役場、1988／高橋敏『博徒の幕末維新史』ちくま新書、2004

■列伝4　佐原喜三郎

子母沢寛『游侠奇談』民友社、1930（のち2012年ちくま文庫）／千葉県資料研究財団『千葉県の歴史　資料編近世1（房総全域）』千葉県、2006

■列伝5　小金井小次郎

池田信道『三宅島流刑史』小金井新聞社、1978／『小金井市誌Ⅲ　史料編』小金井市役所、1967／「佐伯家旧蔵襖の下張文書」くにたち郷土文化館所蔵／「新宿　菊池家文書」府中市郷土の森博物館所蔵／『新編武蔵風土記稿第五巻』雄山閣、1996／隅田了古『新聞記者奇行伝』墨々書屋、1881／「番場神戸 高橋仁左衛門家文書」府中市郷土の森博物館所蔵／「本多良雄家文書」国分寺市教育委員会寄託／皆木繁宏『小金井小次郎伝』小金井新聞社、1975

■列伝6　小川幸蔵

北原糸子「不行跡者と博奕打―村の悪党をめぐって―」『日本村落史講座 7生活Ⅱ近世』雄山閣、1990／高尾善希「博徒『小川の幸蔵』とその時代―史実の『小川の幸蔵』からみる幕末博徒―」北原進編『近世の地域支配と文化』大河書房、2003

■列伝7　石原村幸次郎

昭島歴史をよむ会『「悪党狩」史料集』2000／高橋敏『博徒の幕末維新史』ちくま新書、2004

■列伝8　西保周太郎

今川徳三「西保の周太」『新・日本侠客100選』秋田書店、1990／小田切七内「郷の仁侠　西保の周太郎伝」『文学と歴史』6、1984／下母沢寛編・今川徳三『甲州侠客伝』人物往来社、1968／『山梨県史　通史編3　近世一』2006／『山梨県立博物館調査・研究報告6　博徒の活動と近世甲斐国における社会経済の特質』2013／山梨県立博物館展示図録『黒駒勝蔵 対清水次郎長』2013

■列伝9　黒駒勝蔵

青木拓人「中山道の明治維新における『偽官軍』事件の再検討」稲葉・花岡・三澤編『中近世の領主支配と民間社会』熊本出版文化会館、2014／子母沢寛『富嶽二景　次郎長と勝蔵』文藝春秋新社、1966／高橋修「甲州博徒抗争史論」『山梨県立博物館研究紀要』7、2013／高橋修「甲州博徒論の構想」平川新編『江戸時代の政治と地域社会　第2巻』清文堂、2015／高橋敏『清水次郎長』岩波新書、2010／長谷川昇『博徒と自由民権　名古屋事件始末記』中公新書、1977／原祥「博徒・祐天仙之助（清長院由天）の出自、年齢、経歴について」『甲斐』138、2016／堀内良平『勤王侠客黒駒勝蔵』軍事界社、1943／『山梨県立博物館調査・研究報告6　博徒の活動と近世甲斐国における社会経済の特質』2013／結城礼一郎『旧幕府新撰組の結城無二三』中公文庫、1971

■列伝10　吉良仁吉

味岡源吾『実録荒神山』㈱アジオカ、1992／植田憲司『侠客の史跡』侠客の史跡研究会、2004／加藤辰巳『血煙荒神山』三河新報社、1952／吉良町史編纂委員会『吉良の人物史』幡豆郡吉良町、2008／吉良町誌編集委員会『吉良町誌』幡豆郡吉良町、1965／国立歴史民俗博物館展示図録『民衆文化とつくられたヒーローたち―アウトローの幕末維新史』2004／高橋敏『清水次郎長―幕末維新と博徒の世界』岩波新書、2010／冨永行男『東海道相撲史談』私家版、2003／藤原英峰『吉良の任侠』三河新報社、1960／堀文次『郷土史談荒神山物語』、1963／横須賀村『吉良仁吉調査』幡豆郡横須賀村、1952


■史料所蔵者・提供・協力

カバー　国立歴史民俗博物館

p. 18　明治大学博物館／p. 23　国立歴史民俗博物館／p. 42　足利市立美術館／p. 54　個人蔵／p. 62　新島村博物館／p. 77　国立歴史民俗博物館／p. 83　土浦市立博物館／p. 105　板橋　功／p. 120　府中市郷土の森博物館／p.124～126　くにたち郷土文化館／p. 128　府中市郷土の森博物館（保管）／p. 138　靭矢栄三／p. 188　称願寺／p. 224　源徳寺

装幀　竹歳明弘（STUDIO BEAT）

■スタッフ
地図・図表作成　STUDIO BEAT
編集　阿部いづみ

# アウトロー——近世遊侠列伝

2016年9月15日　第1版 第1刷発行

編著者　高橋　敏
発行者　柳町 敬直
発行所　株式会社 敬文舎
〒160-0023　東京都新宿区西新宿3-3-23
ファミール西新宿405号
電話　03-6302-0699（編集・販売）
URL　http://k-bun.co.jp
印刷・製本　中央精版印刷株式会社


Printed in Japan　ISBN 978-4-906822-73-7